카스트로와 마르케스

Gabo & Fidel. El paisaje de una Amistad, by Ángel Esteban & Stéphanie Panichelli ⓒ 2004 by Ángel Esteban & Stéphanie Panichelli
Korean translation rights ⓒ YEMUN Publishing Co., Ltd
All rights reserved
Korean translation rights are arranged with Ángel Esteban & Stéphanie Panichelli through Amo Agency Korea

이 책의 한국어판 저작권은 아모 에이전시를 통해 저작권자와 독점 계약한 (주)도서출판 예문에 있습니다. 신저작권법에 의해 한국 내에서 보호를 받는 저작물이므로 무단 전재와 무단 복제를 금합니다.

20세기 두 전설적 인물의 권력과 우정

CASTRO and MARQUEZ
카스트로와 마르케스

앙헬 에스테반·스테파니 파니쳴리 지음 | 변선희 옮김

피델 카스트로 연보

1926년 8월 13일 쿠바 동부 비란에서 출생.
1942년 예수회 신부들이 운영하는 아바나 벨렌 사범고등학교에 입학.
1945년 아바나대학교 법과대학에 입학.
1947년 도미니카공화국의 트루히요 독재 정권을 타도하기 위해 카요 콘피테스 원정대에 참가함.
1948년 콜롬비아 보고타에서 호르헤 가이탄이 암살되자 일어난 '보고타소' 정치 폭력 사태에 연루됨.
1948년 쿠바 정계에서 막강한 영향력을 행사하는 집안의 딸 미르타 디아스 발라르트와 결혼.
1953년 반란군을 이끌고 쿠바 산티아고에 있는 몬카다 병영을 습격하지만 실패함.
1953년 몬카다 병영 습격이 실패한 후, 무장투쟁을 계속하기 위해 산으로 들어갔다가 군 정찰대에 체포돼 수감됨. 재판에서 '역사가 나를 용서할 것이다'라는 유명한 변론서로 스스로를 변호. 그 변론서에서 자신의 정치적·혁명적 강령을 밝혔으나 15년의 징역형을 선고받음.
1955년 동생 라울 카스트로, 몬카다 병영 습격에 참가했던 18명과 함께 일반사면을 받고 풀려남. 멕시코로 망명해 혁명 수행조직으로서 비밀리에 '7월 26일 운동'을 결성함.
1956년 라울 카스트로, 체 게바라를 비롯해 다른 79명의 원정대원들이 멕시코에서 요트 그란마 호를 타고 쿠바로 출발함.
1957년 옛 원정 대원과 농민으로 구성된 30명의 게릴라군이 '라 플라타'의 병사들을 사로잡으면서 첫 번째 전투를 승리로 장식함. 게릴라 공격을 감행한 우베로 전투에서 적의 군대를 사로잡음. 며칠 뒤 체를 사령관으로 승진시킴. 이후 체는 초기 반란군에서 처음으로 파생된 게릴라 부대를 지휘하게 됨.
1958년 바티스타 군대가 반란군에게 일대 반격을 가하자 반란군은 74일간의 치열한 전투 끝에 패배함. 시에라 마에스트라 산맥을 출발해 산티아고 방향을 향해 반란군의 마지막 공격을 지휘함.
1959년 아바나에 입성한 뒤, 혁명정부의 수상 직책을 맡음.
1960년 쿠바를 방문한 프랑스의 철학자 장 폴 사르트르와 시몬 드 보부아르를 접견함. 니키타 흐루쇼프와 처음으로 뉴욕의 유엔 본부에서 만남. 미국 정유회사·제당공장·전기회사·전화회사의 국유화 발표. 뉴욕의 유엔 총회에서 4시간 29분에 걸쳐 연설을 함.
1961년 쿠바혁명은 사회주의 혁명이고, 쿠바는 사회주의 공화국이라 선포함. '지식인들에게 보내는 말'이라는 연설을 함.
1963년 최초로 소련 방문. 알제리에 기갑부대와 병사를 파병함(쿠바의 첫 번째 아프리카 군사 개입).
1965년 쿠바 공산당이 창설되었고, 공산당 제1서기로 선출됨.
1970년 1천만 톤의 사탕수수를 수확하겠다는 목표가 실패함.
1971년 살바도르 아옌데가 이끄는 민중연합정권의 칠레를 방문.
1973년 알제리에서 열린 제4차 비동맹국가 정상회담에 참석.
1979년 쿠바 아바나에서 열린 제4차 비동맹회의에서 유고슬라비아 대통령 티토와 설전을 벌임.
1980년 니카라과의 마나과에서 열린 제1차 산디니스타 승리 기념식에 참석해 산디니스타 정부를 도와주겠다고 약속함.
1984년 몬클로아에서 스페인의 수상인 펠리페 곤살레스와 회담을 가짐.
1986년 모스크바를 방문해 미하일 고르바초프와 만남.
1989년 카라카스에서 열린 카를로스 안드레스 페레스 대통령의 취임식에 참석.

1992년　리우데자네이루에서 개최된 대륙정상회의와 마드리드에서 열린 제2차 라틴아메리카 정상회의에 참석.
1994년　남아프리카에서 열린 넬슨 만델라 대통령 취임식에 참석. 아바나에서 베네수엘라의 특전사 중령인 우고 차베스를 국가 원수의 자격으로 맞이함.
1997년　제5회 쿠바 공산당 총회에서 후계자가 자신의 동생 라울이 될 것임을 재확인.
1998년　작가 가브리엘 가르시아 마르케스를 통해 미국 빌 클린턴 대통령에게 친서를 전달함. 그 서한에서 망명한 쿠바 행동주의자들이 미국과 함께 행한 테러 활동에 대해 알림.
2000년　뉴욕의 유엔 본부에서 개최된 밀레니엄 정상회의에 참석했고, 빌 클린턴과 대화를 나눔. 1959년 이후 국가 원수 자격으로는 처음으로 베네수엘라를 방문.
2001년　텔레비전으로 3시간 동안 아바나의 코토로 지역에서 생방송된 공개연설 도중 잠시 실신함. 75번째 생일을 맞아 베네수엘라에서 우고 차베스 대통령의 환대를 받음.
2002년　카라카스에서 우고 차베스 대통령을 전복하기 위해 일어난 쿠데타를 극도의 관심을 가지고 지켜봄. 이 쿠데타는 실패하고 우고 차베스는 4월 14일 권좌에 복귀함.
2003년　제25차 라틴아메리카 사회과학위원회 총회를 위해 방문한 미국의 지식인 노암 촘스키의 강연에 참석함.
2004년　혁명 승리 45주년을 기념해 아바나의 칼 마르크스 극장에서 연설함. 미국 대통령 조지 W. 부시가 자기를 암살하려 했다는 사실을 고발함. 수십만 명이 모인 아바나 집회에서 '조지 부시에게 보내는 첫 번째 편지'를 읽음. 멕시코의 과달라하라에서 개최된 제3차 유럽연합-라틴아메리카 정상회의에 불참. 쿠바 최고 훈장인 '호세 마르티' 훈장을 스페인의 무용수 안토니오 가데스에게 수여함. 20만 명 앞에서 행한 연설에서 '조지 부시에게 보내는 두 번째 편지'를 읽음. 파나마와의 외교관계를 단절함. 체 게바라의 유해가 놓인 산타클라라 기념관 앞에서 공개연설을 끝낸 후 발을 헛디뎌 바닥으로 넘어졌고, 왼쪽 무릎과 오른팔에 골절상을 입음. 우고 차베스와 함께 아바나에서 쿠바와 베네수엘라의 관계를 확장하는 실질적인 협력조약에 서명함.
2005년　아바나에서 개최된 미주자유무역지대에 대항한 제4차 전지구적 투쟁회의에 우고 차베스와 함께 참가. 몬카다 병영 습격 52주년 행사에서, 반체제 인사들을 '배신자와 청부업자'로 낙인찍음. 애틀랜타 미국 재판부는 2001년에 간첩 행위로 수감된 5명의 쿠바인들(헤라르도 에르난데스, 페르난도 곤살레스, 라몬 라바니뇨, 레네 곤살레스, 안토니오 게레로)에 대해 다시 심리할 것을 지시했고, 이런 결정을 '합법적인 승리'라고 평가함. 79번째 생일을 맞음. 작가 가브리엘 가르시아 마르케스가 참석한 가운데 아바나에서 콜롬비아 게릴라 단체인 민족해방군과 알바로 우리베 정부 대표자가 모여 '평화 회담'을 시작함. 아바나에서 볼리비아의 대통령 당선자 에보 모랄레스를 국가 원수급 예우로 접견하고 주요 협정에 조인함.
2006년　장출혈 수술을 받기 위해 공식 후계자인 라울 카스트로 국방장관에게 권력을 임시 이양. 이후 대중에게 모습을 드러내지 않아 사망설이 제기되기도 했으나 10월 말 국영 텔레비전에 모습을 드러내며 사망설을 일축함.
2008년　국가평의회 의장직 사임. 라울 카스트로에게 권력을 정식 이양.
2011년　공산당 제1서기직을 사임.

가브리엘 가르시아 마르케스 연보

1927년 3월 6일 콜롬비아의 아라카타카에서 출생.
1936년 보고타 근교 도시인 시파키라의 국립중등학교에서 장학생으로 공부함.
1947년 콜롬비아 국립대학교에서 법학을 공부함. <세 번째 체념>이란 단편소설이 《엘 에스펙타도르》란 신문에 게재됨. 이후 1952년까지 이 신문에 11편의 단편을 발표함.
1948년 '보고타소'라고 불리는 정치 폭력 사태가 일어나 법학 공부를 그만두고 카르타헤나 대학교로 옮김. 카르타헤나의 《세계》란 신문에 '셉티무스'란 가명으로 글을 쓰기 시작함.
1950년 대학 공부를 중단하고 바랑키야로 이사함. 여기서 발행되는 《선구》란 신문에 칼럼을 쓰기 시작함. 《낙엽》의 초고인 <집>이라는 소설을 쓰기 시작함. 이 당시 현재 부인인 메르세데스 바르차를 알게 됨.
1954년 《엘 에스펙타도르》의 신문 기자로 활동함.
1955년 <토요일 다음날>이란 단편으로 문학상을 수상. 첫 번째 장편소설 《낙엽》을 출판. 파리에서 특파원 생활을 함.
1956년 중편 <아무도 대령에게 편지하지 않다>를 탈고.
1957년 베네수엘라 카라카스와 콜롬비아 보고타에서 발행되는 잡지들에 사회주의 국가에 관한 10편의 글을 발표함.
1958년 카라카스에서 독재자 페레스 히메네스의 몰락을 지켜봄. 메르세데스 바르차와 결혼. 보고타의 《신화》란 잡지에 <아무도 대령에게 편지하지 않다>가 게재됨.
1959년 통신사 '프렌사 라티나'(약칭 '프렐라')에서 일을 하기 위해 보고타로 돌아감. 첫째 아들 로드리고가 태어남.
1960년 쿠바의 수도 아바나에서 프렐라의 기자로 활동함.
1961년 프렐라의 뉴욕 주재 부지국장직을 맡음. 그러나 곧 사표를 내고 멕시코로 건너감.
1962년 둘째 아들 곤살로가 태어남. 광고 회사에서 일하면서 영화 시나리오를 쓰기 시작함. 두 번째 소설 《불행한 시간》을 출판.
1965년 《백 년 동안의 고독》을 쓰기 시작함.
1967년 아르헨티나의 부에노스아이레스에서 《백 년 동안의 고독》을 출판.
1971년 미국의 콜롬비아 대학교에서 명예박사 학위를 받음.
1972년 베네수엘라의 로물로 가예고스상을 수상. 1947년에서 1955년 사이에 쓴 11개의 단편을 모아 《푸른 개의 눈》이란 단편집을 출판.
1973년 12편의 기사가 실린 《행복한 무명 시절》을 출판.
1974년 《칠레, 쿠데타와 그링고스》(라틴아메리카 국가들에서 미국인을 일컬어 사용하는 말)를 출판.
1975년 8년간의 침묵을 깨고 《족장의 가을》을 출판.
1976년 《연대기와 취재》를 출판.
1977년 세 편의 신문기사 성격의 글이 실린 《카를로타 작전》을 출판.
1978년 《사회주의 국가 기행문》을 출판.
1981년 《예고된 죽음의 연대기》를 출판. 신문기자로 활동할 당시의 글을 수록한 《기사 모음집》을 스페인에서 4권으로 출판(1981~1984).
1982년 노벨문학상 수상. '라틴아메리카의 고독'이란 제목으로 수상연설을 함.

1983년 시나리오 《유괴》를 출판.
1985년 《콜레라 시대의 사랑》을 출판.
1986년 르포 《칠레에 잠입한 미겔 리틴의 모험》을 출판.
1989년 《미로 속의 장군》을 출판.
1992년 《이방의 순례자들》을 출판.
1996년 르포 소설 《납치일기》를 출판.
2001년 자서전 《이야기하기 위해 살다》를 출판.
2004년 90세 노인과 14세 소녀의 파격적 사랑을 다룬 소설 《내 슬픈 창녀들의 추억》을 출판.

프롤로그

쿠바와 문학

이 책은 두 가지 매혹으로부터 탄생했다. 쿠바와 문학. 다시 말해, 반세기 동안 권력을 누린 카리스마 있는 한 남자와 그의 절친한 친구에 관한 이야기이다. 쿠바의 구 아바나 거리와 말레콘 5번가를 거니는 것은 하나의 독특한 경험이다. 마찬가지로 《백 년 동안의 고독》이나 《콜레라 시대의 사랑》을 읽는 것도 하나의 멋진 경험이다. 우리 저자들은 그 뛰어난 문학작품을 읽고 카리브 해변을 산책하면서 시간을 보냈다. 이것은 우리를 행복하게 만들었고 우리 스스로를 더 소중하고 인간적으로 느끼게 만들었다.

그러나 매혹에는 늘 한계가 따르기 마련이다. 한계가 없는 매혹은 '신' 밖에 없을 것이다. 인간이 소유한 것 중에 완벽한 것은 없다. 이 세상에 존재하는 것은 무엇이든 동경할 만한 구석과 함께 깎아내릴 만한 점이 있다. 동전의 앞면과 뒷면, 겉과 속처럼 말이다. 독자들은 이 책에서 쇠처럼 단단한 우정, 그것이 가진 빛과 그림자를 함께 보게 될 것이다. 우상이나 초인이 아닌 실존 인물을 통해서 말이다. 우리는 피델 카스트로와 가브리엘 가르시아 마르케스(친구들은 그를 '가보'라 불렀다.)의 생애와 그들의 웅장함과 고통스러움 — 아리스토텔레스가 말한 '정치적 동물(zoon politikon)'이라면 누구나 겪게 돼 있는 — 에 대해 이야기할 것이다. 또한 독자들은 사적이면서도 정치적이고 문학적인 우정을 만나게 될 것이다. 피델은 오랫동안 콜롬비아의 노벨문학상 수상자인 마르케스의 구애를 받아들이지 않았다. 그러다 한참 시간이 흐른 후에야 그의 애정표시를 스스럼없이 받아들였다. 항상 권력과 사회 지도층, 최고위급 외교계에 대한 집착이 강했던 가보는 일찍이 쿠바의 족장에게서 중남미 고유의 사회주의를 건설할 것이라는 희망을 보았다. 계급 차별이 없는, 마르크스주의라기보다 루소주의에 가까운 낙원을 이루기 위해 추구해야 할 모델을 본 것이다. 오랫동안 쿠바에는 피델 카스트로의 혁명 성과를 널리 알려줄 다재다능한 지식인을 필요로 했다. 그러던 중에 피델은 카리브가 낳은 가장 유능한 존재를 마르케스에게서 발견했다. 콜롬비아 정당과 지도층으로부터 장관이나 대사 자리, 심지어 대통령으로 출마하라는 제안을 받았지만 늘 거절했던 가보는 자기만의 방식으로 정치를 했다. 권력 주변을 배회하면서 그들을 통제하고 지휘했지만 결코 주먹으로 탁자를 내리치지 않았으며, 지휘봉을 쥐지 않은 채 명령을 내렸고, 턱수염이 덥수룩한 카스트로의 유일한 대사(大使)이자 샴쌍둥이 같은 존재로서 이 나라 저 나라를 다니며 그의 메신저 역할을 떠맡았다.

독자들은 이 책을 통해 콜롬비아 정치의 격동기였던 1948년, 폭력과 피가 난무하는 그 역사적 현장에서 두 사람이 당시에는 서로 알지도 못했지만 같은 장소에 있었다는 사실을 50년이 지난 후에 깨닫게 되는 사연을 듣게 될 것이다. 또한 콜롬비아의 젊은 기자였던 가보가 쿠바를 방문해 혁명을 목격한 사연, 체 게바라가 설립을 주도한 통신사에서 기자로 활동한 사연, 공산주의자뿐 아니라 미국으로 망명한 쿠바인들과 겪은 좌충우돌 사건들도 접하게 될 것이다. 올리브가 무성한 푸른 천국(쿠바)에 입성하기 위해 그가 꾀했던 책략 ─ 이 책략은 1960년대와 1970년대 초에는 효과가 없었으나 1975년 이후 빛을 발하게 된다 ─ 도 알게 될 것이다. 또한 두 사람이 첫눈에 반해서 영원한 공생관계로 발전하게 되는 과정을 확인할 것이다. 그리고 카리브 지역 권력층의 막후를 들여다보면서 파나마 운하의 주인이 바뀌는 과정과 산디니스타(니카라과 좌익 게릴라—역주)가 어떻게 생겨나고 군사적으로 발전하며 승리하는지, 또 자본주의에 맞서 국제사회주의를 움직이는 핵심요인이 무엇인지도 알게 될 것이다. 또한 가보가 스페인에서 프랑스로, 쿠바에서 콜롬비아로, 파나마에서 베네수엘라로, 니카라과에서 유럽으로 날아다니며 사귀었던 친구들이 대부분 대통령이라는 사실과, 동시에 지식인과 문인은 점점 그의 흥미에서 멀어져갔다는 사실도 확인하게 될 것이다. 가보가 어떻게 비교적 젊은 나이에 ─ 마땅히 받을 만했지만 ─ 노벨문학상을 받게 됐는지, 거기에는 그의 문학적·미학적 측면만큼이나 정치적 색채도 짙었다는 점을 보게 될 것이다. 독자 여러분은 우리가 했던 많은 사람과의 인터뷰를 통해 그가 왜 그토록 정치와 권력에 집착했는지 가늠할 수 있게 되리라. 이 밖에도 가보가 쿠바혁명에 충성한 대가로 받은, 혹은 피델과의 친분의 증표로 받은 아바나에서 가장 멋진 동네에 자리 잡은 저택도 둘러볼 것이다. 또 그곳을 자주 드나든 사람들이 털어놓는 이야기도 듣게 될 것이다. 가보가 쿠바의 예술가 및 정치가들과 함께 중남미 최고의 영화 학교를 설립한 사연과 그 학교의 간부들 이야기도 등장한다. 가보가 진두지휘하는 수업과 스필버그 감독의 강연도 계획되어 있다. 쿠바와 피델 카스트로에 대해 가보가 했던 연설과, 가보와의 관계를 공개적으로 인정한 피델의 발언도 접하게 될 것이다. 이러한 정보들은 대부분 관련된 사람들에게서 직접 입수한 것이다. 가보가 피델에 대해, 또 쿠바를 비롯한 중남미 정치에 대해 피력한 발언이나 인터뷰도 상당히 많이 실었다. 물론 피델이 가보와 그의 문학에 대해 언급한 자료도 있다. 우리는 가보와 피델을 아는 수많은 지인과 작가, 기자, 유럽 및 중남미 정치가 들을 개인적으로 만나 인터뷰했다. 이들은 우리에게 이제껏 알려지지 않은 일화들을 들려주는가 하면, 두 사람의 우정 혹은 비난에 얽힌 뒷얘기, 두 사람의 성격을 설명해 주었다. 그들은 개인적인 이유를 들어 자신들의 자료를 사용할 때 출처를 밝히지 말아 달라고 신신당부했다. 우리는 그렇게 했고 주석을 통해 부연설명을 해놓았다. 이 자리를 빌려 인터뷰에 응해준 이들과 귀중한 자료와 지원을 아끼지 않은 단체들에 감사의 인사를 전한다.

마누엘 바스케스 몬탈반(1939~ , 스페인 출신의 소설가이자 사회비평가—역주)은 자신의 저서《신은 아바나에 들어왔네》에서 마르케스와 카스트로의 관계는 너무나 인간적이라 우정에 관한 이론까지 만들어낼 수 있을 정도라고 평했다. 독자 여러분은 이제 이 이론과 그 역사가 어떻게 발전해 가는지 보게 될 것이다. 카리브를 제외한 곳에서는 이방인처럼 느껴진다는 가보는 특히 쿠바에서는 자신이 세상에서 가장 행복한 사람이라고 느끼게 된다고 밝혔다. 그는 쿠바와 피델을 '우정의 풍경'으로 묘사한다. 그는 또한 친구들과 있을 때가 자신을 느낄 수 있는 삶의 유일한 순간이라고 말한다. 그는 친구가 그저 안부 인사를 하려고 전화를 걸어올 때가 가장 좋다고 고백한다. 그래서 친구들이 좋아하는 사람이 되려고 글을 쓴다고 한다. 단 몇 시간이라도 친구와 함께 보내는 그 순간이 좋아 지구 반대편까지 비행기를 타고 날아간 적이 있다고 수차례 밝히기도 했다. 아바나에 있는 그의 저택, 친구들과의 우정, 이 모든 것이 그를 유명 인사로 만들었다. 이 때문에 그는 어디에 있든 눈에 띄는 존재다. 그는 어쩌면 자신의 절친한 친구를 더 잘 이해하기 위해 이렇게 생각하는지도 모르겠다. '명예의 고독과 권력의 고독은 아주 닮았다' 라고.

가보는 친구와 죽음까지도 함께할 수 있다고 생각하는 사람이다. 피델은 그동안 맺었던 다른 유명 인사들과의 우정은 영원하지 않았지만, 가보와의 우정만큼은 세월이 흐를수록 더욱 깊어간다는 것을 보여주었다. 가보는 피델이 자기보다 먼저 죽는다면 다시는 쿠바에 가지 않겠다고 밝히기도 했다. 이런 둘의 우정은 사랑보다 우정을 더 소중히 하고, 우정이야말로 지고한 것이라고 믿은 호세 마르티(1853~1895, 쿠바의 시인이자 정치가. 체 게바라와 피델 카스트로가 정신적 스승으로 받들었다고 한다. 유명한 노래 '관타나메라' 는 호세 마르티의 시에 곡을 붙인 것이다-역주)의 노랫말을 떠올리게 한다. 다음 구절은 그의 한 작품에서 인용한 것이다.

내게 보석 상자에서 가장 값비싼
보석을 가져가라고 한다면
나는 진실한 친구를 택하고
사랑은 한쪽에 밀쳐 두겠노라

사실 이것은 마르티가 처음 한 말은 아니다. 아리스토텔레스 사상에 심취했던 중세 철학가들은 우정을 가장 순수하고 값진 사랑으로 여겼다. 상대방에게 아무것도 바라지 않은 채 조건 없이 주는 사랑, 감사나 기쁨을 바라지 않은 채 헌신하는 사랑이기 때문이다. 하지만 우정에는 특유의 은밀함이 있어 이것이 서로의 교류에 안정감을 준다. 이런 안정감은 요구하거나 바라서가 아니라 그냥 주어지는 것이다. 피델은 1980년 그의 비서이자 연인이었던 셀리아 산체스가 세상을 떠난 이후로 '진정한 친구'에 대해 회의적이었다. 그러나 가보에게서 자신의 또 다른 자아를 발견하고는 뼛속까지 가브리엘이 되기로 한다. 한편 스스로 인정했듯이 권력에 매료된, '날 때부터 음모가'였던 가보는 피델에게서 자신의 잠재된 정치적 욕망을 채울 터전을 발견했다. '참을 수 없는 존재의 가벼움'은 마치 트럼프 카드처럼 진정한 친구에게 기댈 때만 참아낼 수 있다. 독자들이여, 둘의 우정에 참견할 준비가 되었는가? 그렇다면, 이제부터 출발해 보자.

contents

연　　보　　피델 카스트로 연보 4　　가브리엘 가르시아 마르케스 연보 6
프롤로그　　쿠바와 문학 8

Part 1 사랑의 봄

1. 유년기의 두 신(神) 18

2. "나는 사회주의 세상을 꿈꾼다"
혁명 국가 쿠바의 첫 프로젝트: "진실 작전" 34　　두 번째 프로젝트: '프렌사 라티나' 설립 39　　늑대, 본색을 드러내다 44

3. 혁명의 낙조, "파디야 사건"
등돌리는 유럽 지식인들 50　　피델에게 보내는 첫 번째 항의 편지 55　　파디야의 강요된 자아비판 59　　두 번째 항의 편지 62　　붐 세대 사이의 단교 68　　가보의 석연치 않은 해명 73

Part 2 권력과 영광

4. 권력의 유혹
권력에 매료되어 85　　작은 비둘기야, 훨훨 날아라 91　　좁은 길 97

5. 가을로 접어든 족장
4계절의 족장들 109

6. 족장들의 사진에 피델은 왜 빠졌나?
가보는 피델의 심기를 건드렸는가 127

7. 마침내 '카리브의 여왕'에 안착하다
쿠바, 끝에서 끝까지 141　　미국의 봉쇄조치에 대한 반격 146

8. 앙골라에서의 쿠바인들
　　쿠바의 지원인가 아니면 소련의 지원인가 162　**아프리카와 체 게바라** 165

9. 너무나 높이 날아오르다
　　젊은 스페인 총리와 사귀다 178　**토리호스와 비밀을 공유하다** 181
　　새로운 동맹자 '산디니스타' 186　**콜롬비아 대통령이 찾는 사람** 191

10. 유럽으로의 화려한 귀환
　　마침내 수상식 단상에 서다 200　**아바나는 축제였다** 205

11. '파라디조'를 향하여
　　우정, 사랑보다 값비싼 보석 217　**사랑만이 멜로디를 낳는다** 224
　　아바나 마콘도에서의 파티 235　**지식인들과 거리를 두다** 238

Part 3 하늘까지 이어지는 우정

12. 피델과의 우정의 양면
　　미국, 애증의 관계 247　**정치범들에 온정을 베풀다** 256　**가보의 상처** 267

13. 꿈은 영화다 274

14. 정의 아니면 복수, '오초아 사건'
　　위기에 맞선 네 기수 300　**그러면 가보의 선택은?** 304

15. 골고다에 선 어린아이
　　바빠진 펜과 가보의 전화 315　**아직도 진행 중인 디아스포라** 322
　　마리오 바르가스 요사 328

에필로그　**권력의 첫 줄에 앉아** 332　**언제까지 갈까** 337
주　　석　346

Part 1

사
랑
의

봄

유년기의 두 신(神)

GABO & FIDEL | Chapter 001 |

호르헤 가이탄(1903~1948, 콜롬비아 정치가. 농민과 노동자에 의한 정권 수립을 주장한 급진주의자. 1948년 범아메리카 회의가 개최되는 가운데 보고타 거리에서 암살당하자 그의 지지자들이 봉기하여 '보고타소'라는 대규모 폭동이 있어났다.-역주)이 암살당한 1948년 4월 9일, 나와 가브리엘은 보고타에 있었다. 당시 우리는 스물한 살 동갑이었고 동일한 역사적 사건을 경험하고 있었다. 전공도 법학으로 같았다. 그러나 우리는 서로에 대해 전혀 아는 게 없었다. 물론 다른 사람들도 우리를 몰랐다.

그로부터 약 50년이 지난 후, 우리는 쿠바 동부의 비란으로 가는 길에 대화를 나누게 되었다. 비란은 1926년 8월 13일 새벽에 내가 태어난 곳이기도 하다. 그와의 만남은 마치 가족이나 친구를 오랜만에 만나 옛이야기를 추억하는 것과 같았다. 당시 그 자리에는 그의 친구들과, 내 혁명 동지들도 함께 있었다.[1]

윗글은 피델 카스트로가 예순여섯 살에서 두 달이 지났을 때 신문에 기고한 글로써, 그가 평생 썼던 문장 가운데 가장 문학적인 향기가 풍기는 대목이다. 이 글은 가장 절친하면서도 아마도 유일한 벗일 가브리엘 가르시아 마르케스에게 바치는 것이었다. 20세기 중남미 역사상 가장 중요한 두 인물이 콜롬비아의 수도 보고타가 건설된 이래 가장 최악의 날인 1948년 4월 9일, 우연히 만났던 것이다. 둘은 목적지도 없이, 영문도 모른 채 아수라장이 된 길거리를 뛰어다니다 우연히 마주쳤을 것이다. 콜롬비아의 작은 마을 아라카타카에서 전신기사 아들로 태어난 가보는 지난주에 쓴 원고를 혹시나 찾을 수 있을까 하는 마음에 예전에 살던 집으로 가는 길이었다. 쿠바 출신의 대학생이었던 피델은 콜롬비아의 희망이자 잘나가는 정치가였던 호르헤 가이탄을 다시 만나기에는 이미 늦어버렸다고 생각하던 참이었다. 중남미 학생들의 처지에 관심이 많았던 가이탄은 대학생들과 만나 한시도 바람 잘 날 없던 북미합중국과 남미 '비' 합중국 간의 관계에 대해 자신의 견해를 피력하곤 했다.

1927년 3월 6일 일요일, 가보는 콜롬비아 북부지방의 작은 마을 아라카타카에서 태어났다. 태어날 당시 그의 목에는 탯줄이 감겨 있었고 어머니 루이사 마르케스는 하염없이 하혈했다. 하지만 가보의 어머니는 산고를 이겨냈으며 이후에도 열 명이나 더 낳았다. 둘째 아들이었던 가보는 태어난 지 얼마 안 돼 조부모에게 보내졌다. 그는 자라면서 할아버지가 들려주는 20세기 초 시민전쟁을 주도한 대장들의 무용담에 빠져들었다. 이는 훗날 그의 성격에도 영향을 미쳤으며, 그가 전쟁영웅 이야기의 애호가가 되는 계기가 되었다. 노래하거나 잡담하는 게 삶의 낙이었던 할머니도 전쟁 이야기에 푹 빠져 있는 손자의 질문세례를 잘 받아주었다.

"할머니, 맘브루는 누구예요? 어떤 전쟁에서 싸운 사람이에요?"

그녀는 맘브루에 대해 몰랐지만, 상상력을 발휘해 태연히 대답했다.

"네 할아비랑 '천일전쟁'(콜롬비아의 자유당과 보수당의 연이은 정권교체에 이어 1899년부터 1902년까지 벌어진 양당 간의 폭력사태. 10만 명의 희생자를 부른 천일전쟁 이후 당시 콜롬비아의 주였던 파나마가 독립국으로 분리되었다.-역주)에서 싸운 분이시지."

알다시피, 맘브루는 프랑스의 오래된 유명한 동요 '말버러는 전쟁터에 갔네'(가브리엘 할아버지의 애창곡이기도 했다)에 나오는 말버러 공작을 말한다. 가르시아 마르케스의 소설과 이야기에는 말버러 공작이 잠깐 등장하기도 하는데, 실제 사실보다 그의 할머니가 들려준 이야기에 더 많은 근거를 두고 있다. 그래서 그의 작품 속에서는 콜롬비아에서 일어난 시민전쟁에서 죄다 패배한 말버러 공작이 아우렐리아노 부엔디아 대령 옆의 호랑이로 둔갑해 있는 것이다.[2]

가보의 할아버지인 니콜라스 마르케스는 손자가 일곱 살이 되자 산타마르타에 있는 산 페드로 알레한드리노 대농장에 데리고 갔다. 그곳은 중남미의 독립운동가 시몬 볼리바르가 숨을 거둔 장소였다. 이미 손자는 볼리바르에 대한 이야기를 숱하게 들어왔던 터였다. 그는 여섯 살 때 할아버지의 달력에서 죽은 볼리바르의 사진을 본 적이 있었다. 이렇게 해서 한창 뛰어놀 나이에 볼리바르를 비롯한 많은 중남미 지도자들에 대한 관심을 싹 틔우기 시작한 것이다. 이는 이후 그의 작품 소재가 되었고, 그가 권력에 특별한 애정을 품는 계기가 되었다. 가보는 몬테소리 학교에서 읽고 쓰는 법을 배웠다. 로사 엘레나 페르구손 선생님은 가보의 첫 번째 뮤즈였다. 그는 수업시간에 선생님이 낭독해주던

'온몸을 녹아들게 한' 시가 그녀의 독보적인 아름다움에서 뿜어져 나왔다고 생각했다.[3] 아홉 살 무렵 그는 조부모의 트렁크 하나를 뒤적거리다 너덜너덜한 부분이 태반인 노란색 책 하나를 발견했다. 그때가 그의 생애에서 가장 결정적인 순간 중 하나였다. 당시만 해도 그 책의 제목이 《천일야화》였다는 사실은 몰랐지만, 가보는 책을 읽어가면서 자신이 변하는 것을 느꼈다. 그는 그것을 이렇게 표현했다.

나는 책을 넘겼다. 한 남자가 항아리 뚜껑을 열자 거기에서 연기로 된 요정이 나오는 장면에서 나는 이렇게 외쳤다.
"이야, 이거 굉장한데!"
내 평생 그토록 흥분했던 적은 없었다. 나가서 노는 것도, 그림 그리는 것도, 먹는 것도 잊고 흠뻑 빠져들었다. 책을 읽는 내내 나는 고개를 들 수 없었다.[4]

가보의 가족은 해마다 늘어나는 식솔 때문에 아라카타카, 바랑키야, 수크레 등지로 이사를 다녀야 했다. 1940년, 가보는 바랑키야로 돌아와 산호세 예수회가 운영하는 중학교를 다니게 된다. 그 시절 잡지 〈청춘〉에 자신의 첫 시를 기고했다. 3년 후 열여섯 살이 되었을 때 그는 집을 나와 스스로 학비를 마련해야 했다. 부모님이 더 이상 그 많은 자식들의 식량과 교육을 감당하기가 벅찼기 때문이다. 가보는 고향에서 멀리 떨어진데다, 춥고, 광대하고, 아는 이 하나 없고 풍습도 다른 보고타에 도착하자 처참한 기분이 들었다. 하지만 그는 장학생으로 시파키리아의 국립고등학교에서 학업을 이어나갔다. 《천일야화》에 빠져들게 했던 바이러스는 다시 살아나 놀라운 속도로 퍼져 나갔다. 가보는 학업에 매진하는 한편 습작도 게을리하지 않았다. 몇 시간 동안 한자리에 앉아 스페인 고전을 읽거나, 백지에다 시를 끼적거리기도 했다. 보고타의 문학 그룹에도 참여하면서 1944년에는 첫 단편소설을 완성했다. 3년 후 그는 국립보고타대학 법학과에 진학했다. 인구가 약 70만 명인 보고타는 해발고도가 2천 미터가 넘어 카스티야 고원을 고스란히 느낄 수 있었으며, 도심의 카페테리아 주변에는 문화적인 공기가 감돌고 있었다. 사실 카페테리아는 그가 학교보다 더 자주 찾고, 가장 오래 시간을 보낸 곳이었다. 거기서 당대의 저명한 작가들과의 만남도 이루어졌다. 그는 프란츠 카프카의 《변신》을 비롯해 가르실라소, 케베도, 공고라, 로페 데 베가, 후안 데 라 크루스 등과 같은 고전작가의 작품, 스페인의 27세대(1927년 이후 스페인의 젊은 시인들을 중심으로 상징주의, 미래주의, 초현실주의 영향을 받은 문예사조가 형성되었는데 이때 활동하던 작가들을 가리키는 말이다.—역주)와 네루다와 같은 현대작가의 여러 작품들로부터 영향을 받았다. 작가로서의 소명에 강력하게 끌린 그는 결국 법학공부를 그만둬야겠다고 마음먹는다.

    카스트로는 농촌의 중류층 가정에서 자랐다. 쿠바의 최남동쪽, 산티아고 데 쿠바 근교에 자리 잡은 작은 마을 비란이 고향이었다. 그의 고향 친구들은 사탕수수 농장에서 일하며 근근이 살아가고 있었지만, 피델은 자연과 벗 삼아 말을 타고 숲을 탐험하거나 강에서 멱을 감으며 지냈다. 다섯 살이 되던 해에 시골 학교에 다니기 시작했고, 이듬해 주도(州都)인 산티아고 데 쿠바의 마리스타 기숙학교에서 학업을 이어나갔다. 그는 어린 시절부터 혁명정신에 눈을 떴다.

그는 농장 노동자들을 착취하는 아버지를 비난했다. 실제로 노동자들과 함께 주인인 아버지에 대항하여 시위를 하기도 했다. 하지만 그의 부모는 학업성적이 좋았던 그를 아바나 벨렌에 있는 명문 예수회 기숙학교에 보냈다.

1945년 10월 카스트로는 아바나대학교 법과대학에 들어갔다. 이를 계기로 그의 삶은 크게 바뀌게 된다. 귀족식 교양교육과 기독교적 가르침이 전부였던 평온한 예수회 기숙학교로부터 정치적 이념을 둘러싸고 격렬한 투쟁이 벌어지는 살벌한 환경에 내던져진 것이다. 대학 교정은 두 정치파벌로 분열되어 있었다. 하나는 공산당원 출신인 롤란도 마스페레르가 이끄는 '사회주의 혁명운동(MSR)'이었고, 다른 하나는 무정부주의자 에밀리오 트로가 이끄는 '반란 혁명 연합(UIR)'이었다. 서로 앙숙이었던 이들은 주먹과 돈으로 아바나 사회를 쥐락펴락했다. 피델은 정치의 매력에 흠뻑 빠져들었다. 그의 목표는 범(汎)대학 학생 대표기구인 '대학 학생연맹(FEU)'의 지도자가 되는 것이었다. 하지만 거대한 정치 세력의 도움 없이는 자신의 목표를 달성할 수 없다는 것을 안 그는 '사회주의 혁명운동'과 '반란 혁명 연합' 우두머리들의 관심을 끌고자 애썼다. 그러나 3학년이 되었을 때도 법과대학 학생회 부회장직 이상을 넘지 못했다. 다음 학기가 되자 그는 정당들과 관계없이 독자적으로 활동하기로 마음먹고는 치밀하게 준비를 했다. 호세 마르티의 두꺼운 저서를 독파하면서 거기서 심오하고 매력적인 사상뿐 아니라 자신의 연설을 잘 포장해줄 인용구들을 찾아냈다. 마침내 그의 행동무대는 대학을 벗어나 라몬 그라우 산 마르틴 정부에 대항한 시위를 주도하기에 이르렀다.

여러 신문에서 그에 대해 이야기하기 시작했다. 때때로 1면에 대문짝만 한 사진이 실리기도 했다. 매혹적이고 노련한 웅변가이자, 젊고 키도 훤칠하고 스포츠광이기도 했던 그는 뭇사람들의 시선을 끌었다. 고상한 더블 재킷과 넥타이를 즐기고 검은 머리칼을 뒤로 빗어 내려 그리스풍의 점잖은 분위기를 물씬 풍기는 스무 살의 피델은 말쑥하고 인상적인 외모로 많은 어머니들로부터 탐나는 사윗감으로 꼽혔다.5)

그러나 그는 말로만 정치를 한 것이 아니었다. 대통령을 만나고 난 후 피델은 그를 발코니로 던져버리자는 제안을 했다. 대통령을 암살해서 학생혁명을 이끌자는 것이었다. 확정적인 증거는 없지만 당시 그는 세 건의 테러공격에 연루되어 있었다. 첫째는 1946년 12월 '반란 혁명 연합' 소속원의 복부에 총격을 가한 사건이었고, 두 번째는 1948년 2월 한 극장 앞에서 정부부처(체육부)의 과장급 공무원이었던 마놀로 카스트로가 총살당한 사건이었다. 얼마 지나지 않아 세 번째 사건이 일어났는데, 경찰이었던 오스카 페르난데스가 자택 앞에서 총을 맞고 사망한 것이었다. 이 마지막 사건과 관련해 피델은 실제로 혐의자로 지목되기도 했다.6)

중남미 정치에 대한 그의 관심은 날로 커졌다. 푸에르토리코 독립운동을 지원하기 위해 결의를 다지는가 하면 독재자 트루히요(1891~1961, 1930년 군부 쿠데타를 통해 정권을 잡은 뒤 1961년 암살당할 때까지 도미니카 공화국을 지배했다.-역주)를 추방하기 위한 — 결국 실패로 끝난 — 도미니카 공화국 원정대에 참가하기도 했다. 아르헨티나, 베네수엘라, 콜롬비아, 파나마 등에서의 식민지 지배와 미국 제국주의의 막을 내리기 위해 결성된 학생운동에도 가담했다. 1948년 4월에는 콜롬비아 보고타에서 열린 중남미 학생총회를 주도했다. 이 무렵 제4차 미주외교장관회의도 열렸는데, 이 자리에서 미국의 조지 마셜 장군은 미국이 중남미에서 '공산주의의 위험'을 막는 데 적극 앞장서겠다고 천명했다.

운명의 날은 1948년 4월 9일에 찾아왔다. 앞에서 얘기했듯 바로 호르헤 가이탄이 암살된 날, 즉 보고타가 피로 얼룩진 날이었다. 보고타 대폭동의 피해자 수는 3천5백 명을 넘어섰고, 이후 야기된 폭력사태에서 30만 명이 넘는 사람들이 목숨을 잃거나 다쳤다.[7] 그 이틀 전인 4월 7일, 피델은 콜롬비아 자유당의 유명한 지도자이자 야당 총수였던 호르헤 가이탄과 만났다. 가이탄은 젊은 나이임에도 강력한 카리스마로 자유당을 결속시키는 데 성공하고 있었다. 당시 콜롬비아에는 폭력과 과두 정부를 종식해줄 인물이 필요했던 터라, 가이탄이 차기 대통령 선거에서 당선될 것을 의심하는 이는 아무도 없었다. 가이탄과 쿠바 학생대표였던 피델의 만남은 카레라 셉티마에 있는 가이탄의 집무실에서 이뤄졌고, 그렇게 둘은 의기투합했다. 가이탄은 피델과 그의 동지들에게 반제국주의 회동을 위한 장소를 물색해 중남미 학생총회가 성공리에 마칠 수 있도록 돕겠다고 했다. 둘은 세부사항을 조율하기 위해 4월 9일 오후 두 시에 다시 만나기로 했다. 약속 시각을 얼마 남겨 두고 피델과 동지들은 가이탄과의 만남을 기다리며 거리를 서성이고 있었다. 그 시간, 직업도 없이 빈둥대던 한 정신이상자, 후안 로아 시엘라가 집무실에서 나오는 가이탄에게 권총을 겨누었다. 수발의 총알은 가이탄의 머리와 폐, 그리고 간을 관통했다. 이 총격은 콜롬비아의 희망이었던 한 젊은이의 목숨만 사라지게 한 것이 아니라, 콜롬비아가 역사상 가장 슬픈 시대에서 빠져나올 수 있는 기회를 앗아간 사건이기도 했다.

같은 시각, 현장에서 멀지 않은 옥타바 거리의 한 여관에 묵고 있던 가난한 대학생들은 막 점심을 먹으려던 참이었다. 이들 중에는 당시 법대 2학년에 재학 중이던 마르케스도 있었다. 시계는 1시 5분을 가리키고 있었다. 가이탄의 피살 소식은 순식간에 퍼졌다. 가보와 친구들은 가이탄이 피를 흘리며 쓰러져 있는 곳으로 쏜살같이 달려갔다. 그러나 그들이 도착했을 땐 가이탄은 이미 중앙병원으로 후송된 뒤였다(가이탄은 후송된 지 몇 분 후 숨을 거두고 말았다). 학생들은 자리를 뜨지 못했다. 거리에는 고성이 난무했고, 도시 이곳저곳에서 건물이 불타고 있었다. 가보와 친구들은 일단 여관으로 돌아가기로 했다. 골목을 꺾어 여관 입구로 들어서는 순간 유감스럽게도 최악의 광경을 목격하고 말았다. 여관도 활활 타오르고 있었던 것이다. 미처 손쓸 새가 없었다. 옷과 책을 비롯한 모든 것이 재로 변하는 것을 그저 바라볼 수밖에 없었다. 친구들은 불길 속으로 뛰어들려는 가보를 만류했다. 가장 아끼던 것이 화염에 사라지는 것을 보고만 있어야 했던 가보는 절망감에 어쩔 줄을 몰랐다. 집필 중이던 단편소설들의 원고가 재로 변하고 있었던 것이다. 훗날 다시 써서 발표한 《전차에 탄 반인반수 이야기》와 신문 <엘 에스펙타도르>[8]에 실린 단편들이 그때 불탄 원고들이었다. 같은 문학도였던 루이스 비야르 보르다는 그날 오후 4시경 길거리에서 가보를 만났는데, 그는 당시 상황을 이렇게 회고했다.

나는 하얗게 질려 있는 가브리엘의 얼굴에서 강한 인상을 받았다. 가브리엘은 넋이 나간 채 울음을 터뜨리기 일보 직전이었다. 가브리엘은 그때까지 정치에 대한 열정을 겉으로 드러낸 적이 거의 없었기 때문에 나는 그의 그런 모습이 낯설었다.

"어이, 가브리엘! 가이탄을 그렇게나 추종하는지는 미처 몰랐는데."
그러자 얼이 빠져 있던 가브리엘은 울먹이는 목소리로 이렇게 말했다.
"그게 아니라, 내가 쓴 원고가 다 타버렸단 말이야!"9)

가보는 타자기만이라도 구해야겠다는 생각을 했다. 돈이 궁했던 그는 얼마 전 빚도 갚고 생활비도 충당하려고 타자기를 전당포에 맡겼었다. 타자기는 지금 전당포 진열대에 있겠지만 전당포가 불에 타버리면 그것마저 날려버릴 터였다. 함께 있던 동생 루이스 엔리케도 같은 생각이 들었던 모양이었다. 이에 대해 가보는 회고록에서 다음과 같이 썼다.

군중은 철물점에서 훔친 온갖 도구들로 무장해 반란을 일으키고 있었다. 일부 경찰들까지 가세하는 상황이었다. 그들은 셉티마 거리와 인근 도로들에서 건물을 습격하고 불을 지르고 있었다. 동생이 내 생각을 먼저 읽었는지 이렇게 소리쳤다.
"맙소사, 타자기!"
우리는 아직 불길이 번지지 않은 전당포를 향해 달려갔다. 다행히 전당포 건물은 안전했고 전당포 문은 쇠 자물쇠로 단단히 잠겨 있었다. 우리는 며칠 뒤에 타자기를 다시 찾을 수 있을 거란 생각에 안도했다. 하지만 그 거대한 재앙에는 내일이 없다는 사실을 당시엔 미처 깨닫지 못했다.10)

한편 가이탄과의 약속 시간까지 거리를 거닐 요량이었던 피델은 사람들이

"가이탄이 죽었다!"라고 외치며 뛰어가는 것을 보았다. 피델은 그로부터 33년이 흐른 뒤, 잡지 <아르투로 알라페>와의 인터뷰에서 그날의 상황을 상세하게 들려줬다.

흥분한 사람들은 분노에 차서 거리를 내달리고 있었다. 그들은 아무런 제지를 받지 않고 폭력을 일삼았다. 진열장을 깨부수고, 가게를 털고, 가구며 집기들을 부숴버렸다. 의사당 광장에 도착한 수백 명의 사람들이 입구에서 서로 밀치는 동안, 한 남자가 발코니에 서서 아무도 듣지 않는 말을 해대고 있었다. 경찰은 군중을 제지하기에 역부족이었다. 사람들은 의사당 안으로 쳐들어가 의자, 탁자 할 것 없이 창문 밖으로 내던지고 보이는 대로 망가뜨렸다.

피델은 반란자들의 무리에 본능적으로 합류했다. 경찰서에 진입해 권총 한 자루, 탄알 열네 발, 장화 몇 켤레, 모자 하나, 경찰 제복을 챙겨 전쟁터 같은 거리로 달려나갔다.[11] 그러나 그것이 혁명이 아닌 일개 소요에 불과한 것을 깨닫고는 동지들과 함께 되돌아왔다. 그리고 뒤늦게 경찰이 자신들을 쫓고 있다는 사실을 알게 되었다. 쿠바에서 온 공산주의 학생들이 가이탄을 총살하고 폭동을 일으켰다는 혐의였다. 상황이 이렇게 되자 그들은 콜롬비아 주재 쿠바대사관으로 피신하려고 했지만 이미 상황은 늦어버렸다.

피델은 결코 잊지 못할, 생각만 해도 머리털이 곤두서는 그때 그 사건들을 이제 절친한 친구가 된 가보 곁에서 회상한 적이 있었다.

내가 영문도 모른 채 경찰에 체포되어 있을 때, 군중은 가이탄을 죽인 진짜 범인을 길거리에 질질 끌고 다녔다. 또 다른 군중들은 상가, 사무실, 영화관, 연립주택 등에 불을 질렀다. 그 와중에도 피아노와 장롱 같은 값나가는 가구나 집기들을 이곳저곳으로 옮기는 이들이 있었다. 누군가는 거울을 깨부수고 있었고, 벽보를 뜯어내고 차양을 망가뜨리는 이들도 있었다. 길모퉁이, 테라스 등에서 자신의 절망감을 외쳐대는 사람들의 소리도 들려왔다. 한 남자는 타자기를 연신 두들겨 패며 분풀이를 하고 있었다. 그것을 본 나는 그가 괜한 힘만 쓰는 것 같아 다가가서는 타자기를 위로 던져버렸고, 콘크리트 바닥에 떨어진 타자기는 산산조각이 났다.

내가 그 시절을 이야기하는 동안 가보는 옆에서 듣기만 했다. 그런데 내가 이야기를 끝냈을 때 가보도 당시 나와 같은 장소에 있었다는 사실을 알게 되었다. 기막힌 우연의 일치였다. 우리 둘은 같은 거리를 거닐었고 내가 겪었던 그 충격적이고 경이롭고 격렬했던 일들을 함께 경험했던 것이다. 나는 언제나처럼 궁금증을 참지 못하고 질문을 던졌다.

"자네는 보고타 폭동 때 뭘 하고 있었나?"

그러자 그는 미소를 머금은 채 단호한 어조로 말했다.

"피델, 내가 바로 그 타자기의 주인이었네."[12]

"나는 사회주의 세상을 꿈꾼다"
GABO & FIDEL | Chapter 002 |

마콘도(마르케스가《백 년 동안의 고독》에서 그려 낸 상상의 마을.-역주)를 만들어낸 창작의 마법사 마르케스는 언젠가 이런 말을 했다. "내 정치적 신념은 확고하기 때문에 흔들림이 없지만, 문학적 신념은 매번 바뀌고 있다." 문학에는 어떤 정해진 틀이나 도그마가 있어선 안 되지만 정치에는 분명한 원칙이 있어야 한다는 말이다. 가보는 아주 어렸을 적부터 인식 저편에 자신만의 정치적 원칙들을 깊이 새겨두었다. 자유파 대령이었던 할아버지가 들려준 이야기들뿐 아니라 콜롬비아 시민전쟁부터 1928년 바나나 농장 파업 노동자들을 잔인하게 학살한 사건에 이르기까지, 다양한 정치적 사건과 잔혹한 콜롬비아 역사에 관한 이야기는 유년기 때부터 그에게 큰 영향을 미쳤다.[13] 그러나 본격적으로 정치에 관심을 두게 된 것은 시파키라의 국립중등학교 시절이었다. 좌파 성향의 대통령 알폰소 로페스(1934년에서 1938년까지, 1942년에서 1945년까지 두 차례 집권한 콜롬비아 대통령.-역주)가 집권하던 당시에 가보의 교사들은 학생 신분이었고, 따라서 그들은 학교에서 마르크스주의 교육을 받으며 자랐던 것이다. 가보는 그때를 회상하며 이렇게 말했다.

시파키라 중등학교의 수학 선생님은 쉬는 시간이면 우리에게 유물론에 대해 가르치곤 했다. 화학 선생님은 레닌의 책을 읽어줬고, 역사 선생님은 계급투쟁에 대해 역설했다. 나는 그 얼음장 같던 감옥에서 나오는 순간, 북쪽이 어디고 남쪽은 또 어디인지 갈피를 못 잡았지만 두 가지 믿음만은 확고했다. 하나는 좋은 소설이란 현실을 시의 언어로 바꿔 놓은 것이라는 점이고, 또 다른 하나는 인류 최후의 운명은 사회주의라는 것이었다.

그는 플리니오 아풀레요 멘도사(마르케스의 오랜 친구로서 콜롬비아 출신의 기자이자 소설가-역주)와의 대화에서 이렇게 덧붙였다.

"나는 사회주의 세상을 꿈꾼다. 그 시기가 빠르든 늦든 반드시 그렇게 될 것이다."[14]

가보와 공산주의의 만남은 언제나 주변부적이었다. 스무 살에 공산주의 수뇌부가 주최하는 모임에 한번 참석한 적이 있긴 하지만 특정 정당의 일원이 된 적은 한번도 없었다. 공산주의자들과 지속적인 관계를 맺지는 않았고 때때로 그들과 충돌하기도 했지만, 공개적으로 그들을 비난하는 발언은 결코 하지 않았다. 1983년 어느 인터뷰에서, 그는 미국에 대해 얘기하던 중 질문자에게 이렇게 말했다.

"사람들이 인터뷰할 때마다 내게 가장 먼저 하는 질문이 있는데, 당신은 아직 안 하셨군요."
"그게 뭐죠?"
"내가 공산주의자인지 아닌지."
"그럼 질문을 드리죠. 당신은 공산주의자인가요?"
"물론 아닙니다. 지금도 그렇고 여태껏 한 번도 공산주의자였던 적은 없습니다. 정당에 가입한 적도 없고요."15)

이 인터뷰 이전에 했던 한 대담에서 그는 공산주의에 대한 태도를 더욱 분명히 했다. 소련이 중남미 국가들에 대해서 취하는 태도 때문이었다.

과거의 공산당원들이 지금은 아카데미즘으로 순화되고 소련에 의해 온순해지고 말았다. 또한 소련은 혁명을 지원하는 것보다 자기네들의 경제적인 이익에 더 관심이 많다. 이것이 중남미의 현실이다. 쿠바에 대한 지원을 제외하면 소련은 중남미의 혁명적인 체제들과의 관계에서 경제적 사안에만 관심을 쏟는다. 정치 체제에 대해서는 전혀 신경 쓰지 않는다.16)

가보는 1950년대 말 공산주의 국가들을(1955년에는 폴란드와 체코슬로바키아를, 그 후에는 동독과 소련, 헝가리를) 방문하고 난 뒤 '철의 장막'이라는 제목의 연재 기사에서 "그곳에서 벌어지고 있는 일에 대해 반대한다"17)는 뜻을 분명히 했다. 그는 완전히 실망만 안고 돌아왔다. 거기서 본 것들은 자신이 그리던 사회주의 모습과는 딴판이었다. 마치 마르크스가 그렸던 세계를 반대로 뒤집어놓은 것 같았다. 그는 소련에서 수입한 '현실 사회주의'가 제대로 작동하기는커녕 강제로 이를 수용해야 했던 국가들의 목을 죄고 있다고 결론지었다. 그는 그 연재 기사에 대해 이렇게 말했다.

그 기사의 핵심은 이른바 인민 민주주의에는 진정한 사회주의가 없다는 것이었다. 계속 이렇게 간다면 앞으로도 마찬가지일 것이다. 정치 체제가 기본적으로 각 국가의 실정에 맞지 않기 때문이다. 그것은 소련이 독단적이고 상상력이 경직된 그 나라의 공산주의 정당들을 통해 주입한 체계이다. 그들의 머릿속에는 자국의 현실과 맞지도 않는 소비에트 체제를 억지로 구겨 넣으려는 생각뿐이었다.[18]

가보는 사회주의를 '진보와 자유, 상대적 평등'[19]의 체계로 간주한다. 그는 소련식 독단주의와는 거리가 먼 개방적 사회주의가 중남미 대륙의 미래에 어울린다고 확신했다. 1971년에 했던 한 인터뷰에서 그는 소련식 사회주의에 대한 반감과 함께 중남미에 이상적인 사회주의가 실현될 수 있다는 믿음을 피력했다.

문제는 무분별한 물물교환이 늘어간다는 점이다. 이것이 사회주의의 본래 모습을 잃어가는 한 징후이다. 그럼에도 나는 사회주의가 현실적인 가능성이자 중남미를 위한 적절한 해답이라고 믿는다. 앞으로 더욱더 활동

적인 세력을 구축해야 한다.[21]

좌파 세계와 직접적으로 맞닿은 그의 첫 번째 경험은 1959년 혁명에 성공한 쿠바를 방문한 것이었다. 그 이전부터 그는 젊은 변호사였던 피델 카스트로가 바티스타(1901~1973, 군인 출신으로 1933년 '중사들의 반란'으로 독재 정권을 무너뜨린 뒤 쿠바를 통치했다. 1933년부터 1944년까지, 1952년부터 1959년까지 두 차례에 걸쳐 대통령을 지냈는데, 첫 재임 기간에는 국민의 신망을 얻었으나 두 번째 재임 때는 독재정치로 국민의 분노를 샀다. 결국 체 게바라, 피델 카스트로와 라울 카스트로 형제가 이끄는 무장 혁명군에 쫓겨 1959년 1월 1일 도미니카 공화국으로 망명했다.–역주) 정권을 무너뜨리기 위해 벌이고 있던 게릴라활동을 신문기사를 통해 긍정적으로 평가했었다. 피델을 향한 이 일방적인 애정 표현은 오랜 시간이 지나고서야 응답을 받을 수 있었다.

혁명 국가 쿠바의 첫 프로젝트: "진실 작전"

혁명에 성공한 이후 카스트로의 이름은 전 세계로 퍼져 나갔다. 마르케스도 사람들이 피델 카스트로에 대해 얘기하는 것을 들었다. 1955년 쿠바 시인 니콜라스 기옌은 파리에서 가보와 멘도사를 우연히 만났을 때, '반쯤 정신이 나간 어떤 놈'[22]이 바티스타 정부를 함락시킬 궁리를 짜고 있다고 말했다. 물론 그가 쿠바의 유일한 희망이라는 말도 빼놓지 않았다.

멘도사와 가보는 쿠바에서 일어나는 일들에 늘 관심이 많았다. 쿠바 야당의 목소리를 대변하는 '라디오 레벨데(반란군 방송국–역주)'를 하루도 빠짐없이 들었으며, 카스트로에 대한 기사도 모두 읽었다. 또한 가보는 1973년에 출판된 자신의 저서 《행복한 무명 시절》에서 피델과 그의 게릴라군에 대해 언급했다. 1958년 2월에 쓴 '페드로 인판테(멕시코 출신의 국민가수이자 배우로서 대단한 인기를 모았다. 1957년 4월 15일 비행기 사고로 사망했다.-역주)가 가고 바티스타가 남다' 라는 제목의 기사에서는 "독재자 바티스타를 공격하는 게릴라군이 오리엔테 주의 공공질서를 위협했다"23)고 묘사했다. (망명지 멕시코에서 군대를 조직한 카스트로 형제는 체 게바라와 함께 1956년 12월 2일 쿠바 오리엔테 주에 상륙하지만 정부군에 의해 거의 전멸되는 위기를 겪는다. 82명 중 22명이 살아남았고 이 중 10명은 생포되었다. 그러나 체 게바라와 카스트로 형제를 비롯한 12명의 생존자는 시에라 마에스트라 산맥에 거점을 정하는 데 성공함으로써 이후 오리엔테 주는 게릴라군의 중심지가 되었다.-역주) 얼마 후 가보는 카스트로의 여동생 엠마를 인터뷰했는데 그녀는 혈연관계와 무관하게 자신의 오빠를 칭송했다. 이후 가보의 가슴속에는 바르부도스('턱수염을 기른 사나이들'이라는 뜻의 스페인어로, 쿠바 혁명을 주도한 피델의 게릴라 군인들이 모두 턱수염을 기르고 있었기 때문에 그들을 지칭하는 말로 굳어지게 되었다.-역주)와 쿠바에 대한 연대감과 호감이 더욱 강하게 자리 잡았다. 동생 엠마에게 비친 카스트로는 인간적인 지도자였다. 엠마는 오빠가 요리 솜씨가 뛰어나 — 특히 스파게티에 일가견이 있다고 했다 — 옥중에서 동료 죄수들에게 요리를 해줬으며, 화술이 뛰어나면서도 남의 말을 경청할 줄도 알았고, 대학 시절 리더십이 뛰어났고, 시험을 앞두고는 공부에 매진할 만큼 의지력도 강했다고 했다. 그녀는 "오빠는 책 한 장을 정독하고 나면 그걸 찢어서는 태워버렸답니다. 오빠는 자신이 한번 배운 건 잊어버리지 않는다는 걸 알고 있었어요. 공부한 부분을 또 들여다보는 일을 아예 만들지 않았던 거죠."[24])라며 피델의 장점을 강조했다. 그러면서 엠마는 피델이 조금은 산만한 탓에 호세 마르티의 책을 빼고는 책이란 책은 모두 잃어버렸다고 했다. 그는 운동신경이 뛰어나 권총을 잘 다뤘고 사냥을 좋아했으며 반항적인 기질도 강했다고 했다. 부모님들은 아들이 나중에 사실을 털어놓기도 전에 그가 바티스타 독재 정권에 대항하는 학생혁명에 가담하고 있다는 걸 이미 알고 있었다고 했다. 이 인터뷰를 토대로 가보는 1948년에 일어난 정치 폭동 '보고타소'가 피델에게 끼친 영향을 정리한 뒤, 그가 게릴라를 조직해 무장봉기를 시도한 것에 동조하는 기사를 썼다.

피델의 위대한 장점 중 하나는 당시 15만 명의 쿠바 망명자들이 미국에서 반정부 활동을 하게 한 것이다. 그는 쿠바 망명자들에게 "올해가 가기 전에 쿠바에 상륙할 것입니다."라고 선포했다. 그는 한 달이 채 되기 전에 16만 달러를 모아 미국 최남단에 있는 섬인 키웨스트를 거쳐 멕시코로 갔다. 거기서 동생 라울은 운동을 지휘하던 쿠바 망명자들의 핵심 멤버들과 피델의 만남을 주선했다.[25])

몇 달 후 바티스타는 혁명군에 쫓겨 망명을 가야 했고, 체포된 바티스타 정권의 정치인들과 관료들은 재판을 받게 되었다. 카스트로는 미국 언론이 주장하듯이 그들이 바티스타의 단순한 추종자들이 아니라 적극적인 가담자였다는 점을 보여주기 위해 각국 기자들을 공개재판이 열리는 아바나의 스포츠 경기장으로 초대했다. 이른바 '진실 작전'을 편 것이다.

가보와 멘도사는 이 재판에 참관하기 위해 1959년 1월 19일, 쿠바를 방문했다. 두 사람은 이때 처음 카스트로와 마주쳤다. 하지만 훗날 피델은 이들과의 만남을 기억하지 못했다. 사령관 피델은 카마구에이 공항에 지친 얼굴로 도착한 두 사람을 맞았다.

"뭘 좀 드셨소?"

피델이 가보의 표정을 보고 물었다. 그리곤 그들에게 관심을 보이며 쿠바에서 잘 지내기를 바란다고 말했다. 가보와 멘도사는 헤수스 소사 블랑코의 재판에 참관했다. 바티스타 정권의 고위급 장교였던 그는 엘 오로 데 기사라는 마을에서 혁명군을 지지하던 농부들을 살해한 혐의를 받고 있었다. 공개재판에서 그는 사형선고를 받았다. 그러자 그의 부인과 딸들은 기자들에게 재심을 요구하는 탄원서에 서명해달라고 요청했다. 멘도사와 가보는 사형판결이 옳았다고 확신했지만 탄원서에는 서명을 해줬다. 하지만 탄원서는 결국 받아들여지지 않았다. 가보와 멘도사는 콜롬비아로 돌아온 뒤 곧바로 쿠바혁명에 동조하는 그룹에 가담했다. 쿠바에서 봤던 피델 카스트로의 카리스마는 물론, 피부색과 남녀노소를 불문하고 뿜어져 나오던 쿠바 국민의 행복한 모습에 매료되었기 때문이다. 당시 쿠바에서는 바티스타 일족을 제외하면 모두가 환희에 차 있었던 것이다. 독재자 바티스타는 1958년 12월 31일 비행기가 이륙해 쿠바 하늘을 날아갈 때에서야 비로소 마음을 놓았다고 한다. 바로 그때, 30년이 지난 뒤가 아닌 바로 그때, 아나 벨렌(1951~, 스페인의 유명 배우 겸 가수-역주)이 다음과 같은 노래를 불렀어야 했다.

열대지역에 한 나라가 있네
진실한 태양이 비치는 곳
이국적인 산림의 그늘 밑이
얼마나 좋은지 상상해보게

세상이 삼켜버리지 않은 광란의 사람들
우리는 해질 무렵 모여 든다네
꿈 주변을 맴돌면서
사랑 주변을 맴돌면서

지구가 한 방향으로 움직이는 동안
우리는 여기 모여 있다네
당신 주변을 맴도는
우수 따위는 쫓아내면서

허공에 떠도는 눈물을 모아
포도주와 꿀로 눈물을 씻어내고
코미디언의 미소를 배우면서
얼굴이 온통 환해진다네 26)

두 번째 프로젝트: '프렌사 라티나' 설립

혁명이 있고 얼마 뒤 쿠바에서 일어나는 사건을 전문적으로 다루는 '프렌사 라티나'라는 뉴스 통신사가 생겼는데 여기에는 다음과 같은 사연이 있다. 아르헨티나 신문기자인 호르헤 리카르도 마세티가 쿠바혁명과 관련해 TV방송과 인터뷰하면서 미국 언론이 이 혁명을 얼마나 악의적으로 다루고 있는지를 언급했다.

미국 통신사들이 현재 전 세계 언론을 독점하고 있습니다. 그럼에도 우리가 여기에 대응을 못 하는 까닭은 라틴아메리카에는 뉴스 통신사가 없기 때문입니다.[27]

마세티가 TV에서 이 말을 할 때 혁명 영웅 체 게바라가 듣고 있었다. 게바라는 그에게 전화를 걸었고 그들은 시에라 마에스트라에서 처음으로 만났다. 대화를 나누면서 두 사람은 마음이 통했고 곧 허물없는 사이가 되었다. 게바라는 자신이 도와줄 테니 그에게 통신사를 차리라고 제안했다. 통신사를 설립해 미국 통신사들의 제국주의적인 선전에 대항하자고 말하자 마세티는 그 자리에서 제안을 수락했다. 이것이 프렌사 라티나(이후에는 약칭으로 '프렐라'라고 불렀다)가 출범하는 계기가 되었다.

어느 날 멘도사는 우연히 한 멕시코인을 만났는데, 그는 콜롬비아 보고타에 '프렐라' 지사를 설립하기 위해 언론분야 경력자를 찾고 있다고 했다. 멘도사는 그의 제안을 받아들였고, 국장급인 자신과 같은 급료를 받는 조건으로 자신의 동료도 추천했다. 이렇게 해서 가보는 멘도사와 그 감격스러운 일을 시작하게 되었다. 가보는 곧 가족을 데리고 보고타로 이사했고 프렐라에서 두 가지 일을 맡게 되었다. 콜롬비아의 현실을 객관적으로 보도하는 일과 쿠바에 관한 소식을 콜롬비아에 전하는 것이었다. 가보가 본격적으로 정치 저널리즘에 몸을 담게 된 순간이었다. 또한 가보와 멘도사는 1960년 1월, 잡지 〈자유 행동〉을 함께 운영했다. 이 잡지는 계간으로 출간되었는데 이것 역시 쿠바에 대한 '객관적인 정보'를 제공하기 위한 것이었다. 프렐라 활동과 병행해야 했기에 많은 부수를 발행하지는 못했다.

한편 프렐라 출범에 기여했던 아르헨티나 기자 마세티는 쿠바 외부의 기고자들을 직접 만나 지침을 전달하기 위해 여행을 자주 다녔다. 그는 보고타에서 가보와 멘도사를 만났다. 프렐라에서 일한 지 1년가량 지났을 때였다. 마세티는 그들에게 다른 나라에서도 지사가 필요한데 둘 중 한 사람이 그 일을 맡으면 어떻겠냐고 물었다. 가보는 즉석에서 제안을 받아들였다. 그렇게 해서 가보는 다시 아바나로 자리를 옮기게 되었다. 일단 아바나에 있는 프렐라 본사에서 반년 정도 교육을 받은 뒤 다른 나라로 파견될 예정이었다. 이렇게 해서 가보는 두 번째로 쿠바를 방문하게 된다. 이번에는 지난번보다 좀 더 오랜 시간 머물게 될 터였다.

쿠바의 시인이자 기자인 안헬 아우히에르는 우리에게 1960년대 초 자기 역시 프렐라 본사에서 근무했으며 그때 가보와 멋진 관계를 유지했다고 들려주었다. 당시 가보는 기사를 쓰면서 철자법 때문에 고생을 많이 했다고 한다. 그래서 아우히에르가 항상 가보의 글을 수정해줘야 했다는 것이다. 가보가 1997

년 멕시코에서 열린 학자들의 모임에 초대받아 연설을 할 때 "철자법을 그만 없애버리자"고 제안할 정도였으니, 젊은 시절 철자법 때문에 엄청 스트레스를 받긴 받은 모양이었다. 반면 아우히에르는 이 점에서 완벽했다. 가보가 2001년 90살이 넘은 아우히에르의 집을 방문했을 때, 이렇게 말했다고 한다.

"당신의 연필은 파괴적이었지. 항상 내가 쓴 현재분사형을 벅벅 지워버렸으니까. 우리 라틴아메리카 사람들은 그런 표현을 자주 사용하는데 말이야."

가보는 쿠바의 프렐라 본사에서 자신이 늘 존경해 마지 않던 아르헨티나 작가 로돌포 왈쉬도 만났다. 그는 통신사에서 특집판 책임자로 일하고 있었다. 가보와 마세티, 왈시는 단번에 아주 친한 사이가 되었다. 그들 생애 가장 행복한 시간을 함께 보낸 것이다. 어느 날 마세티는 우연히 CIA의 암호 메시지를 입수해 왈쉬에게 전달했고, 왈시는 어찌어찌해서 암호 내용을 해독했다. 미국이 쿠바를 공격하기 위해 코치노스 만(쿠바인들은 '플라야 히론', 미국인들은 '피그스 만'이라고 부른다.-역주)에서 상륙작전을 펼칠 계획이라는 것이었다(이른바 '피그스 만 침공'을 말한다. 새로 대통령에 취임한 존 F. 케네디는 쿠바의 혁명 정부를 전복하려는 음모를 꾸미고, 1961년 4월 1,400명의 쿠바 망명자들을 훈련시켜 쿠바 남부의 피그스 만을 공격하지만 결국 실패하고 만다.-역주). 세 사람은 미국을 놀라게 할 만한 계획을 짜 두었다고 쿠바 정부에 알렸으나 정부는 이미 준비된 것이 있다고 전해왔다. 그렇더라도 그것은 이 세 명의 기자에게는 잊을 수 없는 사건이 되었고, 가보는 1981년 12월 16일에 쓴 '기자의 회상들'이라는 글에서 이 무렵의 일을 상세히 기록하기도 했다.

가보가 6개월의 교육기간을 마치자 마세티는 그를 캐나다 지사 책임자로 보내기로 했다. 그래서 1961년 초, 가보는 먼저 뉴욕으로 건너가 거기서 가족들과 함께 캐나다에서 거주할 수 있는 비자를 신청했다. 그러나 끝내 비자를 받지는 못했다. 가보가 뉴욕에서 지낸 그 몇 달은 고통스러운 나날이었다.

"나는 뉴욕에 머물면서 캐나다행 비자를 기다렸다. 하지만 비자는 발급되지 않았다. 그때가 '코치노스 만 사건'이 터진 시기였다. 나와 우리 가족은 세상에서 가장 위험한 곳에 있었던 것이다. 차라리 쿠바에 있었다면 당시의 뉴욕보다는 훨씬 안전했을 것이다. 왜냐하면 뉴욕의 프렐라 지사 사무실은 쿠바혁명을 못마땅해 하는 변변치 못한 인간들로 포위당해 있었기 때문이다. 총기를 소지하면 경찰에 연행될 수 있었기 때문에 우리는 아무런 무장도 할 수 없는 상황이었다. 그들은 호시탐탐 우리를 공격할 틈을 보고 있었다. 할 수 없이 우리는 쇠파이프 같은 것으로라도 방비를 해야 했다. 아무튼 그때가 내 인생에서 가장 위험한 시기였다."

당시 미국에서는 카스트로에 반대하는 운동이 거세지고 쿠바 망명자들의 수도 계속해서 늘어났다. 그들은 매일 뉴욕 프렐라 지사의 기자들을 위협했다. 하루는 누군가가 시카고의 전설적인 갱 알 카포네처럼 가보의 귀에 대고 속삭이기도 했다. 가족을 지키고 생명을 부지하고 싶으면 얼른 떠나는 것이 좋다고 말이다. 그러한 위협에도 불구하고 가보는 뉴욕 지사를 떠나지 않았다. 하지만 그는 다른 이유로 뉴욕을 떠날 수밖에 없었다. 쿠바 내 공산주의자들과의 갈등 때문이었다. 이들은 쿠바에 대한 영향력을 점점 높여가고 있던 소련을 등에 업고 자신들의 세력을 넓혀가고 있었다. 그 지도자는 아니발 에스카란테였는데 그는 프렐라에도 자기 세력을 심으려고 했다. 공산주의자들은 마세티와 왈쉬, 가보와 멘도사가 좌파이긴 하지만 자기들 무리에는 절대 가담하지 않으리라는 것을 알았다. 그 결과 프렐라 안에서는 분파들 간에 서서히 증오심과 적대감이 싹트기 시작했다. 마세티는 이런 상황에서 벗어나기 위해서는 체 게바라나 피델이 나서야 한다고 생각했다. 하지만 그런 일은 일어나지 않았다. 결국 가보는 사임을 했고 그를 따라 다른 기자들도 사표를 냈다. 이 사건은 체 게바라에게 큰 충격을 주었다. 어찌보면 프렐라는 자신이 만든 것인데다, 무엇보다도 쿠바혁명 세력 내에 분파가 있다면 그것이 혁명의 앞날을 위태롭게 하리라는 것을 깨달았기 때문이다.

가보는 뉴욕에서 몇 달을 지낸 뒤 캐나다 땅은 밟아보지도 못한 채 가족들과 멕시코로 돌아갔다. 마세티와 왈시는 프렐라를 그만둔 지 이삼 년 뒤에 자신들의 조국인 아르헨티나의 군사정부에 의해 피살당했다. 한편 프렐라에서 일하는 동안 가보는 피델을 여러 차례 만났지만, 아직 그들 사이에 진정한 우정은 피어나지 않고 있었다.

오늘날 프렐라의 흔적은 전혀 찾아볼 수가 없다. 공산주의자들이 당시의 모든 자료들을 태워버렸기 때문이다. 그로 인해 불행하게도 가보가 프렐라 시절에 썼던 기사들과 쿠바혁명의 초기 역사에 관한 기록들도 상당 부분 사라져버렸다.

늑대, 본색을 드러내다

직장을 잃은 가보는 다시 경제적인 어려움을 겪게 된다. 더불어 그가 소중하게 여겼던 쿠바혁명과의 모든 끈도 끊어져버렸다. 가보는 1975년이 되어서야 다시 쿠바 땅을 밟게 된다. 다행스럽게도 그 기간에 그는 진정한 창작의 시간을 누리게 된다. 그는 멕시코에 거주하면서 《암흑의 시대》(1962)를 쓰고 영화 시나리오 작업도 시작했으며, 무엇보다 가장 중요한 일은 18개월 동안 은둔생활을 하다시피 하면서 《백 년 동안의 고독》(1967)을 써낸 것이었다.

한편 같은 기간 피델은 쿠바를 사회주의 강령 아래 확실하게 건설해 가고 있었다. 동시에 지식인층과 쿠바의 권력층 사이에 최초로 대립이 생기기 시작한 것도 이 무렵이었다. 지식인들은 늑대가 마침내 본색을 드러냈다고 생각했다. 과거의 독재 정권과는 달리 피델은 국민들에게 기본적인 권리를 존중하며 민주주의와 자유를 실현하겠다고 약속했다. 하지만 그는 전제 군주로 돌변하고 있었다. 적어도 지식인들이 보기에는 그랬다.

'피그스 만 침공' 사건이 벌어지고 나서 얼마 뒤인 1961년 6월, 쿠바의 작가 및 예술가들이 정부 당국의 요청으로 아바나에 소집되었다. <월요일>이라는 잡지의 부록에 실린 글에 대해 의견을 조율하기 위해서였다. 이 부록에는 당국이 상영을 금지했던 영화 <P.M.>을 옹호하는 글이 실렸었다. <P.M.>은 사바 카브레라가 감독한 영화로 쿠바의 밤 문화를 비판적으로 그렸다는 이유로 일반 대중에게는 공개되지 못했다. 그런데 그런 작품에 대해 문화부에 소속된 영화 촬영국 국장인 네스토르 알멘드로스가 적극 지지하는 글을 썼던 것이다.

소집된 지식인들은 대부분 표현의 자유를 내세우면서 글을 쓴 알멘드로스를 옹호했다. 하지만 피델은 특유의 장황한 연설을 하면서 그런 주장을 잠재우려고 했다. 피델의 주장은 형식과 내용은 구분되어야 한다는 것이었다. 형식에 대해서는 완전한 자유를 허용할 수 있으나 내용에는 제약을 둘 수밖에 없다는 논리였다. 그러면서 "혁명을 찬성하는 것은 모든 것이고, 혁명에 반대하는 것은 아무것도 아니다."라고 선언했다. 이것은 소집된 지식인들이 앞으로 잊어서는 안 되는 훈시의 핵심명제였다. 하지만 어떤 작품이 혁명에 찬성하는 내용인지, 반대하는 내용인지를 결정하는 것은 결국 누구인가? 그날 이후 쿠바의 작가 및 예술가들은 망명을 택하거나 감옥으로 끌려갔고, 골치 아픈 문제를 피하려고 스스로 자기 검열을 하기 시작했다.

이런 지식인들의 흐름에 쐐기를 박는 사건이 일어나는데, 이 사건은 쿠바의 시인 에베르토 파디야가 시집 《반칙》(1968)을 출간하면서부터 시작된다. 이 사건에 대해서는 다음 장에서 자세히 다룰 것이다. 1968년은 소련이 체코슬로바키아를 침공한 해이기도 한데, 피델은 이러한 소련의 결정을 승인하고 적극 지지하고 나섬으로써 다시 한번 전 세계 지식인들의 분노를 샀다. 이제 늑대는 본색을 완연히 드러낸 것이다. '프라하의 봄'을 짓밟은 소련의 행위는 그 어떤 명분과 논리로도 받아들일 수 없는 조치였다. 쿠바 국민 대다수는 피델이 소련의 침략에 반대할 것으로 생각했지만, 놀랍게도 그는 찬성표를 던졌다. 그 사실에 경악한 이들 중에는 가보도 끼어 있었다. 물론 그는 한편으로는 피델을 이해하려고도 했다.

"(피델의 결정을 접하고서) 당시 나는 세상이 무너지는 줄 알았다. 하지만 지금은 어느 정도는 이해할 수 있는 결정이라고 생각한다. 왜냐하면 쿠바는 똑같이 잔인하고 탐욕스런 두 제국주의(소련과 미국-역주) 사이에 끼어 있었기 때문에 그런 사정을 고려해야 하는 것이다."[28]

멘도사와 가진 인터뷰에서도 그는 소련의 침공에 대해 피델과 다른 의견을 가졌지만 자신은 피델을 이해하려 했다고 재차 강조했다.

"당시의 내 입장에 대해 일부에서 항의를 받고 있는데, 같은 상황이 다시 온다고 하더라도 내 입장은 마찬가지일 것이다. 내 생각과 카스트로의 입장이 유일하게 다른 지점은, 그는 소련의 개입을 정당화했다는 것이고 나는 절대로 동의하지 않았다는 것이다. 하지만 카스트로가 연설에서 각국의 인민 민주주의가 처한 상황에 대해 분석한 내용은 우리가 새겨들을 부분이 있다. 어떤 경우든 라틴아메리카의 운명은 라틴아메리카 스스로가 결정해야 한다는 것이다. 그것은 헝가리, 폴란드, 체코슬로바키아에서 진행된 방식으로는 결정되지 않는다. 이런 사실을 간과한다면 그것은 사태를 보는 유럽식 관점일 뿐이고 유럽식 집착일 뿐이다."[29]

소련의 체코슬로바키아 침공에 대한 가보의 입장 때문에 쿠바의 최고 지도자는 당시 그에 대해 불신감을 갖고 있었다. 늑대들은 항상 상대를 노려보면서 자신의 영역을 점검하고 수정하며 패를 옮기는 것이다. 얼마 후 가보는 시원찮은 기자의 처지를 벗어나서 라틴아메리카 문학의 상징, 즉 '마술적 사실주의'의 상징으로 떠올랐다. 스페인어로 쓰여진 환상적인 문학의 패러다임이 되었던 것이다. 그럼에도 피델은 여전히 그에게 팔을 벌리지 않았다.

혁명의 낙조: "파디야 사건"

GABO & FIDEL | Chapter 003 |

1968년, 가보의 인생은 완벽히 달라졌다. 1년 전 소설 《백 년 동안의 고독》이 여러 나라의 언어로 번역되면서 세상에 널리 알려졌다. 청년 시절에는 돈이 없어서 보증금 대신 단편 원고를 맡기고 창녀들이 묶는 여관의 빈방에서 숙식을 해결해야 했다. 1950년대 중반엔 파리의 지하철 벤치를 전전하고, 자신을 알제리 사람과 혼동하던 경찰을 피해 지하철의 철가(鐵架, 받침대) 아래에서 겨울밤을 지새기도 했다. 이제는 그 모든 것들과 작별했다. 그는 《백 년 동안의 고독》을 완성하기 전 궁핍했던 지난 2년을 생생하게 기억했다. 1960년대 초부터 몇 년간 작품을 단 한 줄도 쓰지 않았던 그는 1965년 부인과 멕시코의 아카풀코로 여행을 가던 길에 차를 멈추고 이렇게 말했다.

"메르세데스, 나는 드디어 내 문체를 발견했어! 할머니가 나에게 환상적인 얘기를 들려줄 때의 그 표정으로 이야기를 쓸 거야. 어린아이가 아버지 손에 이끌려 얼음을 보러 가던 그 오후부터 이야기를 시작하는 거야!"[30]

이후 그는 14개월 동안 두문불출하면서 부엔디아 가족과 마콘도에 대한 이야기를 썼다. 메르세데스는 그동안 허리띠를 졸라매며, 고기와 빵을 외상으로 사들였다. 아파트 주인에게는 집세를 제때 줄 수 없었다. 그런 세월이 지나자 가게 빚은 어느새 1만 달러가 넘어섰다. 그러나 그 모든 상황이 소설의 출간과 함께 단번에 끝이 났다. 그 순간부터 경제적인 여유를 누렸을 뿐 아니라 중남미 정치라는 혼란의 소용돌이 속에서 좀 더 수월하게 처신할 수 있었다. 그의 가장 큰 관심사는 여전히 쿠바혁명에 좀 더 적극적으로 개입하는 것이었다. 이유는 간단했다. 쿠바의 지도자 피델은 19세기부터 들끓었던 악당들과 독재자들과는 다를 것이리라고 확신했기 때문이다. 그리고 그 혁명을 통해 라틴아메리카의 다른 국가들도 좋은 결실을 맺을 수 있으리라 믿었다. 이러한 신념은 세계는 결국 사회주의로 갈 수밖에 없다는 젊은 시절부터의 믿음에서 나온 것이었다. 따라서 그는 서유럽이나 미국의 자본주의도 시간이 지나면 결국엔 사회주의로 귀결될 것이라고 믿었다.

1968년은 가보의 인생에서 이정표가 찍힌 해이지만, 세계사적으로도 격동의 해였다. 소련이 체코슬로바키아에 개입했고 쿠바에서는 파디야 사건이 일어나면서 지식인들이 쿠바혁명에 회의를 품기 시작했으며, 서방에서는 학생운동으로 촉발된 저항의 물결이 사회 전체를 휩쓸고 있었다. 반항의 노래가 절정을 이루고, 베트남 사건이 다시 격렬해졌으며(1975년까지 지속한다) 체 게바라는 다시 행동을 개시했다. 이런 배경 속에서 가보는 사회주의 혁명을 지지하는 자신의 정치적 입장을 더욱 탄탄하게 다져갔다.

등돌리는 유럽 지식인들

그해에 쿠바에서 일어난 사건은 쿠바혁명과 그의 지도자에 대해 라틴아메리카 식자층과 대다수 유럽인들의 견해가 왜 바뀌게 되었는지를 이해하는 데 큰 도움이 된다. 1968년, 에베르토 파디야의 시집 《반칙》이 UNEAC(쿠바 국립 작가예술인연합-역주)상 시 부문 수상작으로 선정되었다. 심사위원은 호세 레사마 리마, 호세 Z. 타예, 마누엘 디아스 마르티네스, 이 세 명의 쿠바인과 두 명의 외국인, 즉 영국의 J. M. 코헨과 페루의 세사르 칼보였다. 그런데 파디야는 얼마 전 자신이 편집위원으로 활동하던 〈수염을 기른 카이만〉이라는 잡지에서 리산드로 오테로의 《우르비노의 열정》을 신랄하게 비판한 적이 있었다. 오테로는 국가문화위원회 부위원장을 맡고 있었다. 오테로는 그 작품으로 스페인의 유명 출판사인 세이스 바랄이 주는 비블리오테카 브레베 상을 받기를 원했으나, 기예르모 카브레라 인판테(1929~2005, 쿠바 출신 소설가. 처음에는 쿠바혁명에 동조했으나 동생이 만든 영화 〈P.M〉이 상영금지 처분을 받는 등 예술작품에 대한 검열이 강화되자 반혁명적인 입장으로 돌아서 1967년 영국으로 망명했다-역주)가 《세 마리의 슬픈 호랑이》(1967)로 수상을 했다. 파디야는 그 글에서 카브레라 인판테 같은 수준 높은 작가가 외국에서는 인정을 받고 있는데 정작 쿠바에서는 정치적인 이유 때문에 외면 받고 있다면서, 국가문화위원회 부위원장이라는 지위 때문에 오테로처럼 수준 낮은 작가의 작품이 주목을 받는 것은 매우 슬픈 일이라고 지적했다. 그러면서 다음과 같이 글을 맺었다.

쿠바에서는 나처럼 평범한 작가가 국가문화위원회의 고위직을 맡고 있는 소설가를 비난할 수 없다. 왜냐하면 그를 비판하는 순간 단편작가이자 잡지 편집국장인 사람과, 시인이자 편집위원인 사람이 곧장 공격을 가해오기 때문이다.[31]

그 기사 때문에 파디야는 해고되었다. 해고 이유는 당시 '혁명의 배신자'로 낙인 찍혀 있던 카브레라 인판테의 작품을 호평했다는 것이었다. 후안 고이티솔로(1931~, 카탈루냐 출신의 스페인 작가. 에스파냐 문단의 새물결을 주도했다. 바르셀로나대학에서 법률을 공부한 뒤 1953년부터 파리로 건너가 작품 활동을 계속해 오고 있다. 주요 저서로는 스페인 내전의 체험을 바탕으로 한 《낙원의 결투》(1955), 《피에스타스》(1958), 《요술》(1954) 등이 있다.-역주)는 이 사건을 접하고 자신이 얼마나 큰 충격을 받았는지 회고했다.

1968년 11월 8일, 오후 두 시가 조금 지났을 때 평소처럼 다리 운동도 하고 〈르 몽드〉지도 살 겸 본느 누벨 산책로로 걸어가고 있었다. 그때 쿠바 특파원이 쓴 기사의 신문 제목이 내 눈길을 사로잡았다. '혁명군대가 시인 파디야의 반혁명 행위를 고발하다'

그 기사에는 시인을 비난하기 위한 인신공격적인 문구들로 난무하고 있었다. 파디야가 문학을 통해 반혁명을 선동하고 있을 뿐 아니라 한술 더 떠 "공금을 함부로 횡령했다"고 하면서 비난의 수위를 높였다. 또한 파디야가 "외설문학과 반혁명, 나약함이 혼합된 문학을 하는 쿠바작가들의 무리를 이끌고 있다"고 덧붙였다.

UNEAC 상의 수상자가 발표되기 전, 라울 카스트로는 만일 '반혁명' 작가인 파디야에게 상이 돌아가면 '심각한 문제'[32]가 발생할 수 있다는 소문을 은밀히 퍼트렸다. 그러나 심사위원단은 파디야의 시를 반혁명주의적이라 간주하지 않고 비판적이고 문학성이 뛰어난 작품이라고 평했다. 여기서 짚고 넘어가야 할 점은(이 점이 자주 도외시되는데) 파디야가 자신의 시에서 혁명을 무조건 비방하지 않았다는 점이다. 마누엘 바스케스 몬탈반은 자신의 책 《신은 아바나에 들어왔네》에서 이렇게 썼다.

> 파디야는 혁명을 비판하면서도 혁명의 긍정적인 부분을 찬양하기도 했다. 하지만 피델에게 파디야는 두 단어로 요약이 되었다. 거짓말쟁이와 배신자.[33]

결국 UNEAC는 심사위원단의 결정을 받아들여 《반칙》을 출간했지만, 부상으로 지급되는 모스크바 여행을 위한 비자와 1천 페소는 파디야에게 주지 않았다. 또한 수상자의 시집에 작가나 작가의 사상과는 아무 상관도 없는 프롤로그를 첨부하라고 강요했는데, 그 프롤로그에는 '엄격한 예술의 척도'에 기초해 파디야를 북쪽의 적(미국-역주)을 지지하는 작가라고 비난하는 내용이 담겨 있었다.

우리는 그 시가 우리의 적을 위한 것이라고 믿고 있고, 그 작가는 제국주의가 쿠바에 전면적인 무장공격을 감행할 때 트로이의 목마를 배양하는 데 필요한 예술가라는 것이다.[34]

그리고 그 위대한 프롤로그는 다음과 같이 끝을 맺는다.

UNEAC의 지도부는 이 수상작의 이념적인 내용을 거부한다.[35]

그들은 파디야가 "혁명적인 열의가 부족하고, 비판적이고, 역사의식이 부족하며, 사회적 요구보다는 개인주의를 옹호한다"[36]고 비난했다. 또한 "혁명을 완수하는 데 필요한 도덕적인 의무감이 부족하다"[37]고 비난했다. 수상작은 출간되기는 했지만 시중에 유통되지 않았고 상점에 진열되지도 않았다. 어떻게 구했는지 모르지만 소수의 사람들만이 그 책을 소유할 수 있었다. 그 사건에 대해 일부 작가들은 항의할 것임을 밝혔다. 고이티솔로는 다음과 같이 설명했다.

카를로스 프랑키(1921~2010, 쿠바의 작가이자 저널리스트. 카스트로, 체 게바라와 함께 쿠바혁명을 이끌었고, 혁명 이후에는 쿠바의 정부기관지 <혁명>의 주간을 지냈다. 그러나 카스트로의 검열 정책에 지속적으로 반대하는 목소리를 내다 결국 1963년 유럽으로 떠나 프랑스, 이탈리아 등에 머물렀다. 1990년대 푸에르토리코로 건너가서 계속해서 반카스트로 운동을 펼치다 2010년에 사망했다.-역주)의 조언에 따라 나는 코르타사르, 푸엔테스, 바르가스 요사, 셈푸른, 가르시아 마르케스에게 연락을 취했다. 또한 프랑스 갈리마르 출판사 사무실에서 파디야와 통화하려고 시도했다. 그와 통화가 되지 않자 — 그의 번호는 한 번도 연결된 적이 없다 — 우리는 모두의 서명이 담긴 전보를 카사 데 라스 아메리카스(1959년 쿠바혁명 직후 쿠바의 작가, 예술가 등 지식인들이 라틴아메리카 문화의 연대를 위해 만든 자율기구-역주)의 하이디 산타마리아에게 보내기로 했다. 우리는 전보에서 "시인에게 가해진 중상모략적인 비난 때문에 우리가 슬픔에 잠겨 있다"고 말한 뒤, "지식의 자유를 옹호하기 위해 카사 데 라스 아메리카스가 이끄는 모든 행동을 지지하겠다"고 선언했다. 이틀 뒤에 하이디의 답장이 도착했는데, 그것을 본 우리는 어안이 벙벙해졌다.[38]

카사 데 라스 아메리카스의 지도부는 전보에서 이렇게 전했다.

그렇게 멀리 떨어진 곳에서 파디야에 대한 비난이 중상모략인지 아닌지 안다는 것을 이해할 수가 없습니다. 카사 데 라스 아메리카스의 문화노선은 우리 쿠바혁명의 노선이고, 카사 데 라스 아메리카스의 지도부는 체 게바라가 원했던 대로 할 것입니다. 총에 탄약을 장전해서 주위에 발사하라![39]

피델에게 보내는 첫 번째 항의 편지

1971년, 파디야와 그의 부인인 시인 벨키스 쿠사 말레는 당시 유행하던 표현으로 '반역시인'이라는 죄목으로 체포되었다. 파디야의 부인은 며칠 만에 풀려났으나 파디야는 수감되었다. 그러자 당시까지 카스트로의 혁명을 지지하던 전 세계 지식인층에서 거센 항의가 이어졌다. 쿠바에 스탈린주의가 임박했다는 소문까지 돌았다. 일부 작가들은 이 사건 이후로 영원히 쿠바혁명과 관계를 끊었다. 그들 중에는 마리오 바르가스 요사, 후안 고이티솔로, 카를로스 푸엔테스, 플리니오 아풀레요 멘도사, 옥타비오 파스, 장 폴 사르트르 등이 있었고 혁명가인 카를로스 프랑키도 포함되었다. 프랑키는 피델이 1959년 권좌에 오르는 과정에서 중요한 역할을 했지만 혁명 이후 쿠바에서 얻은 최고 지위를 포기하고 쿠바를 떠난 인물이었다. 아무튼 고이티솔로는 쿠바 정부에 항의하는 서한을 작성하기로 하고, 《라유엘라》의 작가 훌리오 코르타사르의 집을 찾아갔다.

우리 둘은 나중에 '피델에게 쓴 첫 번째 편지'라고 알려지게 되는 서한을 작성했다. 이 편지에 대해 프랑키가 승낙을 했다. 우리는 편지를 작성하는 동안 프랑키와 밀접한 관계를 유지했다. 우리는 편지를 언론에 공개하지 않은 채 쿠바로 보내기로 했다. 왜냐하면 피델이 편지를 미처 받기도 전에 세상에 알려지면 그가 우리 말에 귀를 기울이지 않을 수도 있기 때문이었다. 어느 정도 시간이 지난 뒤에도 답장을 받지 못하면 그때 편지의 복사본을 기자들에게 보내기로 했다.[40]

편지에는 "우리는 쿠바혁명의 원칙과 목표에 공감하면서도, 유명한 시인이자 작가인 에베르토 파디야가 체포된 사건에 대해 우려를 금할 수 없습니다. 이 체포로 인해 야기된 상황을 자세히 검토해주기를 바랍니다."[41]라고 돼 있었다. 고이티솔로는 '첫 번째 편지'에 서명할 사람들을 모았고 총 54명이 서명을 했다. 서명하지 않은 유일한 사람은 가르시아 마르케스였다. 아니, 그가 서명을 했는지 하지 않았는지는 아직까지도 분명하게 해명되지 않고 있다. 그 까닭은 다음과 같은 사정 때문이다. 파디야 체포 사건이 일어났을 때 가보는 가족들과 함께 바르셀로나에 있었다. 그 도시에는 절친한 친구 멘도사도 살고 있었다. 그런데 파디야의 소식을 접한 가보는 기자들의 추궁을 피하기 위해 가족과 함께 "구아야바(석류를 닮은 열대 과일-역주)의 향기를 맡으러"[42] 카리브의 한적한 곳으로 잠시 떠나 있기로 했다. 거기라면 방해를 덜 받을 것이라 생각했다. 그렇게 시간이 흐른 뒤 '첫 번째 편지'에 가보가 서명할 차례가 되었을 때 멘도사는 여러 차례 그에게 전화를 걸었으나 통화할 수가 없었다. 메시지를 남기고 전보도 보냈으나 답장이 없었다. 멘도사는 자신이 보낸 메시지를 가보가 받지 못했다고 생각하고, 쿠바에 대해선 항상 의견이 같았기에 자기 책임 아래 친구 대신 서명을 했다. 그는 자신의 책 《잃어버린 사건, 불길과 얼음》에서 이렇게 설명하고 있다.

우리는 표현의 자유라는 주제에 대해 오랜 시간 대화를 나눈 적도 있고 그와 나는 그간 의견이 비슷했기에 '파디야 사건'과 관련해 그가 그렇게 돌발적으로 나오리라고는 전혀 예상하지 못했다. 그와 전화 연결이 되지 않고 전보에도 답장이 없자 나는 일말의 고민도 없이 후안 고이티솔로에게 이렇게 말했다.

"가브리엘의 서명을 하게. 내가 책임질 테니."

나는 '붐'(1960년대에 폭발적으로 성장한 중남미 문학을 일컫는 말. 이 무렵 가보를 비롯한 일군의 작가들은 유럽 문학의 영향에서 벗어나 독자적인 목소리를 내기 시작했는데, 이들은 현실을 모방하는 리얼리즘이 아니라 환상과 마술을 결합한 리얼리즘을 추구했다. 여기에는 가보를 비롯해 멕시코의 후안 룰포, 파나마의 카를로스 푸엔테스, 페루의 마리오 바르가스 요사 등이 포함된다.-역주) 작가들이 모두 서명을 했기 때문에 오히려 그의 서명을 빠트리는 것이 정황상 오해의 소지를 남길 수 있다고 판단했던 것이다.[43]

그런데 가보는 멘도사의 전보를 받았고 답장도 했으나 우편이 지연된 것이었다고 주장한다. "파디야 체포 사건에 대해 정확한 정보를 알지 못하기 때문에 서명을 하지 않겠다"[44]고 답장했다는 것이다. 그러나 익명을 요구하며 우리와 인터뷰한 사람들은 가보가 그 편지에 서명한 뒤 후회했다는 말을 멘도사의 부인 마르벨 모레노에게서 들었다고 전했다. 고이티솔로는 일련의 상황을 다음과 같이 정리했다.

"가보는 동료들과 대립하지 않으면서도 책임에서 벗어날 수 있게 노회한 책략을 썼다. 그는 동료 작가들의 비판적인 입장과는 신중하게 거리를 두었던 것이다."[45]

진실은 아무도 모른다. 왜냐하면 가보는 서명을 하지 않았다고 주장하고 멘도사는 자신이 대신 서명을 했다고 하고, 멘도사의 부인은 가보가 서명을 했지만 피델의 입장을 감안해 그 사실을 숨기려 한다고 주장하기 때문이다. 몬탈반은 아무리 이 사건을 캐더라도 진실은 영원히 밝혀지지 않을 것이라고 했다.

1971년 4월 초, 파디야가 썼다는 자아비판적인 편지가 돌아다니기 시작했다. 그러나 그가 그 글을 쓴 진정한 의도에 대해서는 논란의 여지가 많았다. 많은 지식인들은 그 편지가 파디야가 쓴 것이 아니라고 확신했다. 그들 중 한 사람인 마누엘 디아스 마르티네스는 "만약 파디야가 손수 그 편지를 썼다면 그가 《신곡》을 썼다고 해도 우리가 믿어야 한다"[46]고 했다. 쿠바의 억압적인 정치체제에서는 '협박'이 흔히 사용되었는데, 그러한 상황에서는 파디야가 직접 작성을 했다고 할지라도 위협적인 상황에서 반(半)강제적으로 썼을 가능성도 컸다. 파디야는 그 편지에서 자신이 정치적으로 많은 실수를 저질렀다고 고백했다. 하지만 바로 그러한 말을 했기 때문에 그가 편지를 직접 쓴 장본인이 아니라는 것을 방증해주는지도 모른다. 1992년, 카를로스 베르데시아와의 대화에서 파디야는 다음과 같이 말했다.

"자아비판 편지의 일부는 경찰이 썼고 일부는 다른 사람들이 썼지. 그걸 쓴 사람이 누구인지 내가 맞출 수 있는 구절들이 있지. 어떤 부분은 아주 상세해서 피델 카스트로의 손길마저 느껴지지. 지금 나에게 그 편지가 있다면 자네에게 보여줄 수 있을 텐데."[47]

파디야의 강요된 자아비판

파디야가 거짓으로 자아비판을 한 며칠 뒤 그는 석방되었다. 그러나 한 가지 조건이 따라붙었는데 그것이 그에게는 큰 모욕이었다. UNEAC는 모임을 개최해 파디야가 이 기구의 회원들과 그의 많은 친구들 앞에서 자아비판의 내용을 읽게 했다. 이 행사는 1971년 4월 29일에 열렸다. 그때 파디야는 자신의 잘못을 인정했을 뿐 아니라 동료작가들이 그들의 작품을 통해 '반혁명주의적인 행동'을 한다고 비난했다. 그가 비난한 그 두서없이 긴 목록에는 그의 부인 벨키스, 노르베르토 푸엔테스, 파블로 아르만두 페르난데스, 세사르 로페스, 마누엘 디아스 마르티네스, 호세 야녜스, 비르힐리오 피녜라와 호세 레사마 리마가 포함되어 있었다. 거명된 사람들 대부분이 그 자리에서 해명을 해야 했다. 당시 상황을 묘사한 디아스 마르티네스의 소름 끼치는 말은 더 이상의 설명이 필요치 않을 정도이다.

"파디야의 자아비판 서한이 공개되었는데, 그것을 읽어보는 것과 그날 밤 그 자리에서 파디야의 입을 통해 직접 듣는 것은 전혀 달랐다. 그 순간은 내 생애 가장 불행한 순간 중 하나였다. 파디야가 말하는 동안 내 옆에 앉아 있던 사람들의 놀란 표정을 나는 잊을 수가 없다. 특히 파디야가 자기 친구들의 이름을 거명할 때 나이가 많든 적든 그 쿠바 지식인들의 얼굴에 나타난 공포의 그림자를 결코 잊을 수 없다. 그는 그들을 혁명의 진정한 적으로 소개했던 것이다. 나는 로베르토 브랜리의 바로 뒤에 앉아 있었다. 파디야가 내 이름을 부르자 브랜리는 나를 향해 몸을 돌려 마치 내가 교수대로 끌려가고 있는 것을 보듯 공포에 질린 표정으로 나를 바라보았다."[48]

펠릭스 그란데 같은 스페인 지식인들은 쿠바가 파디야를 억압했을 뿐 아니라 그것이 당시 다른 쿠바 작가들에게도 엄청난 악영향을 끼쳤다고 비난했다. 그란데는 특히 유명한 작가 노르베르토 푸엔테스에게 일어났던 일을 씁쓸하게 기억했다.

"1971년 4월 29일, 쿠바 당국이 파디야에게 강요한 치욕적인 자아비판 연설에서, 파디야의 손가락(쿠바, 중남미, 세계 전체의 지식인들에 대한 카스트로주의의 억압이 숨겨져 있는 손가락)이 가리킨 사람들 중에 작가 노르베르토 푸엔테스가 있을 거라고 누가 상상이나 했겠는가."[49]

파디야는 자아비판을 통해 자기가 문학에 반혁명주의를 도입했다고 시인하면서, 국가를 책임지고 혁명이 훌륭하게 이행되도록 하는 데 책임이 있는 동료 문학인들이 스스로 잘못을 수정할 기회를 준 것에 대해 감사를 표했다. 마치 새로 태어난 듯한 파디야는 이렇게 고백했다.

"나는 헤아릴 수 없이 많은 잘못을 저질렀으며 그 일은 용서받을 수 없고 비난받아 마땅하며 말로 다 형용할 수 없는 잘못들이다. 고백하고 하니 마음이 정말 편하고 행복해서 인생을 다시 시작할 수 있는 힘이 생겼다. 내가 이 모임을 열어달라고 요구했다. …… 나는 혁명의 명예를 실추시켰고 모욕했다. 내 잘못과 나의 반혁명적인 활동은 그 수위가 너무 지나쳤다. …… 반혁명주의자는 혁명에 반하는 행동을 하고 그것에 해를 끼치는 사람이다. 내가 그렇게 행동했고 혁명에 피해를 줬다."50)

피델에게 충성심이 부족했던 것에 대해 자백을 강요당하는 부분에서 파디야의 모욕은 절정에 달했다. 길 잃은 양이 우리로 다시 돌아온 것처럼, 바닥을 내려다보며 '이제 더는 못해.'라는 표정을 지으며 파디야는 말을 이었다.

"내가 피델에게 얼마나 부당하고 배은망덕했는지는 말할 것도 없다. 그것에 대해 평생을 후회해도 모자랄 것이다."51)

자아비판은 여기서 그치지 않았다. 리산드로 오테로에게 비난을 퍼부은 것과 카브레라 인판테를 문학적으로 옹호한 것을 철저히 부인해야 했다.

"내가 쿠바에 돌아와서 가장 먼저 한 일은, 잡지 〈수염을 기른 카이만〉에서 리산드로 오테로의 소설 《우르비노의 열정》에 대해 잔인하고 부당하게 몰아붙인 것이었다. 리산드로 오테로 같은 진정한 친구를. …… 나는 리산드로 오테로에게 잔인할 말을 퍼부었다. 대신 나는 누구를 옹호했는가? 나는 기예르모 카브레라 인판테를 두둔했다. 우리가 다 알고 있는 기예르모 카브레라 인판테는 어떤 사람인가? 그는 항상 앙심을 품고 있고 반사회적이며, 신분이 낮고 가난하고 무슨 이유 때문인지 청년 시절부터 고뇌에 차 있으며 처음부터 혁명과는 가까워질 수 없는 혁명의 적이었다."[52]

두 번째 항의 편지

많은 지식인들이 파디야의 자아비판에 대해 분노를 느끼면서 카스트로와 그의 혁명으로부터 점점 더 멀어져갔다. 피델에게 보내는 공개적인 항의 편지의 수는 늘어났지만, 아직 가을을 향해 치닫지 않은 족장의 사기는 무서울 것이 없었다. 파디야의 자아비판이 있고 사흘 뒤, 아바나에서 개최된 교육문화 제1차 회의의 폐회식에서 카스트로는 그 어느 때보다 강도 높게 지식인들을 향해 적의에 찬 연설을 했다.[53] 이 사건을 계기로 그때까지 카스트로 혁명을 지지하며 단합해온 지식인 그룹이 양분되기 시작했다.

곧이어 지식인들이 작성한 '두 번째 항의 편지'가 등장했다. 이 편지는 같은 해 5월 4일, 바르가스 요사의 집에서 작성되었으며 첫 번째 편지보다 강도가 더 높았다. 60명 이상의 서명자들이 파디야의 자아비판에 대해 수치스러움과 분노를 표했다. 또 쿠바 정부의 극단적이며 대화를 거부하는 태도에 대해서도 우려를 표했다. 바르가스 요사는 이 편지를 자기가 직접 썼다고 나중에 밝혔다.

"우리는 우리가 느끼는 수치심과 분노를 그에게 알려야 한다고 믿었다. 파디야가 서명한 안타까운 자아비판 편지는 혁명의 정의를 벗어난 방법으로만 작성될 수 있었다. 파디야의 편지에 들어 있는 내용과 형식, 얼토당

토않은 비난과 헛소리 같은 단어들, UNEAC에서 개최한 행사, …… 파디야와 그의 동료인 벨키스 쿠사, 디아스 마르티네스, 세사르 로페스와 파블로 아르만두 페르난데스가 자아비판의 고통스러운 가장무도회에 동원되었다. 이 모든 것이 스탈린주의 시대에 횡행했던 조작된 재판, 마녀사냥식 재판이라는 가장 추잡한 모습들을 상기시켰다. 우리는 쿠바혁명이 처음부터 품고 있던 그 열정으로, 인간다움과 자유를 위한 투쟁의 본보기라고 할 만한 그 열정으로 되돌아가라고 권고했다. 교조적인 몽매주의, 문화적인 외국인 혐오주의, 스탈린주의가 사회주의 국가들에 강요한 억압적인 제도에서 벗어나라고. 지금 쿠바에서 일어나는 사건들은 이 억압적인 제도의 모습을 잘 보여주고 있다고."[54]

그는 계속 이어갔다.

"한 인간이 스스로 배신자이고 비열하다고 우스꽝스럽게 자아비판을 하도록 강요받으면서 인간으로서의 존엄성을 짓밟혔다. 우리는 단지 파디야가 작가이기 때문에 분노하는 것이 아니었다. 이러한 폭력과 멸시의 피해자가 농부, 노동자, 기술자나 지성인과 같은 쿠바의 모든 국민이 될 수 있기에 경악했던 것이다."[55]

이 편지는 쿠바가 인권유린을 즉시 중단하고 혁명의 기본 정신으로 돌아가도록 촉구했다. 서명에 참여한 이들은 자신들이 쿠바혁명의 약점을 파고들어 쿠바 정세를 불안정하게 끌고 가려는 것이 아니라, 라틴아메리카의 번영을 기원하는 정치적 동료로서 사회주의의 미래가 더 나은 방향으로 나아가기를 바라기 때문에 이 편지에 동조한다는 심정을 피력했다. 또한 그들은 혁명에 동조한다는 것은 명백하게 잘못된 사실을 못본 체하는 것과는 다른 것이며, 나아가 폭력과 자유를 침해하는 일은 결코 허용되어서는 안 된다는 단호한 입장을 드러냈다.

이번 편지에 훌리오 코르타사르(1914~1984, 아르헨티나 작가로 1950년대 이후 프랑스에서 활동했다. 저서로는 환상문학 단편모음인 《동물우화집》 등이 있다.-역주)는 서명하지 않았다. 그는 편지의 앞부분 몇 줄을 읽더니 "나는 여기에 서명할 수 없어!"[56]라고 소리쳤다. 훌리오 코르타사르는 쿠바의 정치와 문화 프로젝트를 강력하게 지지한 사람 중 하나였다. 그는 혁명을 지지하는 행사에는 모두 참석했고 쿠바도 자주 방문했다. 그는 첫 번째 편지 사건 이후 쿠바인들과 화해하려고 했다. 그는 한 잡지에 바르가스 요사에게 바치는 글을 써달라는 제의를 받았을 때, 정중하게 거절하면서 특유의 아르헨티나 억양으로 대답했다.

"당신들은 내가 쿠바인들과의 관계를 원만하게 하려고 얼마나 많은 노력을 했는지 알고 있소. 늘 노력을 해도 불행하게도 그에 대한 보상을 잘 받지 못하기는 하지만……."[57]

그는 바르가스 요사에게 해명하려고 했으나 요사는 거부반응을 보였다. 코르타사르가 쿠바와 화해하려는 시도 중 가장 눈에 띄는 것은 그가 파리에서 1972년 2월 14일 카스 데 라스 아메리카의 간부인 하이디 산타마리아에게 보낸 편지였다. 하이디 산타마리아는 지식인들이 피델에게 보낸 첫 번째 편지에 코르타사르의 서명이 포함된 것에 대해 불쾌해했다.

코르타사르는 첫 번째 공개 편지에 서명한 일로 쿠바에서 의심의 눈초리를 보내는 것에 고통스러워하며, 서명하지 않을 수 없었다고 변명했다. 그가 파리에 있으면서 쿠바에서 벌어지는 고문, 강제수용소, 스탈린주의, 소련의 지배 등에 관한 소문을 들었으며, 그래서 파리 주재 쿠바 대사관 직원들에게 정확한 내용을 알려달라고 했고, 정확한 사실을 알기 전까지는 편지가 고이티솔로의 손에서 벗어나 카리브 해안에 도착하지 않도록 조처를 했다. 하지만 쿠바 외교관들은 침묵하고 사태를 살피며 눈치만 볼 뿐이지 그에게 아무런 답변도 해주지 않았다. 이렇게 시간이 지연되자 그는 할 수 없이 논란의 여지가 많았던 그 편지에 서명하고 말았다. 코르타사르는 이렇게 쓰고 있다.

몇 주를 기다려도 답변을 듣지 못했는데 이것은 쿠바 측이 프랑스에 있는 지지자들의 애정과 염려를 외면하거나 무시한 처사였다. 나로서는 피델에게 정보를 직접 요구하겠다는 그룹에 가담하지 않을 수 없었다. 고이티솔로에게 동료 대 동료의 우정 어린 방법으로 대답하는 게 불가능했다. 답변이 없는 것은 상대를 무시하는 처사거나 무언가 일이 잘못됐다는 뜻이기 때문이다.

열흘이 지나도 답변이 없자 그 첫 번째 편지는 더 이상 지연시킬 수 없는 상황이 되었다. …… 외부에 비치는 쿠바의 이미지가 대사관의 고집스러운 행동 때문에 왜곡되고 변질되고 있었다.[58)]

그는 가장 어려운 길을 선택했다고 말했다. 첫 번째 편지에는 서명하고 두 번째 편지는 거부한 것이다. 그는 '재규어 시대의 정치비평'이라는 글에서 혁명을 계속해서 지지하고 필요한 경우 지원을 아끼지 않겠다는 그의 신중한 태도를 설명했다.

한편, 고이티솔로는 피델에게 두 번째 편지를 보낸 이후에 일어난 반응에 대해 이렇게 설명했다.

"몇 주 전 나는 우연히 길에서 레지스 드브레와 마주쳤다. 그는 체 게바라와 함께 볼리비아에서 게릴라 활동을 펼치다 체포되었으나, 서방 좌파 지식인들의 압력으로 볼리비아 감옥에서 풀려나 쿠바를 방문하고 돌아오던 길이었다. 그에게 파디야의 소식을 물었다. 파디야는 잡지 〈수염을 기른 카이만〉에서 레지스 드브레를 혁명적 지식인의 '아름다운 표상'으로 부른 적이 있었다. 드브레는 파디야가 CIA 요원이었다면서 그건 그의 운명에 잘 어울린다고 대답했다. 그 이후 내가 파리에 있을 때 이런 이야기도 들었다. 장 폴 사르트르와 시몬 드 보부아르가 산책을 하다가 알레호 카르펜티에르(1904~1980, 쿠바 출신 작가. 중남미 문학의 토대를 이룬 작가로 평가받으며 '붐' 세대에 큰 영향을 미쳤다.-역주)가 맞은편에서 오는 걸 보고 인사를 하려고 했더니 그가 순간 당황하고 두려워하는 표정을 짓더니 얼른 얼굴을 돌려 옆에 있던 가게 진열장을 바라보는 척하더라는 것이다. 나중에 이유를 알아봤더니 당시 쿠바인들은 사르트르가 CIA 요원이라는 소문을 퍼트리고 있었던 것이다."[59]

따라서 파디야 사건에 대한 코르타사르의 반응은 어느 정도 이해가 되는 면이 있긴 하지만, 가보의 반응은 전혀 예측할 수가 없었다. 왜냐하면 그는 마지막까지 애매한 태도를 취했기 때문이다. 가장 친한 친구였던 멘도사에게도 그러했다. 멘도사가 쓴 책《잃어버린 사건, 불길과 얼음》에 이런 구절이 등장한다.

우리는 세 차례나 함께 저녁을 먹으면서 쿠바와 파디야 사건에 대해 집요하게 대화를 나누었지만, 의견의 일치를 보지 못했다.[60]

결국 멘도사는 두 손을 들었다. "수년 동안 서로의 입장이 달라서 합의에 도달하지 못하자 우리는 그 문제를 더 이상 다루지 않게 되었다."[61] 그런데 이상하게도 파디야 사건을 다루는 대다수의 글에서는 가보가 피델에게 보내는 첫 번째 편지에 서명을 했다고 기록돼 있다. 예를 들어 장 피에르 클레르는《피델 카스트로의 사계절》에서 다음과 같이 적고 있다.

"카스트로에게 보내는 존경할 만한 첫 번째 편지는 50명의 작가가 보낸 것으로 프랑스, 스페인, 이탈리아 중남미의 작가들이 참여했고, 그중에 보부아르, 칼비노, 코르타사르, 푸엔테스, 가르시아 마르케스와 모라비아, 사르트르, 바르가스 요사가 있다."[62]

그게 거짓말이든 정보의 부족에 따른 오판이든, 이러한 상반된 주장들은 당시 지식인층이 파디야 사건을 바라보는 가보의 입장을 얼마나 중요하게 생각했는지를 보여준다. 존 리 앤더슨은 콜롬비아 잡지 〈세마나〉에 기고한 글에서 모든 책임이 멘도사에게 있다고 주장했다. "마르케스가 여행 중이라 그에게 소식을 전할 수가 없었는데도 자기 마음대로 서명자들의 리스트에 그의 이름을 넣었기 때문"[63]이라는 것이다. 존 리 앤더슨은 두 번째 편지에 대해서는 이렇게 썼다.

"두 번째로 공개된 항의 편지는 훌리오 코르타사르와 가르시아 마르케스를 제외하고 첫 번째 편지에 서명한 사람들이 모두 참여했다."[64]

붐 세대 사이의 단교

1959년 초, 피델이 이끄는 게릴라군이 시에라 마에스트라에서 승리를 거두고 마침내 아바나까지 입성해 혁명에 성공한 것은 라틴아메리카에 희망의 등불을 올린 대사건이었다. 카리브 해의 작은 섬나라가 미국을 정점으로 한 거대한 자본주의 세력에 맞서기 시작한 것이다. 그것은 라틴아메리카 전역에 확산될 수 있는 대안이 되었고, 그것은 1970년 칠레에서 살바도르 아옌데(1908~1973, 소아과 의사 출신의 정치가. 1970년, 역사상 최초로 합법적 선거를 통해 집권한 사회주의 대통령이다. 칠레 사회민주당과 공산당의 연합 정당인 '인민연합'의 후보로 나와 당선되었다. 그러나 1973년 미국의 지원을 받은 아우구스토 피노체트의 쿠데타에 저항하다, 쿠데타 당일 모네다 궁에서 소총으로 자살했다.―역주)가 집권함으로써 첫 결실을 맺었다. 그렇지만 파디야 사건은 탄탄해 보이던 쿠바의 혁명 조직에 생긴 최초의 커다란 균

열이었다. 당시까지만 해도 쿠바식 개혁을 무조건 지지해 왔던 국내외 지식인, 작가, 예술가들 사이에 실망감이 널리 퍼지는 계기가 되었다. 비록 에베르토 파디야의 작가로서의 명성은 보르헤스나 다리오, 마르케스에 미치지 못했지만, 확실한 것은 그 사건이 초래한 국제적인 반향은 쿠바혁명의 앞길에 부정적인 영향을 끼쳤다는 점이다.

그 첫 번째 영향은 피델과 그의 추종자들에게는 불행하게도, '붐'의 주역들 사이에 분열이 생겼다는 것이다. 쿠바혁명을 중심으로 형성되었던 연대와 단결이 무너지기 시작한 것이다. 호세 도노소(1924~1996, '붐' 세대를 대표하는 칠레 출신의 작가.-역주)는 《붐의 개인적인 이력서》(1972)에서 이를 매우 적절하게 표현했다.

> "만일 붐이 거의 완벽에 가까운 단결을 이루었다면 그것은 쿠바혁명에 대한 초기의 믿음 때문일 것이다. 파디야 사건으로 생긴 실망감이 그 믿음을 깨뜨리고 붐의 단결도 와해시켰다."[65]

스페인을 포함한 여러 국가의 수많은 작가들은 후안 고이티솔로가 1968년 "쿠바가 그에게 더 이상의 모델이 아니다"[66]라고 선언했을 때와 같은 심정을 느꼈다. 더불어 그들 사이의 개인적인 관계들, 예컨대 바르가스 요사와 가보 사이에 형성되었던 심오한 우정이 표류하기 시작했다. 호세 도노소의 부인인 마리아 도노소는 요사와 가보의 우정에 대해 이렇게 썼다.

"깊은 애정을 지닌 진정한 우정, 인정과 존경은 그때 요사와 마르케스를 묶어 주던 끈이었다. …… 그들은 서로 존중하고 함께 많은 시간을 보냈으며, 끝없이 대화하고 도시의 여러 거리를 거닐며 산책을 즐겼다. 요사는 가보에 대한 글도 썼다."[67]

요사는 《백 년 동안의 고독》을 주제로 <가브리엘 가르시아 마르케스: 신을 죽이는 이야기>라는 논문도 썼다. 이 책으로 요사는 마드리드의 콤플루텐세 대학교에서 박사학위를 받았다. 이 책은 여태까지 《백 년 동안의 고독》을 다룬 글 중에서 최고로 손꼽힌다. 그럼에도 두 위대한 친구는 사이가 점점 멀어졌고, 그 주된 이유는 정치적인 입장 차이 때문이었다. 가보는 피델에게 변함없이 충성했으나 요사는 파디야 사건 이후 카스트로를 "투쟁해야 할 거대한 검은 짐승"[68]으로 간주했던 것이다. 가보도 이를 인정했다. 그는 《도시와 개들》(1962)의 저자인 요사에 대해 "파디야 사건으로 그는 친한 친구들에게서 멀어졌고, 라틴아메리카의 모든 식자층은 그의 태도에 영향을 받았다"[69]고 했다. 다소 살디바르 역시 가보에 대한 전기 《가르시아 마르케스, 씨앗으로의 여행》에서 이들의 우정과 절교에 대해 언급했다.

"인생에서 겪는 우연한 사건이 그들을 갈라놓을 때까지, 그들이 다른 길 심지어 정반대의 길로 들어설 때까지, 두 사람은 라틴아메리카 문학 역사에서 전례를 찾기 어려운 강렬하고 깊은 우정을 나누었다."[70]

사실상 그때 이후로, 서로가 상대에 대해서 공적이든 사적이든 언급하는 것을 보기 어려웠다. 그렇지만 어떤 식으로든 서로에 대한 존중이 사라졌다는 것은 분명해졌다.

그때 이후로 많은 이들은 가보를 비난했다. 리 앤더슨의 말에 따르면 요사는 가보를 카스트로의 신하라고 불렀고, 망명한 쿠바 작가 기예르모 카브레라 인판테는 가보가 '전체주의에 대한 건망증'을 앓고 있다고 비난했다.[71] 다행스럽게도 가보의 모든 우정이 단절된 것은 아니었다. 쿠바와 피델에 대한 정치적 입장이 달랐지만 가보는 여전히 멘도사와 엘리세오 알베르토 같은 망명한 쿠바 작가들과 교우관계를 유지했다. 알베르토가 《나를 비판하는 보고서》(1997)라는 단편을 통해 쿠바에서 지식인들을 이념적으로 통제하는 내용을 다뤘는데도 말이다.

가보는 파디야 사건에 대해 자신이 다른 작가나 지식인들과는 상반된 반응을 보인 까닭은 쿠바혁명을 몸소 경험했고 다른 이들이 모르는 내밀한 정보를 갖고 있기 때문이라고 해명했다. 이 정보들은 공개적으로 알려지지 않았고, 알려질 수 없는 출처를 통해서 얻은 것들이라고 했다. 그에게는 다른 사람들에게 보여줄 수 없는 좋은 패가 있다는 말이다. 멘도사는 1982년 가보와 인터뷰하면서 그에게 쿠바혁명을 지지하게 된 이유를 물었다. 가보는 "나에게는 다른 사람들이 모르는 정확하고 직접적인 정보가 있으며, 또한 나는 정치적인 성숙함을 통해 현실을 좀 더 신중하고 참을성 있게 바라보기 때문"[72]이라고 답했다. 가보의 다른 인터뷰처럼 멘도사 역시 속시원한 대답을 듣지 못한 셈이다.

"내가 자네에게 이야기해줄 수만 있다면……."

가보는 간간이 한숨을 내쉬었다.

"내가 알고 있는 것을 자네도 알고 있다면……."

그렇다. 그는 내놓고 밝힐 수 없는 권력의 비밀들을 안전하게 간직하고 있다. 그는 피델과 소련 사이에 존재하는 기나긴 분쟁에 대해서도 알고 있을 것이다. 아마도 거기에 그가 피델을 지지하는 이유가 숨어 있을지 모른다.[73]

멘도사는 자기 친구의 극단적인 태도를 가능한 한 이해하려고 노력했다.

메뉴판에 두 종류의 수프가 있다. 하나는 어느 정도 자유가 있고, 신문에 마음대로 사설을 쓸 수도 있고, 발코니에서 연설도 할 수 있고, 상원의원이나 시의회의원에 당선될 수도 있다. 하지만 어린아이들이 굶어 죽어가고 문맹자들이 많고 아파도 돈이 없어 병원에 갈 수도 없다. 메뉴의 다른 수프는 우리가 일반적으로 인정하는 자유 같은 것은 없지만, 가난 또한 존재하지 않는다. 어린아이들은 잘 먹고 교육을 받고 지낼 거처가 있으며 환자들은 누구나 병원에 갈 수 있으므로 불평등이 사라졌다. 이 두 가지 수프 가운데 하나를 선택해야 한다면 무엇을 택할 것인가. 가보는 후자를 선택했다. 하지만 당연히 나는 그와 의견이 다르다.[74]

자아비판 때문에 생긴 불쾌함과 소란이 지나가자, 파디야는 다시 자유의 몸이 되었다. 그는 번역 작업으로 생계를 이어가다 10년이 흐른 뒤 가보의 도움으로 쿠바를 떠나도 좋다는 허가를 받는다. 가보는 정치범들이 쿠바를 떠날 수 있도록 여러 차례 피델에게 영향력을 행사한 적이 있었다. 멘도사는 그 사실을 확인해주었다.

"피델과의 우정 덕분에 그는 많은 정치범들에게 자유를 줄 수 있었다. 그 숫자가 무려 3천2백 명에 달한다. 파디야는 자신이 묵고 있던 아바나의 한 호텔에서 가보를 만나 도움을 청했고, 결국 가보의 도움으로 쿠바를 떠날 수 있었다."[75]

가보의 석연치 않은 해명

가보가 극복해야 할 마지막 암초는 언론이었다. 당시 피델도 그렇고 가보도 그렇고 그 사건에 대해 공개적으로 구체적인 입장을 밝히지 않았다. 당시 피델은 자신이 구상했던 1천만 톤의 사탕수수 생산 계획이 실패로 돌아가자 그런 상황을 타개하기 위해 사소해 보이는 문제에 대해선 장황하게 연설하지 않았다. 가보는 가보대로 기자들에게 집요한 추궁을 당하지 않으려고 대중 앞에 나서기를 꺼렸다. 사실 가보가 그 주제에 대해 처음으로 심도 있고 장황하게 밝힌 것은 훌리오 로카 기자와 가진 인터뷰에서였다. 이 인터뷰는 1971년 말 잡지 〈리브르〉에 실렸다.

인터뷰 초반에 기자는 최근 피델에 대해 라틴아메리카 지식인 그룹 내에서 명백하게 상반되는 입장이 노출되고 있는데 여기에 대한 생각은 무엇이냐고 물었다. 가보는 질문에 대해 직접적인 답을 하지 않고, 분열은 존재하지 않는다고만 말했다. 그는 "피델 카스트로와 라틴아메리카 지식층의 갈등은 신문사들이 만들어 유포한 것일 뿐"[76]이라고 주장했다. 가보의 말에 따르면 갈등 같은 것은 존재하지 않았다. 미디어가 문제의 양극을 왜곡하고 입장들을 극단화시키고, 피델이 (1971년 4월 30일부터 5월 6일까지 열린) 제1차 교육과학회의에서 한 연설을 조작했다는 것이다. 이 연설 내용 중 가장 충격적인 부분만 기사에 실었다는 것이다. 하지만 가보는 "사실 매우 심한 구절이 있긴 했다."[77]면서 연설의 일부 표현이 가혹했다는 점은 인정했다.

그렇지만 가보는 현재 상황의 책임은 전적으로 언론에 있다고 강조했다. 그는 "외국 특파원들은 핀셋을 가지고 흩어져 있는 구절들을 집어서 자기 마음에 드는 대로 나열한 다음, 실제로는 피델 카스트로가 말하지 않은 것을 그가 말한 것처럼 보이도록 했다"[78]고 주장했다. 그는 지식인들과의 대결 구도를 완화하려고 독재자를 결사적으로 옹호했다.

하지만 우리는 피델의 연설이 혹독하고 잔인했다는 사실과 그의 의도가 무엇이었는지를 분명히 알고 있다. 세사르 레안테는 "피델은 폐회식에서 지식인들을 향해 지금까지 한 연설 중 가장 적의에 찬 연설을 했다"[79]고 지적했다. 멘도사도 《잃어버린 사건, 불길과 얼음》에서 안타까운 심정을 표했다.

> 피델이 아바나에서 개최된 문화회의의 연설에서 편지에 서명한 사람들을 향해 …… 특권을 누리는 엘리트들이 마치 프루스트의 시대에서 살아가는 양 "파리의 살롱들을 드나든다"고 독설을 퍼부었다.[80]

한편 앞의 인터뷰에서 가보는 피델에게 보내는 두 통의 항의 편지에는 전혀 개입하지 않았음을 재차 확인했다.

"나는 그 항의 편지들에 서명하지 않았다. 왜냐하면 그것을 보내려는 사람들에게 동조하지 않았기 때문이다."[81]

파디야 사건이 일어났을 무렵, 피델과 가보의 관계는 그다지 깊지가 않았다. 이를테면 예의를 갖추는 관계 이상은 아니었는데 이런 관계는 한동안 이어졌다. 그런데 1980년대, 더 정확히는 1982년과 1984년에, 가보는 멘도사에게 자신이 쿠바혁명을 여전히 지지한다고 말했다. 그렇다면 그는 왜 혁명의 '생명력'과 '건전성'에 대해 다른 지식인들과는 달리 변치 않는 신뢰를 보냈으며, 무엇이 그가 항의 편지에 서명하는 것을 막았던 것일까? 사실 그 편지들은 쿠바혁명을 신랄하게 비난하는 것이 목적이 아니라 정치적으로 정도를 벗어나기 시작한 혁명의 방향을 바로잡겠다는 의미가 강했다. 이것은 가보도 인정했다. 그래서 앞의 인터뷰에서 가보는 "편지에 서명한 사람들의 지적인 정직성과 혁명적인 소명에 대해 추호도 의심하지 않는다"[82]고 했던 것이다. 피델에게도 동조하고 동시에 서명자들에게도 동조하는 가보의 태도에는 두 개의 충절 사이를 왔다 갔다 하는 모습이 보인다. 혁명에 대해서도 맹목적인 충성을 보이고, '붐'을 이끈 동료 작가들에 대해서도 파트너십을 잃고 싶지 않았던 것이다. 당시 라틴아메리카에서 '붐' 현상은 단순히 문학에만 영향을 끼친 것이 아니었다. 그것은 문학 그 이상의 신드롬이었다. '붐'은 20세기 후반 라틴아메리카 문학을 세계문학의 최정점에 올려놓았고, 그 지역의 정치적 환경에 대한 주의를 환기시키는 역할도 했다. 그래서 가보는 붐 세대 내에서 일어나고 있는 극렬한 입장의 차이가 쿠바혁명과 사회주의의 미래에 나쁜 영향을 미칠 수 있다고 보았다.

가보는 서명자들을 믿었고 그들을 여전히 혁명가라고 인정했는데, 아마도 그것은 항의의 글을 지지한 사람들에 대한 피델의 비난을 무마하기 위해서였을 것이다. 사실 편지들의 메시지는 명확했고 추호도 혁명의 원칙을 훼손하려 들지 않았다. 예를 들어 첫 번째 편지에서 서명자들은 서두에 "우리는 쿠바혁명의 원칙과 목표에 동조한다"[83)]는 점을 명백히 밝혀두었다. 두 번째 편지에서도 서명자들은 피델의 행동에는 반대하지만, 자신들이 쿠바혁명을 지지한다는 점을 분명히 밝혔다.

"우리는 쿠바혁명이 한때 사회주의의 모범으로 간주되던 그때의 모습으로 다시 돌아가기를 희망한다." [84)]

혁명의 원칙과 정반대의 노선을 달린 것은 그들이 아니라 카스트로 정부였다. 서명자들은 쿠바가 '스탈린주의적'인 퇴행을 하는 것을 받아들일 수 없고 받아들일 준비도 돼 있지 않으며, 따라서 표현의 자유를 위해 싸울 수밖에 없다고 밝혔다. 그러나 불행하게도 그 시기부터 쿠바에 존재하게 된 것은 마누엘 디아스 마르티네스가 말한 것처럼 "비판의 자유를 반대하는 정부의 음모"[85)] 뿐이었다.

우리는 여기에서 가보가 1975년에 쓴 '쿠바, 끝에서 끝까지'라는 기사에서 표현의 자유에 대해 썼던 부분을 살펴볼 필요가 있다. 가보는 그 기사에서 다가오는 세 가지의 큰일이 반드시 성공하기를 기원했다. 그것은 제1차 공산당

회의, 보통선거와 비밀선거를 통한 인민세력의 회복, 사회주의 헌법 프로젝트였다. 그는 이 과정에서 특히 "창작과 표현의 자유에 관한 문제가 어떻게 다루어지는지 관심을 갖고 지켜보겠다"[86]고 했다. 다시 말해 가보는 당시 쿠바에서 창작과 표현의 자유가 혁명 정부의 정책적 중요성에서 뒷전으로 밀려나 있다는 것을 간파하고 있었던 것이다. 그는 혁명 후 오랜 시간이 흘렀는데도 표현의 자유에 대한 통제가 혁명 초기의 가장 엄격했던 시절처럼 냉혹하고 실망스러운 수준이라고 했다.

> "정부의 제약은 놀라울 정도다. 무엇보다도 한 작품의 가능성을 미리 판단할 줄 아는 관료가 있다는 것이 놀랍다. 이것은 인간다운 삶을 보장하는 헌법의 정신에 어긋난다. 나아가 오늘날 모든 쿠바인의 삶에 살아 숨 쉬는 독특한 상상과 창조의 자유로움, 비평의 행복감이라는 멋진 사고와도 일치하지 않는다."[87]

가보는 라틴아메리카 사회에서 작가들이 담당하는 역할, 예술가들의 창의성을 자극하기 위한 자유의 중요성, 이 지역의 문학계에 찾아온 절호의 기회에 대해 잘 알고 있었다. 실제로, 쿠바혁명의 한가운데서 행해지는 제약들은 문학비평 분야에서 1970년대 초반 '우울한 5년'이라고 부르는 상황을 초래했다. 그 당시 멕시코, 페루, 아르헨티나 문학의 전성기에 비해 쿠바에서는 훌륭한 작품들이 급격하게 줄어들었다. 가보는 작가들을 검열로부터 보호해주는 동시에 피델의 결정을 존중해주려고 했다. 그러다 보니 이성적으로 받아들일 수 없는 일부 지침들의 긍정적인 면을 부각시키려는 태도를 취하게 됐다.

"가장 '흥미롭고도 부당한 것'은 이러한 정책의 바탕에 예술가를 멸시하는 감정이 숨겨져 있는 게 아니라 오히려 그 반대라는 점이다. 피델은 지식인과 예술가들의 역할을 필요 이상으로 높게 평가했던 것이다."[88]

가보는 지식인과 예술가들에 대한 '과도한 평가'가 어떻게 나오게 되었는지를 설명했다.

"피델에게서 이러한 평가가 나오게 된 까닭은 그가 하나의 예술작품이 사회제도를 붕괴시키거나 세계의 운명을 바꿀 수도 있다고 믿기 때문이다. 하지만 그것은 사실이 아니다. 한 사회가 붕괴되는 것은 예술작품이 가진 파괴적인 힘 때문이 아니라 그 사회의 제도 내부가 이미 보이지 않는 부식에 의해서 무너져 내린 것이기 때문이다. 쿠바를 '끝에서 끝까지' 다녀본 나는, 쿠바 예술가들이 사회를 전복할 만한 어떤 음모를 꾸미더라도 완전히 안전한 곳이라는 점을 확신하게 되었다."[89]

하지만 피델은 예전이나 지금이나 그것을 확신하지 못하는 듯하다. 왜냐하면 쿠바 섬에는 여전히 금지와 검열을 통해 억압받는 작가와 예술가들이 존재하기 때문이다. 반면 가보는 피델의 정치, 그리고 라틴아메리카에서의 사회주의 승리에 대한 믿음이 매우 확고했다. 따라서 문화계에 대한 어떠한 인위적인 통제도 불필요하다고 보았다. 만일 혁명이 제대로 진행된다면 혁명 자체가 어떤 폭력을 행사하지 않고도 수상한 존재를 물리칠 수 있다고 보았다. 그래서 그는 "모든 작가는 자신이 혁명에 어긋나는 책을 쓴다고 두려워할 필요가 없다."[90]고 주장했다. 혁명이 이미 그러한 작가들을 소화할 정도로 많이 성숙해졌다 믿었던 것이다.

1971년에 있었던 로카와의 인터뷰로 다시 돌아가 보자. 기자는 파디야 사건에 대해 단도직입적으로 물었다.

"당신은 파디야 사건에 대해서 카스트로와 의견이 같은가 다른가?"[91]

이처럼 언론에서는 쿠바와 관계된 모든 문제가 "쿠바 편인가 아닌가?"와 같은 단순한 이분법으로 다루어졌다. 중간 입장은 허용되지 않는 상황이 된 것이다. 이런 어리석은 단순화는 언제나 쿠바인들을 분노케 했다.

하지만 가보는 파디야 사건에 대해 단호한 하나의 입장으로 천명하지 않았다. 그가 사건의 세부사항에 대해서 정말 제대로 파악하지 못했기 때문에 입장을 유보했는지, 아니면 명백한 정치적 오류와 권력의 남용을 보고도 피델의 눈치를 살피느라 그렇게 했는지 우리로서는 알 길이 없었다.

"나는 개인적으로 파디야의 자아비판이 자발적이고 진심에서 우러나온 것이라고 믿을 수 없다. …… 자아비판의 말투가 지나치게 과장되고 천박한 것을 보면 치욕적인 방법에 의해 쓰여진 것 같다."[92]고 말했을 때나 파디야를 반혁명주의적 작가라고 부를 수 없다고 했을 때 가보의 태도는 분명했고 피델과의 대립도 확실해 보였다. 그러나 마지막 순간에 가선, 그것이 누구의 책임인지를 물을 때 대답을 회피하고, 그것이 제도상의 잘못에 의해 초래됐다는 점에 대해

1부 사랑의 봄　79

서도 언급을 피했다. 오히려 그 사건이 쿠바혁명의 미래에 끼칠 부정적인 영향에 대해서만 지적했다. 가보는 "나는 사실 파디야가 혁명에 영향을 주는 인물인지 아닌지는 잘 모른다. 하지만 그의 자아비판 발언은 분명히 혁명에 해를 끼치고 있고 그 정도는 매우 심각하다."[93]라고 했다. 파디야가 혁명의 적은 아닐지라도, 그의 자아비판이 카스트로에 대한 편견을 낳을 수 있다는 점을 지적한 것이다.

인터뷰 막바지에 기자가 쿠바의 국내 정치에 나타나는 일종의 스탈린주의에 대해 언급해줄 수 있냐고 묻자, 그는 "그 답변은 피델만이 할 수 있을 것"[94]이라고 말했다. 이 말에서 그가 얼마나 피델을 신뢰하는지를 알 수 있으며, 무엇보다 쿠바에 스탈린주의가 존재할 수도 있다는 것을 부인하지 않았다는 점이 중요하다. 그는 자신의 의견을 말할 수도 있었다. 강력하게 부인하든지 아니면 회피하든지. 하지만 그렇게 하지 않았다. 가보의 이러한 태도는 그가 문제를 해결해가는 피델의 전략을 잘 알고 있다는 것을 보여주는 것이다. 그래서 콜롬비아 기자가 그에게 혁명과 단절하겠냐고 물었을 때, "물론 아니지요."[95]라는 그의 답변은 어쩌면 당연한 것이었다. 그러면서 그는 라틴아메리카 지식인들과 쿠바 정부 사이에 절대 단절은 없다고 거듭 강조했다.

"파디야 사건에 대해 항의한 작가 중, 내가 아는 한 쿠바혁명과 관계를 끊은 작가는 하나도 없다."[96]

40년이 다 되어가는 지금 우리는 파디야 사건이 그 후 어떻게 진전되었는지를 잘 알고 있다. 가보는 자신의 입장이 비난받을 수 있다는 것을 알고 있었다. 그럼에도 그는 다시 한 번 혁명을 믿고 동조한다는 태도를 보였다. 그는 "파디야의 자아비판 사건처럼 그 여파가 아무리 크다고 해도 그것 때문에 문화정책이 영향을 받을 수는 없다."[97]고 했다.

Part 2

권력과 영광

권력의 유혹

GABO & FIDEL | Chapter 004 |

　　　　　　　　　　권력을 행사하는 것은 인간이 느낄 수 있는 쾌락 중 하나다. 가보가 어느 정도의 연배에 이를 때까지 그러한 쾌락을 누리지 못했다는 것은 그의 자서전《이야기하기 위해 살다》(2001)를 통해서도 충분히 알 수 있다. 형제가 많은 가정과 경제적 빈곤, 비참한 사회환경, 생계유지조차 어려웠던 사회 초년기의 직업들, 원고를 저당 잡혀야 하는 상황 등등. 그리고 이후 유럽에서의 방랑생활과《백 년 동안의 고독》(1967)을 출간할 때까지 한 장소에 정착할 수 없었던 결혼생활.

　1967년, 가보는 마흔 살이었다. 즐거움보다 불행이 더 많았던 그의 인생. 그러나 이때부터 권력의 달콤함을 자신의 방식으로 경험하기 시작했다.

권력에 매료되어

카스트로와 같은 변화무쌍한 인간에게 동조하거나 반대하는 것은 쉬운 일일지도 모른다. 그에게 무관심한 것이 오히려 쉽지 않다. 그가 지닌 권력과 그것을 누리는 행위는 분명 매력적이었고 의심할 바 없는 그의 재능에서 비롯된 것이다. 그것은 맹목적인 지지 혹은 극도의 증오심을 부르는 원천이기도 하다. 쿠바를 여행하다 보면, 가난 속에서 허우적거리며 살아가면서도 카스트로가 작은 신 같은 존재라고 말하는 사람들을 어디서나 만날 수 있다. 반면에, 중류층 정도에 속하는 사람들 중에는 피델이 텔레비전에 나오는 것을 볼 때마다 경멸의 몸짓을 보이는 이들도 있다. 이러한 대조적인 반응은 여기 말고도 찾아볼 수 있다.

예를 들어, 쿠바 언론과 미국 언론은 동일한 뉴스를 전혀 다른 내용으로 전달한다. 교황이 쿠바를 방문했을 때의 일이다. 교황과 피델이 동부 해변을 거닐고 있었다. 바람에 교황이 늘 쓰고 다니는 하얀색 둥근 모자가 벗겨졌고 그것이 바다에 떨어져 파도에 떠밀려 가고 있었다. 이를 본 피델은 애정 어린 태도를 취하면서 바다에 들어가더니 모자를 주워 교황에게 돌려주었다. 다음 날 쿠바 관영신문 <그란마>는 1면에 '새로운 기적, 피델이 예수그리스도처럼 물 위를 걷다' 라는 제목을 달았다. 피델이 바닷물에 옷을 젖지도 않은 채 물속에 들어가 모자를 건졌다는 것이다. 반면 미국 지역일간지 <마이애미 헤럴드>는 이 소식을 다음과 같은 제목을 달아 전했다. '쿠바 독재자의 죽음이 임박했다. 이제 그는 수영조차 할 수 없다'[98)]

쿠바에서는 모두가 그의 건강에 신경을 쓴다. 어떤 사람들은 아무것도, 누구도 바뀌지 않기를 바라기 때문에, 또 어떤 사람들은 새로운 정권이 들어서기를 바라기 때문이다.

호아킨 나바로 발스 교황청 대변인은 교황이 여행할 때 늘 동행을 하는데, 2001년 여름 카르타헤나에 있는 가족농장에서 우리에게 이런 이야기 하나를 들려주었다. 그는 교황의 쿠바 방문을 성사시키기 위해 쿠바를 여러 차례 방문해야 했다. 한번은 피델을 접견하기 전에 아바나의 법원 판사들을 만난 적이 있었다. 그중 한 명이 피델이 전립선암 때문에 건강이 매우 나쁘다는 소문이 도는데 이번에 만날 때 그것을 직접 확인해 보라고 말했다. 하지만 나바로는 그 말에 별로 신경 쓰지 않았다. 저녁식사 자리에서 피델은 스페인산 고급 포도주로 그를 환대했고 몇 시간 동안 우정 어린 담소를 나누었다. 나바로 발스는 잠시 화장실에 다녀오고 싶었지만 떠들썩하고 장황한 대화를 어떻게 중단해야 할지 몰라서 쩔쩔맸고, 식사를 마치고서야 간신히 화장실에 갈 수 있었다. 그런데 이상하게도 피델은 화장실에 가고 싶어 하는 낌새를 전혀 보이지 않았다. 다음 날, 나바로 발스는 교황이 방문하는 동안 치러질 행사에 대한 이야기를 나누려고 법원을 다시 방문했다. 대화가 끝날 무렵 그는 유쾌하게 말했다.

"사령관이 암에 걸렸을지도 모릅니다. 하지만 내가 분명히 말씀드릴 수 있는 것은 전립선암은 절대 아니라는 겁니다." [99]

많은 사람들은 가보가 피델에게 변함없는 지지를 보내는 까닭이 그가 권력을 숭배하기 때문이라고 믿고 있다. 아르헨티나의 신문기자 호르헤 리카르도 마세티는 "이 콜롬비아인은 권력을 행사하는 곳에 있기를 좋아한다."라고 말했다. 1999년 장시간에 걸쳐 정치와 아메리카 문학에 대해 가보와 이야기를 나누었던 존 리 앤더슨은 "그가 권력에 끌리는 까닭은 사회적으로 낮은 계층에서 권력자로 급부상했을 때 느끼는 감정 때문"[100]이라고 분석했다.

하지만 가보가 권력에 대해 매력을 느끼는 정도는 좀 지나쳐 보인다. 그는 권력행사와 관련된 일이라면 그 주변에서 항상 맴돌았기 때문이다. 이에 대해 작가들은 가보의 소설 속에서 그 힌트를 찾으려고 했다. 원래부터 그는 권력자들에게 흥미를 느끼고 있었다는 것이다. 사실 《아무도 대령에게 편지하지 않다》(1961), 《백 년 동안의 고독》(1967), 《족장의 가을》(1975), 《미로 속의 장군》(1989) 등등 가보의 많은 작품이 독재자·대령·장군의 이야기를 다루고 있다. 권력에 대한 관심은 피델뿐 아니라 다른 좌파 지도자들과의 교류로도 이어졌다. 이것은 그가 자기 방식대로 현실 정치에 참여하기로 결심한 순간부터 더욱 활발해진다. 1972년 멘도사와 가진 인터뷰에서 그는 이렇게 대답했다.

"나는 사회주의의 이상이 곧 실현될 수 있고, 사회주의가 라틴아메리카를 위해 좋은 해결책이 될 거라 여전히 믿고 있네. 또한 앞으로 더욱더 활동적인 단체들이 나와야 한다고 믿고 있지. 나는 쿠바혁명 초기에 그러한 활동을 프렐라에서 펼쳤고, 자네도 기억하다시피 거기서 난 2년 정도 일했어. 내부적인 갈등으로 물러날 때까지 말이야. 하지만 그러한 갈등조차 쿠바에 대한 나의 지지와 결속에는 아무런 영향을 미치지 못했지."[101]

가보가 피델을 향해서 느낀 일방적인 친밀감은 1970년대 후반에 들어와서야 피델로부터 응답을 받게 된다. 하지만 그 친밀감의 뿌리는 훨씬 오래전으로 거슬러 올라간다. 1958년 4월 18일, 가보는 잡지 <순간>에 '나의 형제 피델'이라는 제목의 기사를 썼다. 여기서 그는 피델과 독재자 바티스타를 비교했다. 당시 가보는 피델을 만난 적이 없었지만 그 기사에는 두 사람이 곧 가까워지고 언젠가 서로 만날 것임을 암시하는 표현들이 있었다. 그는 피델의 비위를 맞추기 위해 "나는 피델의 여동생을 그의 여동생으로서 존중하는 게 아니다. 쿠바 여성으로서 존중한다."102)라고 하면서 피델의 여동생을 이용했고, "피델의 인격은 그의 굳은 의지에 국민에 대한 염려가 더해져서 형성된 것이다."103)라고도 썼다.

파디야 사건이 일어난 뒤 가보는 멘도사와도 정치적인 면에서 거리를 두었는데, 멘도사는 쿠바 문제에 대한 그의 이러한 태도를 이해하려고 노력했다. 멘도사는 《잃어버린 사건, 불길과 얼음》에서 가보가 관료주의에는 전혀 관심이 없고 손아귀에 권력을 쥐고 있는 사람에게만 관심이 있다고 했다.

"분명히 마르케스의 호감은 대장을 향한 것이지 관료주의를 향한 것은 아니다. …… 그에게 관료주의는 아무것도 아니다. …… 반대로 권력을 쥔 대장은 그에게 지리적·역사적 풍경의 일부와 같고, 어린 시절의 환상을 일깨우는 존재이며, 옛 기억을 되살려주는 역할을 한다. 이것은 그가 쓴 모든 책에 분명하게 드러난다. 그는 대장의 고독과 권력을 향한 모험, 마치 신과 같이 사람들의 행과 불행을 좌우하는 거대하고도 서글픈 운명에 공감한다."104)

멘도사는 가보와 피델의 연대의식과 우정을 이렇게 설명했다.

"그런 점에서 가보가 피델이 하는 일에 찬동하는 것을 이해해야 한다. 피델은 가보의 작품에 등장하는 인물 혹은 환영과 닮았다. 가보는 이들에게 자신을 투영하고, 이들의 운명과 평범한 집안에서 태어나 영광스러운 정상에 오른 자신의 운명을 동일시한다. 피델은 가보의 어린 시절 신화이며, 아우렐리아노 부엔디아 대령(《백 년 동안의 고독》에 등장하는 반군 지도자—역주)의 새로운 모습이다. 누군가 만일 가보가 피델에게 열광하는 이유를 찾고자 한다면, 바로 여기에서 그 해답을 찾을 수 있을 것이다."[105]

세사르 레안테는 마드리드에서 출판사를 경영하는 쿠바의 망명 작가로, 《가르시아 마르케스, 마법사》라는 책에서 가보가 라틴아메리카 대장들에게 갖는 존경심을 여러 차례 언급했다. 그것은 일종의 강박관념처럼 표현되었다. 세사르 레안테가 그렇게 생각한 이유는 가보가 작품에서 이 주제를 많이 다루고 있다는 점과 그의 정치적인 선택 때문이었다.

"그가 피델을 무조건적으로 지지하는 것은 심리적인 면이 상당히 많이 작용한다. …… 자신의 작품에서 족장들을 주로 다루었던 가보는 게릴라 출신의 라틴아메리카 대장들에게 지나친 존경심을 느낀다. 아우렐리아노 부엔디아 대령이나 피델 카스트로처럼 권력을 쥔 채 늙어가는 독재자들에게 특히 그렇다."[106]

하지만 가보 자신은 두 사람을 하나로 묶는 연결고리는 우정일 뿐이며 그것은 단지 자연스러운 친근감에서 싹튼 것이지 정치적인 입장이나 이념과는 상관이 없다고 주장했다.

"우정이란 인간적인 동질감에서 생긴다. 다시 말해 그들이 작가이거나 지식인이라서 내 친구가 되는 게 아니라, 서로가 느끼는 존경심에서 그 특별한 관계가 비롯되는 것이다. 물론 명예가 있으면 보다 많은 우정을 나눌 수 있는 여지가 생기고, 국가 수반들까지도 친구로 삼을 수 있는 이점이 있다. 그렇더라도 그들과의 우정은 인간적인 유대나 문학적인 동질성을 바탕으로 형성되는 것이지 다른 이유가 작용하는 것은 아니다."[107]

그러나 존 리 앤더슨은 르포에서 이를 반박했다.

물론 마르케스 자신은 권력에 대해 집착한다는 사실을 부인한다. 그가 나에게 "나는 권력에 매력을 느끼지 않는다. 권력을 가진 그 사람들이 나에게 호의적인 것이다. 그들은 나를 찾고 나를 신뢰한다"고 말했다. …… 내가 보고타에서 가보의 친한 친구 중 한 사람에게 그 말을 전해주자 그는 폭소를 터뜨리며 이렇게 말했다.
"좋소, 그의 말에는 일말의 진실이 담겨 있긴 하네요. 라틴아메리카의 모든 대통령은 그와 친구가 되고 싶어 하니까요. 하지만 그 또한 그들의 친구가 되고 싶어 안달하지요. 내가 겪어온 그는 항상 권력 가까이에 머물기를 원하는 사람이었어요. 그는 대통령들을 숭배해요. 내 아내는 그에게 이런 말을 하면서 놀리곤 했지요. '당신은 차관을 보고도 길을 가다가 멈추네요.'"108)

작은 비둘기야, 훨훨 날아라

세사르 레안테는 1970년대 말부터 가보가 쿠바에서 맡아온 역할에 대해 이렇게 썼다.

"가보는 쿠바에서 일종의 문화부 장관이며 영화계를 대표하는 인물이며, 전권을 가진 대사로 인정받고 있다. 또한 그는 외무부 장관도 아니면서 민감하고 기밀유지가 필요한 일을 처리하는 카스트로 직속의 외무부 장관으로 간주된다."109)

후안 루이스 세브리안은 마르케스를 '정치적 메신저'로 보고 있다.

"가보는 자신에게 메시지를 부탁하거나 그 메시지를 전달받는 권력자들의 친구이며, 실제로 그 메시지들은 누군가의 생명을 구하거나 누군가에게 자유를 주거나 누군가를 도와야 할 시점에 중요한 역할을 하기도 한다. 그는 국가 지도자들 사이에 오가는 이러한 비밀들을 공유하면서 이러한 상황들을 즐긴다. 그는 자신의 임무가 기밀유지사항이라는 사실에 황홀해하며 물 만난 고기처럼 날렵하게 행동한다."[110]

1977년, 마르케스는 멕시코 잡지 <옴브레 문도>에서 실시한 약 30여 개의 질문을 담은 앙케트 조사에 응했다. 가장 좋아하는 일이 무엇이냐고 묻자 그는 눈도 깜짝하지 않고 "음모를 꾸미는 것"[111]이라고 대답했다. 세사르 레안테는 가보의 이런 기질 때문에 그의 권력자 친구들이 그를 친밀하게 대하고 신뢰했으며, 가보는 그런 환대에 매우 만족감을 느꼈다고 말했다.

"가보는 진정으로 카스트로의 좋은 친구이다. 그래서 그는 때때로 국가적으로 중요하면서도 기밀을 요하는 메시지를 전달하는 역할을 맡았다. 다행히 그는 이런 일을 좋아했다. 그는 피델뿐 아니라 미하일 고르바초프, 펠리페 곤살레스, 벨리사리오 베탄쿠르, 카를로스 안드레스 페레스와도 이런 일을 했다."[112]

레안테는 이러한 가보를 "카스트로의 우체부, 뚜쟁이"[113]라 부르며 그의 성향을 잘 보여주는 일화를 소개했다.

"그는 이상하게도 극동으로 가는 가장 긴 노선을 택한 다음 멕시코에서 출발해 마드리드, 파리, 모스크바를 거쳐 마침내 동경에 도착했다. 그는 평소 비행기 타는 것에 '두려움'을 느끼기 때문에 가능한 한 짧은 항공 경로를 택한다고 말해왔다. 그래서 이번 여행에는 다른 이유가 있다고 의심하지 않을 수 없었다. 그는 스페인의 바라하스 공항에 도착하자마자 펠리페 곤살레스 총리에게 전화를 걸었다. 셀라, 미겔 델리베스, 토렌테 바예스테로 같은 작가들에게 전화를 걸었다면 전혀 이상하지 않았을 것이다. 그들은 그의 동료였기 때문이다. 하지만 그는 그들이 아닌 스페인 정부의 총리에게 연락했던 것이다."[114]

가보가 그런 역할을 자청한 것은 쿠바와 다른 라틴아메리카 국가들이 처한 상황으로 볼 때 필요하다고 믿었기 때문이었다. 그는 자신을 주인이 마음대로 할 수 있는 하인이나 왕이 명령하는 곳에 편지를 본능적으로 날라다 주는 비둘기로 여기지 않았다. 라틴아메리카인의 양심이 그에게 요구하는 사명으로 간주했던 것이다.

"내 의무는 라틴아메리카 혁명을 위해 봉사하는 것이고 구체적으로는 쿠바혁명을 수호하는 것이다. 이것이 지금 이 순간 모든 라틴아메리카의 혁명가들이 해야 할 중요한 의무 중 하나이다."[115]

그는 기자인 후안 루이스 세브리안에게 라틴아메리카의 미래는 카스트로에게 달려 있다고 강조했다.

"최근 10년 동안 라틴아메리카 정부들의 의식이 많이 변화했다. 그것은 바람직한 변화다. 또한 과거보다 훨씬 단결과 협력을 도모하려 한다. 누가 뭐라고 하든 그런 변화를 주도하고 있는 것은 피델이다."116)

가보가 피델에게서 받은 인상을 가장 잘 보여주는 글 중 하나는, 그가 지안니 미나의 책 《피델이 말하다》(1988)에서 쓴 서론이다. 그 글에서 가보는 신화의 경지에 이른 한 인물을 소개하고 있다. 우선, 그 인물의 신체적 이미지는 상대에게 불안감을 줄 만큼 위압적이었다.

"그는 자기 외모가 풍기는 위력에 대해서 인식을 못 하는 것 같다. 그는 주변 사람들을 단번에 사로잡는다. 그다지 키가 크거나 몸집이 크지도 않은데도 말이다."117)

그 인물은 또한 해결해야 할 문제가 있는 곳이라면 어디든 직접 찾아가지 사무실에서 태평하게 지내지 않는다.

"피델은 자기 사무실에 머물면서 탁상공론을 일삼는 정치가가 아니며 문제가 어디에 있든 찾아 나선다. 아바나의 황량한 대로나 멀리 떨어진 고속도로에서, 대통령 차량을 선도하는 오토바이들의 요란한 소리 없이 그저 조용하게 달리는 그의 자동차를 언제든지 볼 수 있다."118)

그는 위험과 모험을 즐긴다. 그의 삶에서 가장 큰 자극은 "위험에 처했을 때의 감정"119)이고, 그의 유일한 목표는 "경쟁에서 이기는 것"120)이다. 가보는 피델이 통치의 어두운 영역에서 책략에 골몰하기보다는 사건들의 진상을 밝히는 것에 더 관심이 많다고 지적했다.

"나는 나 자신에게 여러 차례 물어보았다. 피델이 대화에 열정적으로 임하는 이유가 권력의 환영 같은 신기루 가운데서 무슨 수를 써서라도 진실이 무엇인지 밝혀내려는 의지에 의한 것이 아닐까 하고."[121]

그러면서 피델에게 최고의 찬사를 바친다. 그를 라틴아메리카의 아버지로 불리는 두 인물인 시몬 볼리바르(1783~1830, 베네수엘라 출신의 독립운동가. 호세 데 산 마르틴과 함께 라틴아메리카의 해방자로 불린다. 콜롬비아, 에콰도르, 파나마, 베네수엘라를 스페인 식민 지배로부터 독립시켰다.-역주), 호세 데 산 마르틴(1778~1850, 아르헨티나 출신의 독립운동가. 시몬 볼리바르와 함께 스페인 식민 지배에 반대하는 전쟁을 벌여 칠레, 페루, 아르헨티나 등을 독립시켰다.-역주)과 동격에 놓은 것이었다.

"라틴아메리카의 미래에 대한 그의 비전은 시몬 볼리바르와 호세 데 산 마르틴의 비전과 같다. 그는 라틴아메리카를 통합하여 세계의 운명을 움직이려고 한다."[122]

이보다 더한 칭찬은 없을 것이다. 그래서 그는 피델을 완벽함과 신성에 가까운 인물, 새로운 메시아로 묘사하면서 글을 맺는다.

"이것이 그와 오랜 시간 대화를 나눈 끝에 내가 알게 된 피델 카스트로다. 그와의 대화에는 정치의 환영이 끼어들 틈이 없었다. 그는 원대한 꿈을 가졌으며, 신중한 말투와 부드러운 매너를 지녔고, 기발한 생각이 머리에 가득 찬 사람이었다. 그는 과학자들이 암을 퇴치할 수 있는 신약을 개발하기를 바랐으며, 그의 가장 주요한 적인 미국보다 84배나 작은 섬에 머물면서도 전 세계에 영향을 미칠 강력한 대외정책을 구상했다. 반면 자신의 프라이버시는 철저하게 지켰다. 그의 사생활은 가장 비밀스러운 부분으로 남아 있다. 또한 그에게는 인류의 가장 큰 과제가 개개인 모두 새로운 의식을 지니는 것이라는 신화에 가까운 확신을 갖고 있었다. 이에 따라 그는 물질적인 소유보다는 도덕적인 자각이 세상을 바꿀 수 있고 역사를 추진시킬 수 있다고 믿었다. 나는 그가 우리 시대의 가장 위대한 이상주의자 중 하나라고 믿는데, 아마도 이것이 그의 가장 큰 장점이자 동시에 가장 큰 위험요소일 것이다."[123]

가보가 1980년대 말경에 쓴 이 글은 그가 1970년대 중반부터 피델에게 해오던 찬사를 재확인하는 것이었다. 1975년, 처음으로 쿠바 섬 구석구석을 둘러본 그는 이러한 글을 썼다.

"피델은 세계 역사를 통틀어 모든 정치가들이 추구해왔던 가장 탐낼 만한 감정을 국민에게 불어넣는 데 성공했다. 그것은 바로, 국가에 대한 애정이다. 그는 그것을 본능적으로 발달한 자신의 정치적 지혜와 정직함, 동물적인 활동력, 대중에 대한 절대적인 신뢰를 바탕으로 이루어냈다."124)

가보와 피델의 우정은 해를 거듭할수록 더욱 돈독해졌다. 그래서 가보는 피델이 없는 쿠바는 상상할 수 없다고 느끼게 된다. 1990년대 말 마누엘 바스케스 몬탈반과 나눈 대화에서 그는 이렇게 말했다.

"만일 피델이 나보다 먼저 세상을 떠난다면, 나는 다시는 쿠바 땅을 밟지 않을 것이다. 나에게 이 섬은 피델과 나눈 우정의 풍경으로만 존재하기 때문이다."125)

좁은 길

가보는 1958년부터 험난한 길을 걸어왔다. 시에라 마에스트라에서 바티스타 군대의 동향에 신경을 곤두세우던 혁명가 피델에 관한 첫 기사를 쓴 뒤, 그가 피델과 친구가 될 수 있는 기회는 곧바로 찾아오지 않았다. 가보는 피델에게서 어떤 가능성을 봤고, 그의 성격 또한 긍정적이고 관대해 보였으나 아직은 그에 대한 지지를 확고히 굳힌 것은 아니었다. 세월이 흐른 뒤 몬탈반이 말했듯이 피델은 1950년대 말에 쓴 어떤 글에서 빈정거리는 투로 "마르케스가 몸을 사린다"126)고 말한 적이 있다.

그다음 해, 가보가 참가한 "진실 작전"은 그에게 유리하게 작용했고, 통신사 프렐라에서의 활약은 그를 인생의 오아시스로 이끄는 듯했다. 하지만 순항은 계속되지 않았다.

리고베르타 멘추(1959~ , 과테말라 출신의 인권운동가. 마야의 후손인 마야-키체족 혈통으로 과테말라 원주민들의 인권과 권리 향상을 위해 노력한 공로로 1992년 노벨평화상을 수상했다.-역주)의 자서전을 쓴 엘리자베스 부르고스(베네수엘라 출신의 인류학자. 1983년 멘추의 구술을 받아 정리한《나의 이름은 멘추》가 베스트셀러가 되면서 대중적으로 유명해졌다. 프랑스 출신의 정치학자로 체 게바라가 이끄는 게릴라부대에 참여하기도 했던 레지스 드브레의 부인이기도 했다.-역주)는 베네수엘라의 게릴라 대원으로 활동했다. 그녀는 페레스 히메네스(1914~2001, 베네수엘라의 독재정치가. 1952년 군부 쿠데타로 대통령에 올랐으나 1958년 민중 봉기로 축출된 뒤 미국, 스페인에서 망명생활을 했다.-역주)와 투쟁하기 위해 1958년 베네수엘라 공산당에 입당했다. 당시 베네수엘라에서 지내고 있던 가보는 그녀와 친분을 쌓게 되었다. 가보는 몰락을 앞두고 있던 히메네스 대통령의 처지를 보면서 권력과 독재자에 대한 소설을 쓸 생각을 품었다. 그 이후 엘리사베스 부르고스는 쿠바로 가서 혁명의 수뇌부, 특히 체 게바라와 함께 혁명 초기를 경험했다. 체 게바라와 함께 레지스 드브레의 도움을 받아 볼리비아로 가는 원정대를 준비했고, 거기서 체 게바라는 숨을 거두고 말았다. 1966년 그녀는 3대륙 회의에서 대표자로 활동했으며, 제국주의에 대항하는 라틴아메리카 혁명을 지원했다. 당시 가보는 그녀에게 혁명 엘리트들의 복잡하고 까다로운 세계에 자신을 소개해 달라고 부탁했으나 그녀는 가보를 쿠바 지도자들에게 연결시키지 못했다. 부르고스는 1970년대 초에 칠레로 가서 아옌데를 위해서 일했다.

그 기회를 놓치자 가보는 당시 부르고스의 남편인 레지스 드브레에게 조건을 내걸면서 다시 한 번 접촉을 시도했다. 레지스 드브레 역시 프랑스 정치가이자 지식인으로서 쿠바혁명에 처음부터 가담하고 있었다. 그는 1961년 쿠바로 가서 체 게바라와 함께 볼리비아를 여행한 뒤 거기서 체포되었다. 체 게바라의 사망 이후 30년 형을 선고받았지만 1971년에 석방되었다. 그의 석방에는 드골·앙드레 말로·장 폴 사르트르의 역할이 컸는데, 사르트르는 쿠바혁명을 초기부터 지원했지만 파디야 사건을 계기로 혁명과 거리가 멀어졌다. 가보가 그를 찾아갔을 땐 그가 막 감옥에서 출옥한 뒤였다. 드브레는 아바나에 머물면서 피델과 부통령 카를로스 라파엘 로드리게스를 만났다. 로드리게스는 국가농업개혁기관의 국장이었고 국가평의회 부의장까지 지낸 '과거 공산주의자들' 가운데 한 사람이었다. 드브레는 그들에게 가보를 쿠바로 초청하는 것이 좋을 것 같다고 했다. 바르가스 요사에게 했듯이 카사 데 라스 아메리카스에서 초청하라고 말이다.

그러나 피델과 로드리게스 누구도 가보를 초대하는 일에는 관심을 보이지 않았다. 아직은 가보가 쿠바혁명과 피델에 대해 얼마나 동조하는지 확신할 수 없었기 때문이었다. 그런데 그 무렵 가보는 쿠바라는 낙원을 직접 방문해 보고 싶다는 희망을 여기저기에서 분명하게 드러냈다. 1971년 11월 잡지 〈승리〉에 실린 인터뷰도 그중 하나다.

〈승리〉: 당신은 얼마 전 한 인터뷰에서, 이 세상에서 당신의 흥미를 끄는 것은 롤링 스톤스의 음악, 쿠바혁명, 네 명의 친구들이라고 했지요. 먼저 쿠바혁명과의 관계를 간단히 설명해 주시지요.

마르케스: 나는 쿠바혁명에 대해 항상 신뢰를 보내왔습니다.

〈승리〉: 쿠바혁명에서 당신이 가장 중요하게 생각하는 것은 무엇인가요?

마르케스: 각각의 나라는 자신들이 처한 조건 속에서 자신들에게 맞는 사회주의를 하는 것이 중요하지요. 따라서 쿠바에 맞는, 무엇보다도 쿠바에 어울리는 사회주의가 필요합니다. 쿠바혁명은 인간적이고, 상상력이 풍부하고, 유쾌하고, 관료주의적 폐해가 없는 사회주의를 지향하고 있습니다. 이것이 이루어지면 라틴아메리카 전체를 위해서도 대단한 일이 될 것입니다. 라틴아메리카가 처한 상황은 쿠바의 상황과 무척 유사하니까요.

〈승리〉: 언제 쿠바에 가시나요?

마르케스: 언제든지요. 지금 쓰고 있는 책의 초고를 12월에 마무리하고, 내년 초에는 쿠바에 갈 수 있기를 바랍니다. 그전에 제가 쿠바에 가지 못하는 것은 순전히 현실적인 이유 때문입니다. 일단은 소설을 끝내야 하니까요.[127)

하지만 가보가 그때 쿠바에 가지 않은 까닭은 자신의 말처럼 '순전히 현실적인 이유 때문'이 아니었다. 그는 피델이 드브레에게 준 메시지를 제대로 읽어내지 못했다. 좀 더 강하게 쿠바혁명을 옹호하는 글을 발표하고 발언해야 했던 것이다. 하지만 1971년 당시에는 소설에 집중하느라 그것을 행동에 옮기지 않았고 그럴 수도 없었다. 《족장의 가을》을 끝마친 뒤에야 그는 본격적으로 자신의 행보를 내딛기 시작했다.

가을로 접어든 족장
GABO & FIDEL | Chapter 005 |

　　　　　　　　　　　　의심의 여지없이 가보의 인생에서 가장 흥미로운 기간은 《족장의 가을》을 출간한 1975년부터 노벨문학상을 수상한 1982년까지일 것이다. 그 기간 그는 피델과의 우정을 돈독히 하는 데 성공했다. 유럽과 라틴아메리카의 다른 대통령들과도 우정도 차곡차곡 쌓아갔다. 한편 이 시기에 쿠바에서는 문화적 파노라마가 새로운 국면을 맞이했고, 파디야 사건으로 촉발된 혁명에 대한 공격도 점차 수그러들었으며 '암울한 5년'도 어느 정도 극복된 상태였다. '암울한 5년'이란 1960년대 초기 쿠바 문화에 닥친 암흑기를 말하는 것으로, 이때는 수준 낮은 문학작품들이 쏟아져 나왔다. 정치적으로는 1936년 스탈린의 모델을 차용한 헌법을 제정함으로써 소비에트 블록으로의 편입이 절정에 달했다. 이 헌법은 1976년 쿠바 유권자 중 95%의 찬성으로 승인되었다.

　　하지만 이런저런 노력에도 불구하고 1970년대에 피델이 국가 경제 전반을 활성화하기 위해 추진했던 사탕수수 1천만 톤 수확 계획은 실패로 끝났다. 수확량은 8백5십만 톤에 그쳤고, 그동안 그 프로젝트에 집중했던 탓에 막대한 양의 생필품 생산이 차질을 빚게 되었다. 소련은 쿠바가 이런 상황을 극복할 수 있도록 1970년대 중반부터 연간 4억 달러의 지원금을 보내기 시작했다. 또한 동유럽 국가들이 쿠바가 수출하는 설탕과 니켈을 국제 시세보다 높은 가격으로 사들이도록 압력을 행사했다. 소련은 석유도 지원했는데, 쿠바는 그중 일부를 자국 내에서 소비하고 나머지는 국제시장에 되팔아 이익을 챙겼다. 이 밖에도 쿠바는 1960년대 말부터 서방 국가들로부터 3억 달러를 들여왔다. 이러한 소련의 지원과 서방으로부터의 차관에 힘입어 피델은 서서히 경제 위기를 이겨내는 한편, 보다 적극적으로 자신의 권력을 공고히 하는 작업에 착수했다. 국가평의회 의장과 군 최고사령관직을 계속 유지했을 뿐 아니라(이 두 직책만으로도 그는 중앙행정기관과 사법부 및 입법기관들을 모두 장악할 수 있었다) 각료회의 의장을 맡아 각료회의까지 주재했다. 혁명 초기부터 맡아온 쿠바 공산당(쿠바의 유일 정당) 제1서기직도 내놓지 않았다. 나아가 내외의 적으로부터 혁명을 사수하기 위해서라는 명분을 내세워 동생인 라울 카스트로를 앞서 언급한 기구들에 서열 제2인자로 등극시켰다. 이제 피델은 합법적으로 권력의 전권을 행사하면서 지도자로서의 입지를 굳히게 되었다. 게다가 운도 따라 쿠바 경제는 눈에 띌 정도로 호전되어갔다. 그러한 시기에 맞물려 《족장의 가을》이 출간되었고, 이제 가보는 쿠바 권력의 제1인자에게 다가갈 수 있는 결정적인 기회를 잡게 되었다.

　1975년 5월, 콜롬비아의 모든 서점에 가보가 사인한 책들이 가득 쌓였다.

이 책은 죽어 가는 라틴아메리카 어느 독재자의 일생을 다룬 것이었다. 그날 서점에 진열된 책들은 모두 팔렸다. 책이 진열된 곳마다 장사진을 이뤄 서점들은 평소보다 늦은 밤 10시경에 문을 닫아야 했다.[128] 얼마 후, 주변의 다른 히스패닉 국가들에서도 똑같은 일이 벌어졌다. 가보는 1967년에 《백 년 동안의 고독》을 출간한 이후 소설을 발표하지 않았다. 그래서 콜롬비아인뿐 아니라 세계 인구의 절반가량이 가보의 신간이 출간되는 순간을 간절히 기다려왔던 것이다. 20세기에 스페인어로 작품을 쓰는 작가 중 가장 많은 사랑을 받아온 가보는 마침내 8년 만에 쇠퇴기에 접어든 권력자에 관한 새로운 이야기를 세상에 내놓았다.

그런데 그 이전, 즉 그가 피델과 약간의 이견을 보였던 소련의 체코 침략과 1971년에 끝이 난 파디야 사건 사이의 기간에 가보에게는 무슨 일이 일어났던가? 그동안 가보는 쿠바엔 발도 들이지 않은 채 활발하게 기자생활을 했고 독재자를 역사적으로 재창조하기 위한 연구에 몰두했다. 물론 프렐라에서 기자로 일하던 시절 이후인 1960년대에도 그는 쿠바에 가지 않았다. 비록 페루 잡지 <엑스프레소>에 실린 1975년 7월 10일자 기사에서는 가보가 1967년 말과 1968년 초에 쿠바로 여행을 떠났다고 주장했지만 확인된 사실은 아니었다. 그 잡지는 가보가 쿠바에 간 것이 이전에 썼던 소설을 소개하기 위해서였다고 했다. 그러나 당시 쿠바 신문들 가운데 가보의 쿠바 여행을 전한 매체는 단 한 곳도 없었다. 가보의 친구인 카사 데 라스 아메리카스의 의장 로베르토 페르난데스 레타마르와 가보의 자서전 작가 다소 살디바르는 1960년대 초반과 1975년 사이에 있었던 가보의 긴 부재 기간에 각자 그를 쿠바에서 인터뷰한 바 있다고 주장했다.

　1971년 파디야 사건과 1975년 가보의 첫 쿠바 여행 사이에는 쿠바혁명에 대한 가보의 이념적 공감대를 보여주는 두 가지 중대한 사건이 있다. 하나는 칠레의 사회주의 대통령 살바도르 아옌데를 옹호하면서 쿠데타로 아옌데를 축출한 피노체트를 비난한 것이고, 다른 하나는 급진 좌파 잡지 <대안>에 참여한 것이었다.

　아옌데는 라틴아메리카 역사상 선거를 거쳐 집권에 성공한 최초의 급진적 좌파 대통령이었다. 이전까지는 사회주의든 공산주의든 모든 좌파 대통령들은 피델처럼 무력을 이용해 권력을 잡았다. 아옌데의 당선은 라틴아메리카 좌파에 희망을 심어 주었다. 이들은 칠레의 사례에서 라틴아메리카 국가들이 미국의 제국주의적 테러리즘을 붕괴시킬 가능성을 보았다.

　하지만 1973년 피노체트의 쿠데타로 아옌데 정권이 무너지면서 좌파들의 희망은 오래가지 못했다. 언제나 라틴아메리아 좌파에 공조해왔던 가보는 피노체트의 쿠데타 소식을 접하는 순간, 고함을 지르고 주먹으로 책상을 내리치면서 분노를 폭발시켰다. 이를 계기로 그는 명예를 누리며 사는 작가에서 발로 뛰는 정치가로 변신하리라 마음먹었다. 그는 칠레 모네다 궁전이 군부에 의해 폭파됐다는 소식을 듣고 이 새로운 독재자가 멸망할 때까지는 더 이상 소설을 출간하지 않겠다고 굳게 다짐했다(피노체트를 비롯한 라틴아메리카의 다른 지도자들을 모욕하기 위한 독재자 소설은 예외로 했다). 그는 심지어 피노체트에게 전보까지 보냈는데, 물론 대통령 취임을 축하하기 위한 것은 전혀 아니었다. 그 전보에는 이렇게 쓰여 있었다.

칠레 국민은 미 제국주의의 지지를 받는 당신들 같은 범죄 조직이 나라를 통치하는 것을 절대 용납하지 않을 것이다.129)

1974년 가보는 피노체트 정권이 일으키고 있는 해로운 영향을 저지하기 위해 《칠레, 쿠데타와 그링고스(라틴아메리카 국가들에서 미국인을 일컬어 사용하는 말이다.-역주)》를 출간했다. 이 책은 그의 다른 소설들만큼 널리 알려지지는 않았지만, 그 혼돈의 시기에 꽤 많은 사람들에게 읽혔다. 그는 이 책의 서두에서, 아옌데가 칠레를 통치할 당시 미국이 가했던 무역봉쇄에 대해 강도 높게 비난했다. 그러면서 쿠바가 아옌데 집권 시절 설탕을 실은 배를 무상으로 보내 우방국을 도왔다는 내용을 다루었다. 그때는 식량부족으로 칠레에서 시위가 일어나던 시기였다. 그는 피델이 칠레를 방문해 아옌데 정권과의 결속을 보여주고 빈곤을 겪는 칠레 국민에게 희망의 메시지를 전한 사실을 온갖 미사여구로 포장해 칭찬했다.130) 피노체트의 집권 기간에는 소설을 발표하지 않겠다던 가보의 위협은 실현되지는 않았다. 피노체트가 오랜 세월 통치하는 동안, 후에 그의 주요 저서로 꼽히게 되는 두 작품 《예고된 죽음의 연대기》(1981)와 《콜레라 시대의 사랑》(1985)이 출간되었기 때문이다. 또한 앞의 두 작품보다 주목을 덜 받긴 했지만 역시 걸작으로 평가받는 《미로 속의 장군》(1989)이 피노체트 정부가 거의 무너지던 시기에 출간되었다. 1975년 자신의 명성을 정치에 소진하기로 하고 자신의 이념적 결심을 최후까지 끌고 가려고 했던 가보는 훗날 이렇게 고백했다.

"결과야 어찌 되었든 나는 매 순간 적절한 태도를 보여왔다고 생각한다. 특히 칠레에서 일어난 군사 쿠데타 이후 나는 더욱더 적극적이고 활동적으로 정치적에 개입했다. …… 솔직히 말하자면 그때 내 생애 처음으로, 내가 정치에서 해야 할 일이 문학에서 할 수 있는 일보다 훨씬 더 중요하다는 생각을 했다."

이런 생각은 프렐라에 실린 한 글에서 더 분명하게 드러났다.

"빌어먹을, 내가 가진 이 명성으로 도대체 무엇을 할 수 있지? 그때 나는 다짐했다. 나는 이제 그것을 정치하는 데 사용할 것이다. 내 명성을 라틴 아메리카 혁명을 위해 바치리라."[131]

1978년 11월에 발간된 <대안> 188호에는 '현실은 포퓰리스트가 되었다'는 제목으로 가보와의 인터뷰가 실렸는데, 인터뷰하는 기자가 주제를 바꿀 때까지 그의 모든 대답에서 정치적인 색채가 묻어 나왔다.

〈대안〉: 자, 이제 정치 얘기는 그만하지요. 우리에게 당신의 문학 활동에 대해서 얘기를 좀 해주시지요.

마르케스: 그러지요. 당신들은 내가 작가라는 사실을 잊어버렸나 보군요. 나는 글을 쓸 시간을 가지려고 노력하고 있소. 나는 피노체트가 무너질 때까지 어떤 소설도 출간하지 않겠다고 약속했소. 그가 멸망하면 그때서야

유럽에서 단편집을 발간할 예정이오. 오래전부터 준비를 해오고 있지요.

가보가 언급한 단편집은 1992년 《이방의 순례자들》이라는 제목으로 출간되었다. 그 이전인 1981년에 출간된 《예고된 죽음의 연대기》는 하나의 고전으로 평가받음으로써, 그가 약속을 번복한 것에 대한 방어 구실을 해 주었다.

"(피노체트가 멸망하기 전까지는 어떤 소설도 쓰지 않겠다는) 그 말은 《족장의 가을》이 출간된 이후에 했었다. 솔직히 말하면 나는 당시 (인터뷰를 하면서) 화가 났었다. 7년이라는 세월을 바친 끝에 이제 막 소설을 출간했는데, 그런 나에게 가장 먼저 한 질문이 다음 소설로 어떤 작품을 구상 중이냐는 것이었다. 나는 그런 종류의 질문을 받으면 대충 대답을 지어낸다. 질문한 사람이 만족할 수 있게 말이다. 하지만 당시에는 그럴 기분이 아니었다. 그래서 소설을 쓰지 않겠다는 발언을 했고, 그 대답 덕분에 이후의 다른 인터뷰에서는 차기작이 무엇이냐는 불쾌한 질문에서 벗어날 수 있었다."[132]

따라서 소설을 쓰지 않겠다던 그의 결정이 그렇게 단호한 결심이었다고 확신하기는 어렵다. 어쩌면 가보는 피노체트가 더 빨리 물러날 것으로 생각했을지도 모른다. 어떤 이는 가보가 포커 같은 게임의 법칙에 능하다고 말했다. 분명한 사실은 그가 한 약속이 엄청난 광고로 작용했다는 것이고, 한편으로는 칠레의 독재 정권에 대한 반감을 고조시키는 데도 이바지했다. 또한 그의 차기작품에 대한 기대감을 한껏 부풀리는 데도 한몫했기 때문에 《예고된 죽음의 연대기》 초판이 상상을 초월한 판매 기록을 세운 것이 전혀 이상스럽지 않았다. 스페인어권 모든 국가에서 동시에 999,999권을 출간했는데 눈 깜짝할 사이에 매진 기록을 세웠다.

'반(反)피노체트' 효과도 이후에 결실을 보았다. 가보는 1986년 르포《칠레에 잠입한 미겔 리틴의 모험》을 출간했는데, 이 책에는 망명 생활을 하다가 독재 정권하의 조국을 다큐멘터리 영화에 담기 위해 칠레에 잠입한 영화감독이 주인공으로 등장한다. 책이 출간되자 피노체트는 가보의 다른 작품들과 마찬가지로 발파라이소(칠레의 항구 도시—역주)에서 공개적으로 태워버리라고 명령했다. 이러한 분서(焚書) 행위는 히틀러시대를 제외하면 문명화된 세계에서 이미 자취를 감춘 지 오래였는데도 말이다. 가보는 이 특이한 사건을 아이러니와 유머를 곁들여 그리고 일종의 자부심을 느끼면서 즐겨 언급했는데, 피노체트의 그런 반문명적인 결정으로 말미암아 자신의 작품이 얼마나 큰 영향력을 가졌는지 증명해보일 수 있었기 때문이다.

가보가 독재자를 소재로 소설을 쓰게 된 데는 그가 잡지 <대안>에 참여했다는 점도 작용했다. 1974년 보고타에서 창간된 이 주간지는 폭넓은 주제를 다루며 좌파 과격주의를 지향했다. 이 잡지는 알음알음으로 개인에게 보급되다가 이내 단명해 버리던 기존 잡지의 한계를 극복하고, 마침내 콜롬비아의 신문 판매대를 점령하기에 이르렀다. 이것은 활동가들의 재정지원 덕분에 가능한 일이었다. 많은 과격주의자들이 그 잡지가 제대로 대접을 받으면서 장수하도록 지원금을 보내주었던 것이다. 가보는 창간 때부터 운영위원회를 이끌면서 잡지를 도왔고 혁명적인 글들을 게재하기도 했다. 잡지의 기사 중에는 쿠바와 관련된 내용도 많았다. '쿠바, 끝에서 끝까지', '암흑의 세월: 콩고에서의 체 게바라', '초등학교에서의 국가' 같은 기사들은 쿠바와 이해관계가 없는 외국기자가 객관적으로 쓴 글이라기보다는 시에라 마에스트라에서 살아남은 게릴라 대원들이 쓸 만한 찬양 일색의 글이었다. 가보는 이러한 든든한 배경을 업고 《족장의 가을》이 출간된 1975년, 쿠바에 당당하게 입성했다. 그로부터 5~6년 뒤 그는 라틴아메리카에서 가장 정치적 영향력이 큰 인물이 된다.

4 계절의 족장들

권력자들의 행태에 매혹을 느낀 가보는 독재자를 자신의 소설 속 주인공으로 자주 등장시켰다. 그는 '권력과 사랑에 빠져'나 '권력에 취해서'라는 표현을 자주 사용했는데, 이런 표현들은 명령을 내리는 데서 오는 쾌락을 깊이 맛본 사람들이 빠지곤 하는 나쁜 행태를 가리키는 것이었다. 아무튼 가보는 권력에 굶주린 정치적 동물을 그려내는 데 탁월한 감각을 갖고 있었다.

1981년 9월 30일자 〈로스 이두스 데 마르초〉와의 인터뷰에서 그는 자신이 왜 권력의 내밀한 모습, 권력의 비참함과 위대함에 끌리는지를 설명했다.

"내가 권력의 신비로움에 끌리게 된 계기는 1958년 초 카라카스(베네수엘라의 수도-역주)에 머물 때 목격한 한 사건 때문이었다. 10년간 베네수엘라를 다스려온 독재자 마르코스 페레스 히메네스 장군은 시위대에 쫓겨 새벽녘에 부랴부랴 산토도밍고(도미니카 공화국의 수도-역주)로 도주했다. 비행기에서 트랩을 내릴 여유도 없어서 그의 보좌관들은 밧줄을 이용해 그를 비행기까지 올려줘야 했다. 그는 황망히 대통령 궁을 빠져나오는 바람에 손가방을 두고 나왔는데 거기에는 현찰로 미화 1천3백만 달러가 들어 있었다고 한다. 내가 직접 목격한 부분은 그 이후의 일이었다. 독재자가 도망가고 두세 시간 뒤 나는 출입허가를 받은 외국기자들 속에 끼어 있었다. 우리는 카라카스의 미라플로레스 궁전의 화려한 홀에서 새 정부 출범에 관한 정부 발표를 기다리고 있었다. 그때 갑자기 군복을 입은 한 장교가 탄약이 장전된 기관총으로 자신을 방어하면서 비밀회합을 하던 사무실을 나와 뒷걸음질치며 그 화려한 홀을 지나갔다. 곧이어 궁전 현관에 택시 한 대가 멈춰 섰고 그를 태우자마자 공항으로 쏜살같이 달렸다. 그가 남긴 유일한 흔적이라고는 카펫 위에 떨어진 그의 군화에 묻어 있던 흙뿐이었다. 나는 순간 마치 환상을 본 것 같았다. 그리곤 이 에피소드 속에 권력의 모든 본질이 들어 있다는 생각이 들었다. 그로부터 15년 뒤 당시 에피소드를 모티프 삼아, 그리고 항상 그 일을 회상하면서 《족장의 가을》을 써냈다."[133]

가보는 또한 독재자 히메네스 장군을 이을 후계자가 너무나 빨리 결정된 것에도 충격을 받았다.

"독재자 히메네스 장군이 물러나고 몇 시간도 지나지 않아 자기들만의 협약에 따라 해군소장 볼프강 라라자발(1911~2003, 베네수엘라 해군 사령관 출신으로 히메네스가 축출되고 난 뒤 대통령에 취임했다. 그러나 그해 말에 실시된 대선에서 득표 수 2위로 대통령에서 물러나 이후 칠레 대상 등을 역임했다.-역주)이 베네수엘라의 새로운 지도자가 되었던 것이다."

그는 "권력이 그런 식으로 결정된다는 것이 믿기지 않았다. 그 순간 무언가가 내 안에서 일어났다."[134]라며 당시를 회고했다. 1978년 스페인의 <엘 파이스>와 가진 인터뷰에서는 다음과 같은 대화가 오갔다.

<엘 파이스>: 마지막으로 스페인의 프랑코 총통이나 오마르 토리호스(1968년부터 1981년까지 파나마를 실질적으로 지배했던 독재정치가. 1981년 비행기 추락사고로 사망했다.-역주), 피델 같은 권력자들이 왜 그토록 당신에게 매력적으로 다가오는지 설명해주시기 바랍니다.

마르케스: 나는 토리호스를 여러 차례 만난 적이 있는데 그는 내가 독재자들에게 약하다며 농담조로 말하곤 했지요. 사실 모든 정권은 지도자가 속한 계급을 대표하지요. 하지만 지도자 개개인의 인격도 매우 중요한데 특히 라틴아메리카에서는 더욱 그런 것 같습니다. 라틴아메리카에서는 역사적으로 사령관이라는 지위가 갖는 의미가 각별한 것 같아요. 그런 전통을 단기간에 완전히 근절시키기란 어려운 일이지요. 그렇다고 라틴아메리카 민중들이 그들 사령관과 함께 혁명을 할 수 없다는 뜻은 아닙니다. 군주제를 유지하면서도 얼마든지 혁명을 할 수 있는 것처럼 말이지요.[135]

노벨문학상을 받은 지 이삼 개월 뒤인 1983년 3월, 가보는 잡지 <플레이보

이>와 장시간의 인터뷰를 가졌다. 이 인터뷰는 가보가 그동안 해왔던 인터뷰 가운데 가장 길고 가장 수준 높은 것으로 평가받고 있다. 흔히 <플레이보이>에 대해 많은 사람들이 편견을 가지고 있지만, 사실은 생각보다 훨씬 문학적이고 문화적인 가치가 있는 기사들이 많이 실렸다. 그런 편견 때문인지 <플레이보이>에 실린 인터뷰 내용은 다른 기사들에 비해 별로 널리 알려지지 않았다. 사실 우리 저자들도 그러한 인터뷰가 존재한다는 사실을 뉴욕의 한 리셉션에서 만난 콜롬비아인에게서 처음 들었다.

당시 우리는 뉴욕시립대학에 강연을 하러 갔었는데, 끝나고 주최 측이 제공한 다과를 먹는 자리에서 이 콜롬비아인과 대화를 나누게 되었다. 그 대학에서 박사과정을 밟고 있던 그는 우리가 피델과 가보에 대한 책을 준비하고 있다고 하자 <플레이보이>에 실린 인터뷰 얘기를 꺼냈다. 그래서 우리는 우여곡절 끝에 원본 기사를 입수할 수 있었다. 이 인터뷰 기사의 마지막 부분에는 다음과 같은 대화가 등장한다.

<플레이보이>: 《족장의 가을》 초고를 쓸 때 《백 년 동안의 고독》의 속편 같아서 중도에 집필을 포기하려 했다는 이야기가 있던데, 사실인가요?
마르케스: 어느 정도는 사실이지요. 나는 그 소설을 쓰려고 세 번의 시도를 했어요. 첫 번째는 1959년 아바나에서 겪었던 내 경험을 바탕으로 썼지요. 당시 나는 쿠바에서 바티스타 독재 정권 시절 권력층에 있었던 한 장군에 대한 재판을 취재하고 있었어요. 그는 전범 혐의로 거대한 야구장에서 공개 재판을 받았지요. 나는 그 재판 상황이 소설로 전개할 수 있을 만

큼 문학적인 가능성이 있다고 보았어요. 그래서 야구장 한가운데 피고석에 앉은 주인공의 독백에 기초해 《족장의 가을》을 쓰기 시작했지요. 그러나 얼마 지나지 않아 그만두었어요. 왠지 진실한 느낌이 들지 않더라고요. 라틴아메리카의 독재자 혹은 권력자들은 보통 침대에서 죽는다거나 그렇지 않으면 거대한 재산을 빼돌려 외국으로 도망을 가는 운명이잖아요? 그래서 이번엔 자서전 형식을 빌려 다시 써 봤는데, 쓰다 보니 문체가 《백 년 동안의 고독》과 너무 흡사했어요. 그래서 또 중단할 수밖에 없었지요. 많은 사람들이 《족장의 가을》이 《백 년 동안의 고독》과 비슷하기를 기대하는 것 같은데, 난 거기에 동의할 수 없었어요. 내가 상업적인 성공을 노린다면 그들이 원하는 대로 평생 《백 년 동안의 고독》을 재탕, 삼탕 하는 것이 맞겠지요. 할리우드 흥행영화의 시리즈물처럼 말이에요. 예를 들면 '아우렐리아노 부엔디아 대령의 귀환' 같은 제목을 달고 내면 되겠지요. 하지만 그건 내가 원하는 방식이 아니에요. 아무튼 나는 세 번째 시도에서 마침내 어떻게 서술해 가야 할지 가닥을 잡을 수 있었어요. 독백에 기초한 구조를 갖되 복합적인 독백을 채용하기로 한 것이지요. 그렇게 하면 독재자 밑에서 살아가는 민중의 삶을 효과적으로 반영할 수 있겠다는 생각이 들었어요. 하나의 사건을 여러 개의 목소리를 통해 다양한 관점으로 이야기할 수 있으니까요. 그런데 또 다른 난관이 가로막고 있더군요. 소설이 현실성을 띠려면 실제 모습을 알 필요가 있는데, 나는 여태껏 독재 정권 아래에서 살아본 적이 없었던 거예요. 그러자 스페인과 포르투갈이라는 두 나라가 눈에 들어오더군요. 나는 아내 메르세데스와 의논해 독재자 프랑코가 오랫동안 다스리고 있는 스페인으로 이사를 갔어요. 그런데 바르셀로나에서 막상 지내보니 내가 쓰고자 하는 소설의 분위기와는 뭔가 맞지 않는다는 느낌이 들었어요. 모든 것이 지나치게 차가웠다고나 할까요. 그래서 더 나은 환경을 찾아 다시 거처를 옮겼지요. 이번에는 카리브로 갔어요. 오랜 세월 멀리 떠나 있다가 다시 돌아간 셈이지요. 우리가 콜롬비아에 도착했을 때 한 기자가 물었어요. "고국에 다시 돌아온 이유가 무엇입니까?" 나는 이렇게 대답했지요. "구아야바의 향기를 다시 맡으려고요." 거기서 난 별 어려움 없이 책을 쓸 수 있었지요.

가보는 책을 급하게 쓰거나 피상적으로 쓰지 않는다. 그가 언론에 건네주는 모든 글은 깊이 생각하고 의식적으로 단어를 선택하고 만족할 때까지 다듬은 노력의 산물이다. 책을 낼 때도 마찬가지다. 《아무도 대령에게 편지하지 않다》는 최종 원고가 출판되기까지 초고를 열한 번이나 고쳤다고 알려져 있다. 11페이지 분량의 단편을 위해서 5백 페이지를 쓰는 경우도 있었다.

독재자들이 누린 절대적이고 고독한 권력의 모습을 완벽하게 그려내는 데도 오랜 시간이 필요했다. 권력자들의 자서전 혹은 그들을 모티프로 한 소설, 고전 작품들을 찾아 읽는가 하면, 현재 활동 중인 권력자들에 대한 자료들을 참고하면서 구상을 가다듬었다. 고전을 다시 읽으며 새롭게 흥미를 느끼게 된 인물은 율리우스 카이사르였다. 그 역사적인 인물에 깊이 매료된 나머지 그는 고대 그리스 로마의 다른 인물들까지 탐구하게 되었다.

"이전에 내가 율리우스 카이사르에 대해 읽은 유일한 것은 기독교 수사들이 쓴 고등학교 교과서와 셰익스피어의 희곡인데 이것은 역사적인 현실보다는 상상력에 더 의존한 것 같았다. 하지만 고전 작품들을 다시 읽은 이후로 나는 고대 영웅들에게 빠져들고 말았다. 플루타르코스, 수에토니오, 카르코피노, 그리고 율리우스 카이사르까지."[136]

그러나 가장 흥미로운 본보기들은 다른 어느 곳도 아닌 라틴 지역에, 고대가 아닌 현대에 있었다. 후안 마누엘 데 로사스(1793~1877, 아르헨티나의 독재자. 부에노스아이레스에서 두 차례 주지사를 지내면서 독재자로 변모했고 이후 공포정치로 많은 망명자와 희생자를 냈다.-역주) 같은 인물들로 시작해서 현재 가장 낯익은 권력자들의 행보를 살펴보는 것이 무엇보다 큰 도움이 되었다. 그는 1981년 여름에 이렇게 썼다.

"작가 생활을 하면서 가장 고생스러웠던 시기는 《족장의 가을》을 준비하던 때였다. 라틴아메리카 독재자들에 대해 구할 수 있는 정보들은 다 그러모아 읽었다. 특히 카리브 지역의 독재자들에 대한 것을 집중적으로 읽었다. 내가 쓰려는 작품이 최대한 현실성을 담을 수 있게 말이다. 하지만 난 실망했다. 현실의 독재자들이 보인 행태는 현실적이라기보다는 오히려 환상적인 것에 가까웠기 때문이다. 예를 들면 후안 비센테 고메스(1864~1935, 베네수엘라의 가난한 인디언 출신으로 정규교육을 받지 못하고 목동으로 지내다 육군 사령관직까지 올랐다. 1908년 대통령으로 당선된 뒤 죽을 때까지 독재자로 군림했다.-역주)의 직감은 웬만한 예언자들보다 더 뛰어났다. 프랑수아 뒤발리에(1907~1971, 아이티의 흑인 하층민 출신으로 의사이자 아프리카 흑인 문화를 연구한 문화인류학자였다. 1957년 대통령에 당선돼 처음에는 진보적인 정치를 펼쳤으나 곧 독재자로 돌변했다. 1964년 헌법을 개정해 종신대통령이 되었고, 1971년 죽기 직전 19살 난 아들 장 클로드 뒤발리에게 대통령직을 물려주었다. 아들은 1986년 민중봉기로 대통령직에서 물러났다.-역주)는 아이티에 있는 검은 개들을 전멸시켰는데, 그 이유는 그의 정적 중 하나가 추적을 피하기 위해 검은 개로 변했다고 믿었기 때문이다. 호세 가스파르 로데리게스 데 프란시아(1766~1840, 스페인으로부터 독립을 이끌어낸 파라과이의 정치 지도자. 1814년부터 1840년까지 대통령을 지내면서 쇄국정책과 독재정치를 폈다.-역주)는 철학자로도 유명한데 파라과이 공화국을 마치 자기 집인 양 폐쇄해버리고 편지가 도착하도록 창문 하나만 열어 놓았다. 로페 데 아기레(1515~1561, 스페인 출신으로 페루를 정복한 폭군. 1560년 '황금의 땅' 엘 도라도를 찾아 탐험에 나선 그는, 견디지 못하고 이탈하는 대원들을 가차없이 처단했다. 굶주리고 열병으로 대원들은 하나씩 죽어갔고 결국 아기레는 부하의 손에 죽임을 당한다. 그를 소재로 1972년 독일 감독 베르너 헤르초크가 <아기레, 신의 분노>라는 영화를 만들기도 했다.-역주)의 잘려나간 팔은 수년 동안 아마존 강 하구에 떠다녔다. 왜냐하면 워낙 잔악무도한 인물이라 그런 상태에서도 그의 손이 칼을 휘두를 수 있을 것이라고 여겨 사람들이 가까이 가지 않았기 때문이다. 아나스타시오 소모사 가르시아(1896~1956, 니카라과의 군인으로 1937년 정권을 잡은 뒤 독재정치를 펴다 1956년 암살당했다. 그 후에도 그의 아들과 동생이 대통령에 올라 사실상 소모사 일가에 의한 독재가 1979년까지 계속되었다.-역주)는 자기 집 뜰에 두 칸으로 된 동물 우리를 만들었다. 쇠창살 칸막이 한쪽에는 사나운 짐승들이, 반대편에는 그의 정적들이 갇혀 있었다. 막시밀리아노 에르난데스 마르티네스(1882~1966, 1931년 쿠데타로 집권한 엘살바도르의 독재자. 집권 기간 중 1만 명이 넘는 정적과 봉기에 참여한 농민들을 무차별 학살했다. 1944년 대통령직에서 물러나 온두라스에서 망명생활을 하다 운전기사가 휘두른 칼에 17곳이나 찔려 사망했다. 특이한 종교적 열정에 사로잡혔던 그는 사람은 부활하므로 죽여도 되지만 곤충은 한번 죽으면 끝이기 때문에 죽여서는 안 된다고 주장하거나, 맹장염에 걸린 아들을 의사에게 보내지 않고 집 뜰에 오랫동안 묵혀 둔 '푸른 물'로 치료하려다 결국 아들을 잃는 비극을 초래했다.-역주)는 접신론(接神論)에 빠져 기이한 행동을 서슴지 않았다. 전염병이 창궐하자 모든 가로등에 빨간 셀로판지를 씌우게 했는데, 그렇게 하면 세균을 죽여 전염병을 없앨 수 있다고 믿었기 때문이었다. 그는 또 식사하기 전에 음식 위에 얹어놓을 진자를 발명했는데 음식에 독이 있는지 검사하기 위해서였다. …… 결론적으로, 우리 라틴아메리카 작가들은 현실이 우리보다 훨씬 더 나은 작가라는 점을 인정해야 한다. 라틴아메리카 작가들의 운명, 혹은 영광은 겸허하게 현실을 인정하면서 온 힘을 다해 현실을 모방하는 것이라고 할 수 있다."[137]

이 리스트에 볼리비아의 마리아노 멜가레호(1818~1871, 고아로 자라 군에 입대한 뒤 1846년 J.아차 장군을 타도하고 정권을 장악해 독재정치를 폈다. 국가 재원을 마련하기 위해 많은 이권을 외국과 개인에게 팔아넘겼다가 1871년 실각한 뒤 페루로 망명했다.-역주), 도미니카 공화국의 라파엘 레오니다스 트루히요 몰리나(1891~1961, 1930년 군사 쿠데타를 통해 집권한 뒤 1961년 정적에게 암살당할 때까지 31년간 끔찍한 독재정치를 폈다. 바르가스 요사가 그를 소재로 《독재자의 향연》이라는 소설을 쓰기도 했다.-역주), 쿠바의 마차도 몰라레스(1871~1939, 독립전쟁의 영웅이었으나 1924년 대통령에 오른 뒤 압제정치를 펼쳐 1933년 군부와 국민들의 봉기로 쫓겨나 미국으로 망명했다.-역주)와 바티스타, 멕시코의 포르피리오 디아스(1830~1915, 군인으로 자유주의혁명에 참가했으나 1876년 쿠데타에 성공한 이후 대지주계급을 대변하면서 35년간 억압정치를 펼치다가 1911년에 시작된 멕시코혁명으로 실각했다.-역주), 과테말라의 에스트라다 카브레라(1857~1924년, 변호사 출신으로 대법원 판사를 거쳐 정계에 진출한 뒤 1898년 호세 마리아 레이나 바리오스 대통령이 암살당하자 대통령직을 물려받았다. 처음에는 헌법을 존중했으나 곧 자신이 장기집권할 수 있도록 헌법을 개정한 뒤 정치적 자유를 억압했다. 결국 1920년 무장 봉기로 쫓겨난 뒤 감옥에서 불명예스러운 죽음을 맞았다.-역주) 등 '사계절의 족장'들을 첨가할 수 있다. 즉 이들 중 일부는 이미 그들의 겨울을 지나서 무덤에서 쉬고 있고 일부는 권력의 봄을 시작했고 어떤 독재자들은 절정기인 여름에 있고, 오랫동안 통치한 뒤 그들의 가을에 머무는 이들도 있다.

확실히 히스패닉 세계는, 특히 라틴아메리카에서는 카우디요(원래는 지방의 토호세력을 가리키는 말이었으나, 이후에는 정치적을 세력을 획득한 군대의 대장 혹은 사령관을 지칭하게 되었다. 여기서는 독재자로 변신한 군인 출신들을 말한다.-역주)가 나오기에 적합한 토양을 갖추고 있다. 가보는 카우디요야말로 진정한 '신화적 동물'[138]이라고 했다. "라틴아메리카 정치에서는 카우디요의 개인적인 특성이 아주 중요하다. 이 땅에는 카우디요의 전통이 역사에 내재해 있으며, 그것을 근절시키려면 오랜 세월이 흘러야 할 것"[139]이라면서 다음과 같이 단언했다.

"독재자라는 소재는 라틴아메리카 문학에서 초기부터 항상 등장해 왔다.

한 인물에 대해 폭넓게 역사적 조망을 하다 보면 앞으로도 계속 그러할 것이다."140)

가보는 그러한 '신화적 동물'들의 행동을 특징짓는 주요한 성향, 그들에게서 공통적으로 발견되는 성격들을 열거하기도 했다. "그들은 대개 아버지보다는 어머니와의 관계가 훨씬 밀접하며, 과도한 야망과 허영심을 갖고 있고, 과대망상증 환자이면서 괴팍하고, 방탕한 삶을 일삼는 경우가 많다. 하지만 아주 엄격하고 간소한 삶을 살아가며 종교적인 열정에 빠져 있는 경우도 있다. 지나칠 정도로 자기중심적이어서 마치 자신이 메시아인 양 행동하기도 한다. 대다수가 자신은 불멸의 존재라고 믿는다. 정부 업무는 자신이 신뢰하는 사람들에게 위임하고 실질적으로 국가를 통제하는 기능을 모두 자신에게 귀속시킨다. 그 밖에도 친척들을 중용하며 뻔뻔스러울 정도로 공과 사의 경계를 구분하지 않으며 국가를 마치 자신의 소유물인 것처럼 생각한다."141)

족장들의 사진에 피델은 왜 빠졌나?
GABO & FIDEL | Chapter 006 |

그런데 가보의 주장을 따라가다 보면 그가 언급한 '신화적 동물' 가운데 빠진 사람이 하나 있다는 것을 알게 된다. 20세기의 권력자 가운데 가장 오랫동안 권좌에 앉아 있는 라틴아메리카의 독재자. 21세기에 들어서서도 상대적으로 젊고 건장하게 권력을 잡고 있으며 유엔에서 가장 오래 연설(1960년 9월 29일 4시간 29분 동안-역주)한 사람으로 기네스북에 올라 있는 인물. 바로 피델 카스트로이다. 그는 가보가 열거한 족장들의 리스트에 들어 있지 않다. 거기에는 두 가지 가능성이 있는데, 하나는 가보가 그를 독재자로 간주하지 않기 때문일 것이고, 다른 하나는 우리가 모르는 이유 때문일 것이다.

일반적으로 라틴아메리카와 유럽의 좌파는 피델을 독재자라고 부르기를 거부한다. 그렇게 주장하는 유일한 이유는 그가 40년 이상이나 세계에서 가장 강력한 국가인 미국의 봉쇄정책에 성공적으로 맞서고 있기 때문이다. 물론 이것은 사실이며 칭찬하고 존경할 만하다. 하지만 미국의 경제제재 조치에 대항하고 거대한 괴물과 맞서 싸우는 것과 인간의 기본적 자유를 존중하고 민주주의를 보장하는 것은 별개의 문제이다. 하나를 위해 다른 하나를 포기해야 하는 것은 아니다. 둘은 양립가능하기 때문이다. 하지만 피델은 적으로부터 나라를 보호한다는 명목으로 라틴아메리카 역사상 가장 폐쇄적이고 권위주의적인 정권을 낳았다.

가보는 자신이 '족장'이라고 불렀던 독재자들의 범주에 쿠바혁명을 완수한 수염이 더부룩한 사람을 넣지는 않았지만, 그의 의도와는 달리 《족장의 가을》에 등장하는 주인공과 피델 사이에는 명백하게 닮은 점이 많다. 이제 가보가 묘사했던 족장의 모습과 피델의 면모를 비교해 보시라. (아래 인용문들은 《족장의 가을》에 나오는 문구들이다.-역주) "그는 절대 죽지 않을 운명을 가진 것처럼 통치하고" "자신이 직접 전국을 돌아다니면서 지시하고 몸은 바위처럼 단단하며 나이에 어울리지 않게 부지런하다" "그는 변신에 능해서 저녁 7시에 도미노게임을 하는 것이 목격되었다 싶은데 거의 같은 시간에 접견실에서 모기를 쫓기 위해 소똥에 불을 붙이는 모습도 보이기 때문이다." 그는 사람들에게 사랑을 받지 못하고 그저 두려움과 공포의 대상일 뿐이다. 왜냐하면 "누구도 그에게 진심을 말하지 않으면 그의 면전에서는 누구나 그가 듣고 싶어 하는 말만 하기 때문이다." 그리고 "그의 죽음에 대한 소문이 퍼질수록 예기치 않은 순간에 이전보다 더 활력 있고 권위에 찬 모습으로 나타나서 우리를 놀라게 한다." "그는 평생 헤아릴 수 없이 많은 연인을 둘 수 있다고 믿으며 그 사이에서 5천 명 이상의 자녀가 있어야 한다고 생각하는데, 그들은 하나같이 칠삭둥이들이다."

매우 소수의 사람만이 — 이것은 가보의 실제 사례이기도 하다 — "죄수 한 명을 풀어달라거나 사형수를 용서해달라고 부탁할 수 있을 정도의 신뢰를 그로부터 받는다." 또한 권력자의 나팔수들은 특이한 자연적인 현상조차도 권력자의 입맛에 맞게 해석한다. 예를 들면 "그들은 혜성이 지나가는 것을 보면서 권력자가 악의 세력에 대해 승리를 거둔 것을 의미한다고 설명한다." 그는 항상 군복을 입고 있는데, "숨을 거둘 때도 그 옷을 입고 있었다."

그는 이곳저곳을 예고도 없이 불쑥 나타나기도 한다. "정권 초기에 마을에 경호원도 없이 방문해 사탕수수를 베는 낫을 든 맨발의 농부와 수확이 어떤지 가축들의 건강과 사람들의 생활에 대해 물어보곤 했다. …… 그리고 더워서 꾸벅꾸벅 졸면서도 자기 앞에 불려 온 사람들과의 대화 중에 나눈 얘기를 단 하나도 놓치는 적이 없었다." 이런 일화들을 통해 그는 '신화'가 된다. 하지만 그에게는 충실한 하인과 반대자를 구분하는 게 쉽지 않다. "환호성 속에서는 누가 진정한 친구인지, 누가 교활한 자인지 구분하기 어려운데, 왜냐하면 가장 엉큼한 자들이 제일 큰 목소리로 '장군 만세'라고 외치는 자들이라는 것을 나중에서야 깨닫기 때문이다." 또한 정부기관들은 국민을 속이면서 혁명의 대중적인 이미지를 관리한다. "그들은 조국이 평화롭고 모든 것이 잘 돌아간다는 것을 대중이 믿게 했으며, 설혹 인권을 침해하는 사건이 일어나더라도 그것은 단지 실수나 오해에 따른 것이라는 것을 대중들이 추호의 의심도 하지 못하게 했다."

모든 독재자처럼 그는 마음에 들지 않는 사람들은 축출했다. "사흘 동안 먹을 양식을 실어 표류하는 뗏목에 태우고는 유럽 유람선이 지나가는 방향으로 표류하게 해서 조국의 폐하에게 반기를 드는 자들의 운명이 어떻게 되는지 온 세상에 알려주었다." 그리고 정권교체는 생각지도 않고 다른 사람들이 그것에 신경 쓰게 내버려두지도 않았다. "그는 자기가 물러난 다음에 조국의 운명이 노쇠한 기관들에 의해 결정하는 것을 원치 않았다." 그는 이렇게 생각한다. "어찌 되었든 내가 죽으면 고트족 시대처럼 권력의 부스러기를 나눠먹기 위해 옛 정치가들이 다시 돌아올 것이다. 반드시 그러할 것이다. 신부, 미국인들과 부자들이 다시 부를 나눠 갖고 가난한 자들에게는 아무것도 주지 않을 것이다." 또한 권력의 부스러기를 나누어 가지는 사람들의 심리를 놀랄 정도로 꿰뚫고 있다. "그 누구도 나를 죽일 이유나 욕구를 가진 적이 없다. 그들은 나의 쓸모없는 장관들, 할 일 없는 사령관들이다. 그들은 감히 나를 죽이려고 시도하지 않을 것이다. 왜냐하면 나를 죽이고 나면 그들끼리 서로 죽여야 한다는 것을 알고 있기 때문이다."

위에 소개한 글들에서 보듯이 일부 비평가들이 피델과 《족장의 가을》의 주인공이 비슷하다고 주장하는 데에는 일리가 있는 것이다. 멘도사도 "피델이 마르케스 작품 속 등장인물과 닮았다"[142]고 한 적이 있다. 가보는 어릴 때 할아버지의 이야기를 듣고 영웅의 모습을 상상하곤 했는데, 이 영웅이 후에 그의 소설 속에서 라틴아메리카의 두목으로 등장한 것이다. 이 두목들은 멘도사의 말처럼 가보의 거의 모든 문학작품에 등장하며 그중 하나가 《족장의 가을》이었다. 세사르 레안테는 이 점에 대해 좀 더 명확하게 언급했다. 《족장의 가을》이 쿠바에서 즉시 출간되지 못한 가보의 유일한 소설이라는 사실에 주목하면서 그 배경에는 "카스트로의 반대가 있었다"[143]고 확신했다.

"카사 데 라스 아메리카스는 《백 년 동안의 고독》, 《아무도 대령에게 편지하지 않다》, 《암흑의 시대》, 《낙엽》을 비롯한 단편집 등 그의 모든 작품들을 출간해 왔다. 단 하나 《족장의 가을》을 제외하고. …… 그의 소설 중 그토록 중요한 작품이 왜 출간되지 못했을까? 이유는 간단하다. 카스트로가 원하지 않았기 때문이다. 그는 그 작품의 주인공에게서 자신의 모습을 보았기 때문에 심기가 불편했던 것이다. …… 카스트로는 그 주인공은 분명히 자신의 성격과 행동을 모델로 삼아 만들어졌다고 생각했을 것이다. 그렇지 않고서는 그토록 닮을 수가 없기 때문이다. 족장으로 등장하는 인물의 생김새, 특히 행동이 카스트로와 매우 흡사하다는 것은 쿠바 국민이라면 누구라도 알아챌 수 있었다. 그랬기 때문에 그 작품의 출간을 막았을 것이다. …… 가보의 말대로 절대 권력은 인간의 모든 위대함과 모든 비참함의 결정체이다. 카스트로는 절대 독재자로서 그 위대함과 비참함을 모두 맛본 인물이다. 그는 바티스타를 무너뜨리고 권력을 장악했지만, 예전의 폭군 못지않은 권력을 행사하면서 그 권력의 영원성을 향해 매진했다."[144]

세사르 레안테는 잡지 〈카사 데 라스 아메리카스〉가 《족장의 가을》에 대한 비평을 출간할 때 콜롬비아 기자인 마누엘 메히야 바예호를 선택한 사실을 언급했다. 이 기자는 이 책에 대해 긍정적인 평을 쓰지 않았고 "위대한 소설의 작품성을 의심했다."

한편 소설에 등장하는 족장이 지식인을 대하는 태도가 피델의 그것과 유사하다는 점도 흥미롭다. 문화계 종사자들은 독립적이고 자유로운 정신을 갖기 때문에 체제에 대해 비판적이고 반항하는 경향이 강하다. 독재자들은 그러한 태도를 용납할 수 없기 때문에 그들을 멸시하거나 통제하려고 애쓰게 된다. 파디야 사건은 그러한 사례들 중의 하나였다. 독재자들이 문화인과 지식인을 어떻게 바라보는지, 그 전형적인 모습이《족장의 가을》에 잘 기술돼 있다.

한 차례 소용돌이가 지나간 뒤 그는 정치범들에 대한 사면을 공표하고 추방됐던 사람들도 모두 돌아오도록 허락해 주었다. 단, 거기에 작가들은 제외되었다. 족장은 이렇게 말했다. 작가라는 자들은 수탉처럼 수염에 열이 많아서 아무짝에도 쓸모가 없다. 정치가보다 못하고 신부보다도 못하다. 여러분도 생각해 보면 알 것이다. 그래서 나는 작가를 제외한 모든 사람을 다 받아주기로 했다. 조국의 재건은 국민 모두의 일이다. 국민 한 사람 한 사람은 자신이 국가의 주인이라는 것을 명심해야 한다.

위에 언급된 독재자의 생각을 현실에서 확인할 수 있는 에피소드가 파디야 사건 외에도 1980년에 또 발생했다. 이른바 마리엘 사건이다. 그 해 수천 명의 쿠바인들이 페루 대사관에 피신한 후 쿠바를 떠날 수 있는 권리를 달라고 정부에 요구했다. 오랜 협상 끝에 마침내 피델은 대다수 사람에게 떠나도 좋다는 허락을 해주었다. 하지만 대학생과 지식인, 작가들을 나갈 수가 없었다. 그들이 외국에 나가 글로써 쿠바를 비난하게 될 것을 염려했던 것이다. 페루 대사관에 피신한 인물 중에 작가 레이날도 아레나스가 있었다. 그는 명단을 검열하는 정부 관리가 자신을 다른 사람과 혼동한 틈을 타서 추방자들을 실어 나를 배에 슬그머니 올라탈 수 있었다. 아레나스는 나중에 자서전 《해가 지기 전에》에서 그 사건을 다루었고 이것은 하이에르 바르뎀이 주연한 영화로도 만들어졌다.

그럼에도 가보는 어떤 식으로든 피델을 비난하지 않았다. 심지어 그의 책을 읽으면 가보가 독재자들에게 대단한 존경심마저 갖고 있지 않은 지 의구심을 갖게 된다. 레안테는 가보가 《족장의 가을》에서 쿠바 지도자를 간접적으로 비난했다고 보는 것을 잘못됐다고 주장했다. 책을 꼼꼼하게 읽어보면 작가가 독재자에게 공감과 존경심을 품고 있다는 점을 느낄 수 있다는 것이다.

"마르케스의 의도는 자신의 영웅을 비난하는 것이 절대 아니다. 족장은 아우렐리오 부엔디아처럼 친근감이 들고 신화 같은 대장으로 그려져 있으며, 이러한 신화화를 통해서 독재자의 잔인함과 범죄를 용서하려는 의도가 숨어 있다." 146)

가보는 존 리 앤더슨과의 인터뷰에서 역시 자신의 친구였던 파나마의 정치가 오마르 토리호스 장군에 대해 잠시 회상했다. 토리호스는 독서에는 관심이 없는 사람인데, 유독 《족장의 가을》에는 흠뻑 빠졌었다고 했다.

한번은 장군이 나에게 말했지요. 그 책은 최고의 소설이라고요. 왜 그렇게 생각하느냐고 묻자 그가 나에게 몸을 기대며 대답했어요. "왜냐하면 우리가 모두 그렇기 때문이니까요."147)

피델도 분명 토리호스와 같은 생각을 했을 것이다. 어떠한 독재자도 그 범주를 벗어나지는 못할 테니까 말이다.

가보는 피델의 심기를 건드렸는가

쿠바의 음악가 실비오 로드리게스(1946~ , 쿠바혁명 이후 일어난 새로운 노래운동인 '누에바 트로바'를 대표하는 뮤지션. 누에바 트로바는 쿠바 민요 '트로바'와 카스트로의 문화정책이 절충되어 탄생했다. 민중시인 카를로스 푸에블라에 의해 시작되었으며 조국에 대한 사랑, 혁명, 자유, 평등 등 무거운 주제를 서정적인 멜로디에 담아 대중들의 사랑을 받았다.-역주)는 1969년에 자신의 대표곡인 <제발>이라는 노래를 내놓아 큰 인기를 끌었다. 그 곡에는 이런 가사가 나온다.

　욕망이 너의 뒤로
　죽은 자들과
　그들 위에 놓인 꽃들로 이루어진
　너의 옛 정부 뒤로 사라지기를

그런 다음에 후렴이 시작되는데 이 부분은 남성 중창단과의 절묘한 하모니가 돋보인다. 그런데 이 후렴구에 숨은 의미를 해석해보면 독재자에 대한 혐오의 감정이 엿보인다. 사랑 노래 형식을 빌려 누군가를 비난하고 있는 것이다.

너의 꿰뚫는 시선이 멈추기를

예리한 말과 완벽한 미소도

너를 서둘러 지워버릴 수 있는 것이라면 뭐든 좋아

내 눈을 멀게 하는 빛이든 눈발이든

차라리 죽음이 나를 데려가기를

너를 그토록 보지 않아도 되도록, 너를 떠올리지도 않도록

매 순간, 눈을 뜰 때마다 네가 보이지 않기를

노래에서조차 너를 떠올리지 않기를

실비오는 당시 젊은 싱어 송 라이터였는데 쿠바 정부와는 별로 관계가 좋지 않았지만 차츰 놀라운 재능으로 당대의 가장 유명한 아티스트가 되었다. 그는 치열하고 아름다운 음악을 세상에 알리면서 1970년대와 1980년대에 라틴아메리카와 유럽의 청년들에게 문화적·정신적 지주가 되었다. 그는 정권에 대해 직접적으로 표현할 경우 자신의 행보가 수월치 않을 것임을 알았기에 모호한 방법으로 모든 것을 말해야 했다. 그가 쓴 구절들이 이념적인 저항요소를 지니고 있다고 꼭 짚어 말할 수는 없으나, 그 내용들을 다양하게 해석할 수 있다는 것은 분명했다. 그런 면에서는 《족장의 가을》도 마찬가지였다.

1989년 가보가 《미로 속의 장군》을 출간하자 비평가들은 이 책이 《족장의 가을》에 대한 변명의 성격이 짙다고 평했다. 엘리자베스 부르고스와 자크 길라르는 "이 작품은 피델에 대한, 오로지 그에 대한 '위로차원의 보상'이다"라고 확신했다. 《족장의 가을》이 다른 독재자나 대통령들의 심기를 건드렸을 수

있는데도 오직 피델을 향해서만 변명을 하고 있다는 것이다. 쿠바 작가 몬탈반 역시 《미로 속의 장군》에 직접적으로 드러나진 않지만 충분히 그런 의도가 있을 수 있다고 말했다. 왜냐하면 쿠바 정계에서도 《족장의 가을》을 피델에 대한 경고로 받아들이는 이들이 있었기 때문이다. 죽을 때까지 권력을 잡으려 들지 말라는 경고로 말이다. 실제로 가보는 존 리와 나눈 인터뷰에서, "피델은 자신이 미래의 시간들을 모두 가질 수 있다고 생각한다. 즉, 자신은 죽음과 아무 상관이 없다고 믿는 것이다"[148]라고 말한 적이 있다.

시몬 볼리바르는 산 마르틴, 레닌과 함께 피델에게 혁명적인 영감을 불어넣은 사람 중 하나이다(《미로 속의 장군》은 라틴아메리카의 독립을 위해 싸웠던 시몬 볼리바르를 모델로 삼아 쓴 소설이다.-역주). 혁명 이후 쿠바가 걸어온 길을 보면 마르크스주의도, 공산주의도 아니고 기존의 사회주의의 흔적도 그다지 많지 않았다. 동구 국가들과 긴밀해지는 정도에 따라, 혹은 라울 카스트로와 체 게바라, 카를로스 라파엘 로드리게스 같은 피델 측근들의 권력과 영향력의 정도에 따라 체제의 성격이 변화되어 왔다. 그럼에도 불구하고 쿠바만의 고유한 패러다임은 변함없이 유지돼 왔다고 할 수 있다. 그것은 마르티가 쿠바 내에서의 정치문화적인 모든 프로젝트의 초점이었다면 볼리바르는 라틴아메리카 전체를 구상할 때 모델이 되었다는 점이다. 쿠바의 애국지사인 마르티가 쿠바의 국민적인 단합에 크게 공헌했다면, 볼리바르는 라틴아메리카 대륙 전체에 혁명의 기운을 불어넣는 시금석이 되었다.

우리는 오랜 기간에 거쳐 피델이 쿠바뿐 아니라 라틴아메리카 전체를 아우르는 미래를 어떻게 구상하는지 지켜봐 왔다. 그 첫 번째가 학생시절인 1948

년 보고타에서 행한 활동이었다면, 정권을 잡은 이후에는 칠레의 아옌데 대통령을 지원했고 독재 정권에 맞서 싸우는 반군 게릴라들을 도왔으며, 최근에는 베네수엘라에서 민주적으로 선출된 차베스 정부를 지지했다. 미국의 제국주의에 맞서 정치적으로 단결한 라틴아메리카라는 비전은 피델이 끊임없이 추구해온 하나의 유토피아였다. 피델이 지나치게 극단적이고 개인주의적인 태도를 보인다고 비난하는 사람들에 대해 가보는 볼리바르가 항상 그랬듯이 피델도 유토피아를 믿고 있다고 말하면서 그를 옹호했다. 한 인터뷰에서 그는 피델에 대해 이렇게 말했다.

나는 그를 사적으로 만나면 비판하기도 하지만, 공개적으로는 비난하지 않는다. 라틴아메리카가 당면한 문제는 국가의 독립과 자치이다. 그런데 쿠바는 그것을 갖추고 있다. 쿠바는 미 제국주의에 대한 방어선이다. 피델은 볼리바르처럼 유토피아를 추구하는 지도자이다.[149]

쿠바에서 가보와 매우 가깝게 지낸 적이 있는 알프레도 브라이스 에체니케(1939~, 페루 출신의 작가—역주)도 《살아가기 위한 허락》에서 비슷한 말을 했다.

"만일 쿠바에서 마음껏 쿠바를 비난할 수 있고, 피델의 면전에서 피델을 비난하는 사람이 있다면, 그건 바로 가보일 것이다. 그는 쿠바에서 어떤 구애도 받지 않고 발언하고 편하게 일하며 원하면 언제든 혼자서 지낼 수 있었다. 영국에서 차가 일상적으로 마시는 물과 같은 존재이듯, 쿠바는 그에게 그런 존재였다."150)

이에 반해 몬탈반은 "《미로 속의 장군》에 등장하는 볼리바르의 이미지를 피델과 연관시키는 사람들이 많이 있지만, 실제로는 피델이 그 소설을 자신과는 아무 상관이 없는 이야기로 읽었을 수도 있다"고 말했다.

어찌 되었든 피델이 추구한 혁명의 반제국주의적인 성격은 볼리바르적인 특성이 강했다. 볼리바르는 라틴아메리카 세계의 통합을 꿈꾸었다. 그에게 있어 라틴아메리카의 통합은 가보가 《미로 속의 장군》에서 다루었듯이 하나의 집착이었다.

"볼리바르의 궁극적인 꿈은 전쟁을 남쪽으로 확대해서 세계에서 가장 거대한 국가를 설립하는 것이었다. 멕시코에서 카보 데 오르노스(칠레에 있는 최남단 섬-역주)까지 자유로운 단일국가 말이다."151)

이어 가보는 좀 더 나중 페이지에서 1826년의 영광(볼리바르가 '파나마 회의'에서 스페인으로부터 독립한 라틴아메리카 국가들의 연맹을 만들자고 제안한 날-역주)을 회상했다.

"라틴아메리카의 광활한 지역에 단 한 명의 스페인 사람도 남아 있지 않았다. 그날 거대한 대륙에 독립이 이루어졌다. 그는 이제까지 지구상에 존재했던 것 가운데 가장 거대하고 가장 특별하고 가장 강력한 국가들의 연맹을 만들 계획이었다."

볼리바르의 제안은 분명히 하나의 토대가 되었다. 볼리바르를 뒤이은 산 마르틴 같은 다른 라틴아메리카의 지도자들에게도 그의 이상이 이어졌기 때문이다. 그런 점에서 라틴아메리카의 통합이라는 열망을 가진 피델은 볼리바르와 같은 비전을 공유하고 있었다.

쿠바에서 최초로 가보를 다룬 책은 《가브리엘 가르시아 마르케스, 억누를 수 없는 소명》이다. 이 책을 쓴 비르힐리오 로페스 레무스는 쿠바의 시인이자 정치가였다. 그는 가보가 점성술을 굳게 믿었을 것이라고 추측했다. 가보는 피델과 볼리바르가 사자자리라는 사실에 주목했다. 실제로 가보는 《미로 속의 장군》에서 사자자리의 특성들을 매우 강조했다.

사자는 항상 자존심이 강하고 거만하고 지나칠 정도로 격리되기를 좋아하고 지도력에서 탁월한 능력을 갖추고 있다. 소심하거나 내성적이며 자신의 장점으로 친구들과 가족들에게 거의 완벽에 가까울 정도로 최면을 걸고 남이 부러워할 정도로 확신에 차 있고 통솔력이 뛰어나고 그 자태 또한 당당하다. 평범하거나 비천하거나 자신에게 동조하지 않는 이들을 경멸의 눈초리로 바라보고 자기 주변에서 어떻게 행동해야 하는지 우쭐한 태도로 지시한다.

사자자리를 가진 사람들 중에는 교육자나 정치가, 심리학자들이 많다. 그들 대부분은 언변이 좋으며 대중 앞에서 자신의 이미지를 잘 관리하는 편이다. 그들은 언제나 관심의 대상이 되고 싶어 하며 때로는 과장스럽기까지 하다. 또한, 허영심이 많고 아부를 좋아하고 조직력이 뛰어나고 다른 사람들에게 현명하게 의무를 분담시킨다. 그들은 약자와 의지할 곳 없는 사람들에 대해 책임지기를 좋아하고 항상 예의 바르고 관대하며 우정을 최상의 것으로 평가하고 무척 교활하고 모든 것을 합리화시키는 특별한 능력이 있다.

가보는 이러한 사자자리를 타고난 볼리바르가 죽음을 두려워하지 않고 인생을 자기 목적 달성을 위한 영원한 투쟁으로 여겼다고 주장했다.

"그는 죽음과 늘 가까이 있었다. 그러나 위험한 곳에서 전쟁을 치르면서도 할퀸 자국이 하나 없었고, 환란 중에도 지나칠 정도로 침착하게 행동했다. 이를 지켜본 그의 장교들은 그가 스스로를 불사조라 믿는다고 생각했다."

볼리바르를 다룬 이 소설의 어떤 장면은 마치 피델의 자서전을 보는 것 같기도 하다. 특히 정치적 결정을 내리거나 혁명의 최종 결과에 도달하는 순간, 위험을 감수하려 하고 위험 앞에서도 용기와 낙관주의를 보여줄 때 그러했다. 소설은 볼리바르의 "행복한 광인의 눈", "자신의 영광에 심취하는 태도"에 대해 말한다. 또한 그가 고난 속에서 어떻게 사기충천할 수 있었는지, 질병은 어떻게 극복했는지 등을 다루고 있다. 피델 역시 대중 앞에서 고집스러움과 용맹함을 보이며 사자자리의 면모를 어김없이 보여주었다.

볼리바르와 피델이 서로 닮은 점은 거기서 끝나지 않는다. 자존심과 승리욕

이 강한 사자자리 사람들은 패배를 인정할 만한 여지를 전혀 갖고 있지 않다. 패배라는 단어는 그들의 사전에 존재하지 않는다. 볼리바르는 공격적이고 패배를 몰랐지만 부하들의 눈높이에 맞출 줄 알았다. 가보 역시 피델에 대해서 같은 점을 언급했다.

"한 가지는 확실하다. 어디에, 언제 누구와 함께 있든, 피델 카스트로는 승리를 쟁취한다. 이 세상에서 그보다 더 패배를 싫어하는 사람은 없다. 패배에 맞서는 그의 태도는 일상생활의 소소한 부분에서도 변치 않는다. 패배를 인정하지 않을 뿐 아니라 그 상황을 뒤집을 때까지, 패배를 성공으로 바꿀 때까지 멈추지 않는다는 것이 그의 법칙이다."[152]

피델도 잡지 〈혁명〉에서 "나는 어떠한 경우든 지고 싶지 않았다. 그리고 매번 이길 수 있도록 행동했다."[153]고 언급했다. 볼리바르와 마찬가지로, 그도 계략이 성공했을 때 소란을 피우면서 자축하곤 했다. 또한 게임을 하면 상대가 항복할 때까지 게임을 연장하기 일쑤였다. 피델은 자신이 시합에서 질 것 같으면 억지를 부려서라도 패배를 인정하지 않으려고 했다. 몬탈반은 이렇게 말한다.

"그의 누이들이 말한 바로는, 어렸을 때 아버지 돈 안헬이 피델을 위해 야구 장비를 사주었다고 한다. 하지만 그는 경기가 자신에게 불리하게 돌아가자 경기를 중단시켜버렸다. 피델은 탁구 시합을 할 때도 우선 11점 내기를 목표로 하자고 제안한다. 하지만 11점까지 갔을 때 그가 지고 있으면 시합은 21점 혹은 31점까지 연장되기도 했다."154)

가보는 피델이 가지고 있는 사자자리의 특징 외에도 뛰어난 기억력, 외출할 때 목적지를 알리지 않는 버릇, 마을 사람들에게 인사를 잘하고 그들의 일상적인 걱정거리에 대해 물어보는 붙임성, 부하들에게 중간 입장을 취하지 말고 자기에게 분명하게 반대를 하든지 아니면 찬성을 하라고 요구하는 아량, 요리를 잘하는 식당에 대한 정보와 맛있는 음식에 대한 열정, 그리고 무엇보다도 문학에 대한 취미를 거론했다. 가보는 피델과의 우정이 문학에 대한 그의 애호에서 피어났다고 자주 언급했다. 한편 피델이 역사책을 좋아한다는 사실은 잘 알려져 있는데, 특히 인류사의 위대한 주인공들을 다룬 자서전, 군사적 무훈과 중요한 정치이론을 다룬 책들을 좋아했다. 《미로 속의 장군》은 볼리바르가 절대에 가까울 정도의 영광, 권력과 명예를 누리던 시대에 관한 이야기이다. 피델은 이러한 면에서 동질감을 느꼈을지도 모른다.

"장군은 책을 닥치는 대로 읽었다. 전투 중 쉬는 시간이나 사랑을 나누다 짬이 날 때도 정해진 순서나 방법 없이 책을 읽어댔다. 불빛이 조금이라도 있으면 언제든 책을 읽으려고 했다. 나무 밑을 산책할 때도, 적도의 태양을 쐬며 말을 타고 갈 때도, 자갈이 깔린 도로를 달리는 흔들리는 자동차의 희미한 불빛 아래서도, 그물 그네에서 흔들림에 몸을 맡긴 채로 그렇게 책을 읽었다."

마침내 '카리브의 여왕'에 안착하다
GABO & FIDEL | Chapter 007 |

우리가 처음 이 노래를 들었을 때 이것은 한 여성, 특히 창녀에 대한 노래인 줄 알았다.

나는 그것을 다시 하고 싶어. 너의 왕이 되고 싶어. 나는 너의 노예고, 너의 보호자야. …… 너는 늘 즐겁게 해주지. 그리고 나에게 너를 사랑하는 법을 가르쳐주었어. 카리브의 여왕이여.

스페인의 말라가는 그라나다에서 매우 가까웠다. 입이 큰 한 친구가 우리에게 말하길, 말라가에 '단사 인비시블레'라는 그룹이 있는데 그 그룹의 멤버들이 쿠바 문학의 애호가들이고, 파블로 밀라네스의 대표곡 '욜란다'의 팝 버전을 불렀으며, 스페인의 대표적인 휴양지 코스타 델 솔의 어느 한 바에 자주 들렀다고 전했다. 거기서 그들은 아래쪽에 손잡이 두 개가 달린 기계를 갖고 놀면서 오랜 시간을 보냈다고 한다. 그 놀이는 손잡이를 움직여 쇠공을 기계의 윗부분으로 올려보내는 것인데, 손잡이들이 양쪽 귀퉁이에 있어서 양손으로 조정해야 한다. 그리고 기계의 윗부분에는 가로 90cm, 세로 50cm의 기울어진 표면에 카리브해 주변의 환경을 상징하는 물체들이 흩어져 있는데, 이들 각각에 일정량의 포인트가 주어져 있다. 그 물체들을 두드릴 때 두 조종간 사이에 끼지 않고 기계 바닥으로 내려가면 화면에는 점수들이 더해진다. 점수가 쌓여 어느 시점에 도달하면 꽝 소리와 함께 화면의 불빛이 게임을 이겼다는 것을 알려준다. 이 기계는 '카리브의 여왕'으로 불리며, 게임에서 이긴 사람은 '카리브의 여왕'의 왕이 되는 것이다. '단자 인비시블레'의 멤버들은 아마도 수백 번도 더 왕이 되었을 테고, 그것을 기념하기 위해 우리가 창녀에 대한 노래로 착각했던 그 노래를 만들었던 것이다. 이와 비슷한 일이 가보에게도 일어났다. '카리브의 여왕' (여기서는 쿠바를 뜻한다.-역주)은 가보의 훌륭한 문학 때문이 아니라 그가 쿠바의 정치에 "자신의 명예를 사용하려고" 결정한 것에 대해 그를 반겼다.

   가보는 1975년 7월에 쿠바를 잠시 다녀갔으나, 그해 10월에는 첫째 아들 로드리고와 함께 6주 동안 여행할 수 있었다. 아바나에서 가장 화려한 호텔인 나시오날 호텔은 오늘날 리모델링을 해서 호화스럽게 변했으나, 당시에는 중간 수준이었고 가보가 처음 숙소를 마련한 곳이 바로 그곳이었다. 그리고 디에고 가문은 최전선의 예술가와 지식인들의 요람으로 알려졌는데 가보가 쿠바에서 처음으로 우정을 맺은 가족이었다. 그 특권층 가문의 아버지인 엘리세오 디에고는 의심의 여지 없이 쿠바가 배출한 최고의 시인 중 하나였다. 그는 1993년 후안 룰포 상을 받았는데 이 상은 '라틴아메리카의 노벨상'으로 간주된다. 그의 아들 중 리치 디에고는 나중에 가보의 절친한 친구가 되었고 영화 프로젝트에서 그를 도와주었다. 첫 번째 도움은 산 안토니오 데 로스 바뇨스 영화학교에서, 두 번째는 멕시코에서였다. 1999년 8월 우리 저자들은 우엘바에서 그와 대화를 나누었는데 당시 그는 안달루시아의 국제대학의 여름학교에 다니고 있었다. 하지만 우리에게 누구보다 1970년대의 가보의 문학세계에 대해 잘 알려준 사람은 엘리세오의 딸 페페였다. 그녀는 아바나 신시가지 베다도 지역에 있는 디에고 가문의 집에서 우리를 맞이했다. 가보는 쿠바를 여행했던 1975년 어느 여름날, 엘리세오의 집 초인종을 누른 다음 문턱을 넘어서면서 이렇게 말했다고 한다. "여기 훌륭한 작가가 산다고 들었습니다. 앞으로 이 집을 자주 방문하게 될 것 같습니다."

분명히 그들은 쿠바에서 가보가 가장 먼저 사귄 사람들이었다. 그가 쿠바에 가기로 했을 때 《백 년 동안의 고독》에 헌사를 쓴 마리아 루이사 엘리오와 호미 가르시아 아스콧은 말했다. 쿠바에 아는 작가들이 있는데 아마 가보가 그 섬에서 처음으로 만나게 될 사람들이라고. 그 말은 정확히 맞아떨어졌다. 엘리세오의 박식함과 기발함은 가보의 유머와 잘 어울렸다. 가보는 그들을 매년 수차례 방문했다. 그는 나시오날 호텔에서 묵었지만 매일 엘 베다도에 있는 집을 찾아갔다. 그들의 대화는 밤늦은 시간까지 계속되었고, 그들은 위스키를 마시면서 문학에 대해 얘기했다. 페페는 아버지를 회상하면서 말했다.

"아버지는 기묘하고 이상한 주제의 소설들을 좋아했다. 가보는 그러한 소설 대부분을 알고 있었고 아버지에게 그것들 모두를 읽어주었다. 그의 문학에 대한 지식은 인상적이었다. 두 분은 누가 더 많은 제목과 줄거리를 아는지 시합하기도 했다."

그들은 자신들의 작품, 즉 엘리세오의 시와 가보의 소설에 대해서도 대화를 나누었다. 한번은 이야기가 가보의 작품이 지닌 사실주의에 관한 것으로 흘렀다.

"아버지가 그에게 물었다. 만일 소설 속에 나오는 것들이 모두 사실이라면 레메디오스 라 베야가 침대 시트를 타고 하늘로 올라가는 장면 같은 것들은 어떻게 설명할 것인가. 가보는 그것 역시 사실이라고 대답했다. 왜냐하면 마을 사람들이 거기 사는 한 소녀가 하늘로 올라갔다고 말해줬다는 것이다. 사람들이 그렇게 말하는 것은 그 일이 실제로 일어났기 때문이라고 했다."

이렇게 밤에 전개되는 대화는 매우 편안하고 서로 신뢰하고 소박하고 유쾌한 분위기에서 이루어졌다. 가보는 그 집안의 가족과 마찬가지였으며 특별한 격식을 갖춰서 대해야 할 위대한 작가가 아니었다.

"내(엘리세오)가 오후에 직장에서 돌아오면 가보와 그의 부인인 메르세데스를 볼 수 있었다. 그들은 항상 함께 다녔고 한 번도 혼자 온 적이 없었다.

쿠바에 도착하면 항상 메르세데스가 연락을 해왔다. 그들을 보면 나는 형제자매나 사촌들을 만난 것처럼 반가웠다."

가보가 피델과 그 지도부에 점차 가까워지도록 도와준 이들은 노르베르토 푸엔테스와 콘치타 뒤모아였다. 노르베르토는 1970년대 초 라울 카스트로가 보호하는 권력의 최상층부와 매우 밀접한 관계를 맺고 있던 젊은 작가였다. 그는 쿠바의 앙골라내전 개입에 관한 책도 썼는데, 그때 특별히 관련 정보에 접근할 수 있는 혜택도 받았다. 하지만 나중에 피델과 사이가 틀어져 가보의 중재로 망명을 떠나게 된다.

콘치타 뒤모아는 15년 전 가보가 프렐라에서 일할 때 알게 된 사이였다. 그녀 역시 프렐라에서 일했으며 마세티의 두 번째 부인이기도 했다. 마세티와 가보가 프렐라를 떠나게 되었을 때도 그녀는 여전히 쿠바에 남아서 정부와 좋은 관계를 유지했다. 그러다 마세티는 살타의 게릴라전에서 죽고 가보는 멕시코에 정착했다. 가보가 1975년 쿠바로 돌아갔을 때 그는 그녀를 다시 만났고, 그녀는 가보를 쿠바 정부의 요인이었던 피네이로에게 소개해줬다. 피네이로는 마세티와 그의 아들 호르헤와 각별한 관계를 유지했으며 오초아와 델라 구아르디아 장군의 활동에 매우 밀접하게 관여했다. 하지만 피델이 가보에게 본격적으로 관심을 갖게 된 계기는 노르베르토 푸엔테스와 콘치타 뒤모아의 노력보다는 가보가 쓴 쿠바에 대한 르포 때문이었다. 그것은 가보가 쿠바 전국을 둘러보고 난 뒤에 쓴, 호감으로 가득 찬 여행기였다.

쿠바, 끝에서 끝까지

'카리브의 여왕'에 둥지를 튼 가보는 아바나에서 지내며 쿠바에 관한 기사를 열심히 쏟아내기 시작했다. 이 기사들은 대부분 잡지 〈대안〉에 실렸다. 그중에서도 쿠바혁명에 대한 그의 동조가 가장 잘 드러난 기사는 아마 '쿠바, 끝에서 끝까지'일 것이다. 이것은 처음에 세 부분으로 나뉘어서 실렸다. 잡지에는 1975년 8월 51호에 '봉쇄의 불행한 밤', 52호에 '필요가 쌍둥이를 낳게 한다', 1975년 9월 53호에 '나를 믿지 않으면 그를 보러 가라'라는 제목으로 나갔다.

1999년, 몬다도리 출판사는 가보의 기사들을 모아 한 권의 책으로 발간했다. 책의 제목은 《자유를 위하여》였으며 1974년부터 1995년까지의 그의 기사들을 모아놓았다. 이 책의 도입부에 실린 기사는 쿠바혁명에 대해 칭찬 일색이었으며, 가보가 이후 쿠바에 온전히 헌신적인 태도를 취할 것임을 여실히 보여준다.

"여러분, 명백한 현실은 쿠바에 오늘날 실업자가 한 사람도 없고 학교에 가지 못하는 아이가 단 한 명도 없다는 것이다. 하루 세끼 밥을 못 먹는 주민은 하나도 없고 거지는 물론, 글을 모르는 사람도 없다. 무상교육을 받지 못한 사람도 없고 약도 무료에다 병원서비스도 모두 무료다. 말라리아·파상풍·척추성 소아마비·천연두도 없고 이유를 불문하고 어떤 종류의 차별도 없고 모든 사람이 영화나 스포츠 경기와 예술작품을 관람할 수 있고 누구든지 이의를 제기해서 이런 권리들을 즉각적으로 행사할 수 있고 이러한 항의는 국가지도부의 가장 윗선에까지 도달할 수 있다."[155]

이어서 그는 6주 동안 안내자와 운전기사를 동행하고서 마치 악어가 입을 벌리고 있는 듯한 모습을 한 쿠바 섬 구석구석을 돌아다녔으며, 자신이 본 것은 누구의 간섭도 받지 않은 온전한 자기 자신의 관점이라고 강조했다. 쿠바 현실에 대한 무조건적인 동조는 페이지를 거듭할수록 그 강도가 높아졌다.

"나는 구름이 야자나무 아래서 피어나는 아름답고 신비스러운 비냘레스 계곡에서부터 정원의 재스민 향이 시에라 마에스트라까지 풍기는 산티아고 데 쿠바의 고요한 대저택까지 샅샅이 돌아다녔다. 피노스 섬의 죄수들의 폐쇄된 지옥에도 갔는데 그들의 평균 연령은 15세였고, 마탄사스의 황홀한 바다도 보았다. 거기서 대중의 힘이 잉태되고 있었다. 나는 노동자들과 군인들, 농부와 가정주부, 학생들과 국가의 최고 지도층 사람들과도 대화를 나누었다. 나는 이 섬에 혁명의 영향이 미치지 않는 곳이 하나도 없고 공동의 운명에 대해 책임을 느끼지 않는 사람이 하나도 없다는 것을 확인했다. 쿠바 국민이라면 누구나, 혹여 쿠바에 자기 혼자만 남게 되더라도, 피델 카스트로의 지휘 아래 가장 만족스러운 결과에 도달할 때까지 혁명을 계속 이끌어 가리라 생각한다. 단도직입적으로 말하자면 이러한 사실들을 확인한 것이 내 인생의 가장 감동적이고 중요한 경험이었다."

진실이라고 하기에는 믿기 힘들 정도로 너무 완벽한 모습의 쿠바를 그리고 있다. 그는 이 섬을 지상낙원으로 보았다. 하지만 쿠바 어디를 가든 들을 수 있는 농담을 한번 떠올려 보자. 그것은 쿠바를 인류의 첫 조상이 살던 땅과 비교하는 내용이다.

"난 아담과 이브가 쿠바인이었다고 믿어."
"왜?"
"옷도 없고 맨발로 다니고 사과도 따 먹지 못하는데도 천국에 있다고 말을 해야 하니까."

이처럼 우리는 가보가 쓴 글을 이해할 수가 없다. 그의 표현에 따르면 섬의 모든 주민은 온갖 종류의 재화를 가질 수 있고 완벽하게 행복하며 그들에게 강요된 제도에(정확히 말하자면 투표를 통해서가 아닌) 기꺼이 찬성하고 있고 사상과 표현의 자유, 집회 결사의 자유를 만끽하고 있다. 하지만 과연 인간의 역사를 통해 볼 때 그런 일이 가능한가. 플라톤적이든 아리스토텔레스적이든 루소적이든, 공산주의든 자본주의든, 기독교든 불교든, 동양에서든 서양에서든 그것은 불가능했다. 그런데도 쿠바에서는 그 모든 것이 이루어졌다 말하고 있는 것이다.

바르톨로메 데 라스카사스(1474~1566, 스페인의 성직자이자 역사가. 아메리카대륙 최초의 선교사로 인디언을 옹호하는 입장에서 본국의 정책을 비판했다.-역주)는 스페인 식민 사업의 일환으로 아메리카에 선교사로 파견되었다. 그는 아메리카 대륙에서 수십 년간(가보가 쿠바에 머문 6주보다는 훨씬 더 긴 세월) 머문 뒤 《인디아스 파괴에 관한 간

략한 보고서》라는 책에서, 인디오(스페인어로 '인디언'이라는 뜻-역주)들 간에는 남자가 여자에게 무력을 가한다거나 폭력이나 살인, 도둑질 같은 범죄행위는 존재하지 않는다고 전했다. 그에게 인디오들은 모두 행복하고 축복받은 사람들인 반면, 신대륙으로 온 모든 스페인 사람들은 착취자들이고 야만인들이었다.

가보는 마치 다시 태어난 바르톨로메처럼 쿠바에 대한 객관적이고 진실한 정보 가운데서 일부의 모습만을 과장해 보여줬고, 이것이 쿠바 섬에 별 도움이 되지 못한다는 사실을 깨닫지 못했다. 그가 이러한 시각을 갖게 된 것이 어떤 열정에 사로잡혀 분별력을 잃어서인지, 아니면 쿠바에서 권력구조의 통제권을 소유한 사람들과 잘 지내보기 위해서인지는 알 수 없다. 그는 자신의 소설에서는 조잡한 사실주의를 지향하지 않았다. 등장인물도 극단적이거나 단순하게 그리지 않는다. 그런데도 이 책에서는 좋은 것과 나쁜 것, 인디오와 미국의 카우보이, 섬에 남아서 뼛속까지 혁명주의자가 된 사람들과 자본주의의 환영에 사로잡혀서 망명한 사람들을 명확하게 구분해서 소개한다.

그다음 페이지에서는 미국의 쿠바봉쇄 조치를 언급하며 경제적 기회가 더 많고 더 안락한 다른 나라로 떠난 사람들의 비겁함에 대해 말한다. 정치적 견해가 달라 쿠바를 떠나는 사람들을 이해할 수 없고 용납할 수 없다는 듯이 표현한다. 그들이 추적당하고 감옥에 갇히는 현실에 대해서는 일언반구도 하지 않으면서 말이다. 해외로 망명한 이들은 정당이 하나밖에 존재하지 않는 국가에서 정치적인 자유를 느끼지 못하기 때문에 떠나려고 했을지도 모르는 일이다. 쿠바에서는 모든 언론이 국가 소속이고 생산시설 또한 모두 국가가 소유하고 있으며, 최고 지도층과 그의 측근들은 호화롭게 사는 반면 나머지 국민은 자신의 사회경제적인 지위를 개선할 가능성이 희박했는데도 가보는 '모두가 평등하다'고 주장했다. 가보의 극단적인 찬미는 쿠바에서 긍정적으로 보이는 모든 것은 피델과 그의 혁명 덕분이고, 가난과 인종적 갈등, 공중의 무질서, 당국에 대한 저항 같은 부정적인 현상은 모두 미국의 봉쇄조치 때문이라고 주장하는 대목에서 절정에 달한다.

약한 나라가 강한 나라의 제국주의에 맞서 저항하는 것은 굉장히 힘겨운 일이라는 것은 사실이다. 하지만 모든 상황을 단순하고 유치하게 극단적으로 해석하는 것은 바람직하지 않다. 이 르포는 칭찬 일색의 다큐멘터리 같은 특징 탓에 설득력을 잃고 말았다.

마지막에 이르러 가보는 피델 카스트로의 인물됨, 그의 독보적이고 매력적인 카리스마, 폭발적인 힘, 그의 지혜를 이야기하는 데 몇 페이지를 할애한다. 당시는 가보가 아직 피델을 만나지 못한 때였고, 1970년대 말부터 시작된 그들의 깊은 우정이 채 피기도 전이었는데 그는 미리 그 길을 닦아놓았던 것이다.

"…… 이러한 성숙함은 쿠바의 일상 전반에서 나타났고, 두말할 것 없이 피델 카스트로에게서 돋보였다. 내가 그를 처음 본 것은 모든 것이 불확실하기만 하던 1959년이었다. 그때 그는 카마구에이 공항의 한 직원에게 냉장고에 닭 한 마리를 꼭 넣어두라고 지시하고 있었다. 쿠바인들이 굶어 죽어간다는 제국주의의 거짓말에 미국 관광객들이 속지 않도록 하기 위해서였다. 당시 피델은 서른두 살이었고, 마르고 창백했으며 수염을 기르고 있었다. 그의 외모는 강인한 인상과 불굴의 의지를 풍겼으나 눈매에는 무언지 모를 어린아이 같은 연약함이 배어 있었다. …… 그때 그는 교육에 집착했는데 TV방송에 예고 없이 출연해 혁명 초기의 구체적이고 어려운 문제를 설명하고 오후 4시부터 자정까지 쉬지 않고 얘기를 했다. 그동안 물도 마시지 않고 아무에게도 화장실에 갈 틈조차 주지 않고 문제를 자세히 분석하고 이리저리 뒤집었으며 그 문제가 기본적인 단순함에 이를 때까지 쭉 그렇게 했다."

가보는 피델이 권력욕에 사로잡힌 전형적인 라틴아메리카 독재자들과는 다르다고 보았다. 1975년 인터뷰에서 가보는 피델을 존경한다고 천명했는데, 그 이유는 16년간 권좌에 앉아 있으면서도 권력의 에로틱한 유혹[156]에 물들지 않았기 때문이라고 했다.

미국의 봉쇄조치에 대한 반격

가보가 쿠바혁명의 엘리트그룹으로부터 온전히 받아들여지고, 피델과 진정한 우정을 맺게 된 것은 미국이 봉쇄조치를 내리고 쿠바가 앙골라내전에 개입할 무렵이었다. 가보는 미국의 봉쇄조치에 대한 책을 쓰려고 이전부터 마음먹고 있었다. 쿠바 일간지 <그란마>는 1977년 7월 30일자에서, 마르케스가 1973년부터 그 주제에 대해 작업을 해 오고 있다고 전했다. 그러나 페페는 가보가 디에고 집안을 방문할 당시 별로 언급이 없다가 1976년 무렵에서야 그 구상에 대한 구체적인 이야기를 많이 털어 놓았다고 했다. 그 작업을 위해 가보는 아바나의 거리를 녹음기나 메모지를 가지고 돌아다니며 사람들을 붙들고 인터뷰를 했다. 그는 미국의 봉쇄조치 때문에 쿠바 주민이 직장이나 가정에서 일상적으로 겪는 어려움과 물자부족 상황을 보여주려고 했다. 그래서 구체적인 사례를 모으고 오후에는 디에고 가문의 가족들과 만나서 그 얘기를 했다. 그는 특유의 유머감각과 화술로 쿠바 국민의 생활 모습들을 디에고 가족들에게 재미있게 풀어냈다. 예를 들어 한 남성이 가정용 자동모터에 트럭의 모터를 끼우려고 애쓰는 모습, 가정주부가 빈약하고 부족한 재료를 가지고 맛이 좋고 먹음직스러워 보이는 요리를 만드는 모습, 여행객들이 빈자리가 없는 버스나 택시에 올라타려고 기를 쓰는 모습, 어디서 밧줄을 구했는지 옷을 널기 위해 벽과 벽 사이에 탱탱하게 줄을 묶어 놓은 모습 등을 말이다.

페페가 기억하고 있는 이야기 중 하나가 특히 우리의 관심을 끌었다. 수입 스타킹이 유행하던 때라 몸값이 비싼 모델들은 다리 뒤편에 위에서 아래로 선이 그어진 스타킹을 신고 다녔다. 그러나 일반 여성들은 유행을 따르고 싶어도 살 수 있는 형편이 안 돼 고육지책으로 보통 스타킹에 검은색 약으로 선을 긋고 다닌다는 것이었다. 이런 종류의 에피소드들은 매우 많았는데, 가보는 그런 이야기들을 신비롭고 환상적인 문학으로 탈바꿈시켰다. 역시 그는 과장하고, 부풀리고, 재발명하고, 실제로 일어난 사건에 코믹한 효과를 가미하는 데는 대가였다.

가보가 사람들을 인터뷰하고 취재를 다닌다는 사실이 알려지자 기자들이 관심을 갖기 시작했다. 1976년 잡지 〈대안〉의 기자가 이와 관련해 가보에게 인터뷰를 요청했다. 기자의 질문에 대한 가보의 첫 반응은 예상대로였다.

"보시오. 나는 내가 쓰고 있는 책에 대해 말하는 것을 좋아하지 않소. 나에게 가장 중요한 것은 조용히 그것을 쓰는 것이오. 하지만 당신에게 한마디만 하지요. 나는 역사가들에게 혐오감을 느껴요. 그들은 나중에 미국의 봉쇄조치가 내려진 이 시기를 통계 수치와 자료를 들이대며 다루게 되겠지요. 하지만 나는 그들에게 이렇게 제안하고 싶소. 쿠바 국민들이 이 어려운 시기를 견뎌내기 위해 얼마나 일상적으로 전투를 벌이는지, 문제를 해결하기 위해 어떤 상상력을 동원하는지, 봉쇄조치에도 불구하고 그들의 기질인 유머 감각을 잃지 않으려고 얼마나 노력하는지, 그런 것들을 제대로 관찰하기를 바란다고 말이오."157)

책의 장르가 무엇이냐는 질문에는 이렇게 답했다.

"르포지요. 아니면 소설일 수도 있소. 지금 현재로는 딱히 정해지지 않았소. 무엇보다 지금 여기의 현실이 중요하고 그것이야말로 가장 완전한 것이니까요. 이제서야 나의 오랜 꿈이 실현되는 것이지요. 쿠바인들은 투지가 있고 자신의 권리를 지킬 줄 아는 국민이오. 당신이 사람들이 줄을 서서 기다리고 있는 곳을 한번 둘러보거나 버스에 타보거나 거리를 걸어보면 쿠바 주민의 삶을 이해하게 될 거요. 보시오. 이제 쿠바에서는 곧 선거가 있을 것이오. 온 국민이 그 선거에 참여할 것이고 적은 마수를 뻗치기 위해 갖은 수단을 다 쓰겠지요. 웃기는 건, 전에는 쿠바에 억압이 있다느니 자유가 부족하다느니 하면서 갖은 욕을 하던 사람들이 지금은 어디론가 다 사라지고, 이제 그런 말은 한마디도 들리지 않는다는 것이오."[158]

따라서 이 작품은 물자 부족이 초래한 어이없는 현실을 다룰 뿐 아니라 미 제국주의에 대항해 쿠바에서 구축 중인 완벽한 제도를 옹호하는 변론과 다름 없었다. 가보가 생각하는 쿠바인은 언제나 낙천적이고 '자유로운' 국민이었다. 겉으로 보기에는 국민 모두가 그들의 정권에 만족하는 것 같았다. 하지만 이는 쿠바의 실상과는 정반대였다. 우리 저자들은 최근 아바나를 방문했을 때, 옛 친구를 만나 이에 관해 물어보았다.

"반갑네, 오스카. 최근에 이곳의 상황은 어떤가?"
"글쎄, 우리는 불평을 할 수 없지."
"그럼 모든 게 다 잘 돌아간다는 말인가?"
"아니, 그게 아니라 우리는 불평이란 걸 할 수가 없다니까!!!"

가보도 혁명 정부 지도부의 검열은 피해가지 못했다. 가보가 로베르토 페르난데스 레타마르에게 1976년 11월 2일 멕시코에서 보낸 편지에는 이런 대목이 나온다.

책의 출간이 점점 늦어지고 있네. 우선은 '거기 윗분들'이 나에게 더 급한 일을 맡겼기 때문이고, 그다음은 생각보다 원고 정리 작업이 더디기 때문이네.[159]

2부 권력과 영광

'거기 윗분들'이라고 표현된 사람들은 이미 가보에게 지금은 무엇이 필요하고 무엇이 중요한지를 알려주었던 것이다. 그러면서 그들은 가보에게 많은 것을 기대했다.

1977년, 가보는 다시 집필 작업에 몰두했지만 또 다른 문제에 봉착하게 된다. 이번에는 그가 자신의 모든 작품에서 가장 중요시하는 구조의 문제였다. 그의 소설 작품들은 거의 언제나 완벽한 구조를 이루고 있다. 장들의 길이가 정확하게 비례를 이루고 시간의 흐름도 균일하고 이야기 서술도 순환구조를 가진다. 이 책도 탄탄한 구조를 갖춰야 했다. 하지만 당시 그는 그것이 어떤 형태를 가져야 하는지 확신을 갖지 못하고 있었다. 1977년 11월 4일에 있었던 한 인터뷰에서, 가보는 이미 자신은 글을 쓸 준비가 되어 있지만 그것으로는 충분치 않다고 말했다.

"나는 필요한 자료를 다 모아 놓았다. 섬을 수차례 방문했을 뿐더러 쿠바 주민이 내가 요구하는 자료들을 모두 내주었기 때문이다. 하지만 나는 아직 글 쓰기를 시작하지 않았는데, 내가 늘 고민해왔던 문제인 '구조'가 필요했기 때문이다. 나는 현재 하나의 모델을 염두에 두고 있다. 대니얼 디포의《역병의 해 일지》(1722)와 같은 구조를 만들고 싶다. 대니얼 디포는 나에게 많은 영향력을 끼친 작가 중 하나다. 나는 쿠바를 이야기할 때, 그들이 어려운 환경 속에서 어떻게 문화를 창조했고, 봉쇄조치 이후 어떻게 살아나가는지만을 다루지는 않을 것이다. 그 밖에도 나와 우리의 세대에 대해서도 다루려고 한다. 왜냐하면 나는 단순히 이념 때문이 아니라 정서적으로 그리고 매우 중대한 어떤 이유로 쿠바에 결합돼 있기 때문이다."160)

하지만 구조적인 문제뿐만은 아니었다. 그는 또 이렇게 덧붙였다.

"내 책에는 비판적인 면도 있다. 나는 쿠바를 찬양하거나 감탄하거나 쿠바의 경이로움에 대해서만 쓰지는 않을 것이다. …… 명확히 밝혀둬야 할 것들이 좀 있다."161)

1977년의 또 다른 인터뷰에서는 출간이 미뤄지는 것에 대해 다른 이유가 하나가 더 붙었다. 그가 찾은 자료들이 예상 밖으로 너무 많아서 정리하기가 쉽지 않다는 것이었다.

"내 작업은 르포로 시작되었지만, 점차 가지를 치며 방대해지는 바람에 구조가 흐트러졌고 이제 어떻게 해야 할지를 모르겠다. 나는 3백 페이지 정도의 책이 될 거라 예상했으나 쓰고 보니 7백 페이지나 되었다. 사건들에 대해 알게 되면서 그 진상까지 밝혀내고 싶은 욕심이 생겼다. 마치 책 자체에 저절로 탄력이 붙은 것처럼 점점 내 통제를 벗어나 예상보다 훨씬 더 비판적이 되었다. 실제로 나는 역사가들이 신경을 쓰지 않는 주제들에 대해 상당량의 자료를 모았다. 그것만으로도 이 일은 상당한 가치가 있다고 생각했다."162)

역사가들이 신경 쓰지 않는 주제에 대해서 그는 구체적으로 언급했다.

미국이 쿠바 경제를 봉쇄한 조치는 결과적으로는 결핍에서 비롯된 생활 양식을 하나의 문화로 발전시켰고, 이것은 자녀를 키우거나 요리를 하거나 바느질을 하는 등 수많은 일에서 새로운 방법들을 양산해냈다. 예를 들어 이웃에게 바늘을 빌릴 때, '나에게 바늘 한 개를 빌려줘요'라고 하지 않고 '나에게 바늘이라는 것 좀 빌려줘요'라고 한다.[63]

궁핍의 문화는 쿠바인들의 조롱 섞인 농담 속에서도 잘 드러났다. 쿠바혁명 초기에 동물원 입구에는 '동물에게 먹이 주는 것은 금지되어 있습니다'라는 표지판이 있었다. 이것은 좀 더 나중에 '동물의 먹이를 먹는 것은 금지되어 있습니다'라고 바뀌었다. 그런데 물자가 점점 더 부족해지자 완전히 새로운 표지판이 붙었다. '동물을 먹는 것은 금지되어 있습니다'

그해에 가졌던 인터뷰들에서 가보는 쿠바를 널리 알려 쿠바에 대한 동조를 이끌어내기 위해서 그 책이 가능한 한 빨리 출간되기를 바란다고 여러 차례 밝혔다. 하지만 아마도 쿠바에 대해 비판적으로 바라보는 요소들 때문에 출간이 어려워졌을 것이다. 피델과 혁명의 지도부에서는 어떤 식의 비판이든 자신들에게 불리한 이야기들이 출간되는 것을 꺼렸던 것이다. 1978년 7월, 〈뉴욕 타임스〉와의 인터뷰에서 가보는 이렇게 말했다.

"이것은 다소 비판적일 수 있는 작품이다. 나는 좋은 면과 나쁜 면 모두를 보여주려고 하기 때문이다. 하지만 이것이 문맥을 벗어나 인용을 하는 사람들에 의해 쿠바혁명에 불리하게 이용되는 것을 원치 않는다. 물론 언젠가는 이 책이 출간될 것이다. 하지만 지금 당장은 원고를 끝내는 게 급선무다."[164]

시간이 좀 흐른 뒤인 1980년대 중반, 잡지 <플레이보이>와의 인터뷰에서 그는 이 책의 출간이 늦춰지는 이유에 대해 이렇게 답했다.

"확실히 이 책은 매우 신랄하고 '솔직한' 책이지요. 누구든 여기에 나온 구절들을 인용하려고 마음만 먹으면 쿠바를 비난하는 것이 그리 어렵지 않을 겁니다. 그런 일이 일어나지 않기를 바랄 뿐이지요. 그러나 이것이 출간을 연기한 이유의 전부는 아닙니다. 사실은 한 사건을 기다려요(아마 미국의 봉쇄조치 해제일 것이다). 이 책이 세상 밖으로 나오려면 꼭 필요한 과정이지요."[165]

가보는 미국의 봉쇄조치가 해제되어야 책이 출간될 것이라고 암시하고 있다. 하지만 그 책의 출간이 지연되는 과정을 돌이켜보면, 쿠바 지도부가 어떤 작품을 반혁명적이라고 판단했을 때 벌어지는 과정과 놀라울 정도로 비슷하다. 우선, 작가는 쿠바혁명의 적이 되고 싶지는 않아 한다('파디야 사건'을 생각해보라). 그리고 지도부는 작품의 효용 가치를 위한답시고 작가들에게 검열과 수정을 강요한다. 가보의 이 책이 언론에 공개되지 않은 걸로 봐서 사전에 검열을 거쳤다는 것을 짐작할 수 있다.

가보가 그 책을 집필하기 시작한 지 이미 30년이 지났고 마무리되고 나서도 20년 이상이 지났다. 그동안 혁명 지도자에 대한 가보의 충성은 변함이 없었다. 게다가 그는 극히 순종적으로 자아비판 단계(쿠바 지도부가 비협조적인 지식인을 다룰 때 사용하는 조치 중 세 번째 단계)를 거쳤다. 가보는 언제든지 자신이 원하는 책을 원하는 시점에 원하는 곳에서 출판할 수 있는 인물이다. 그런 그가 《족장의 가을》과 《예고된 죽음의 연대기》 사이에 수년간 작업했던 결실에 대해서는 자기 의지를 내세우지 않고 있는 것이다. 그는 피델이 그것을 출간하도록 허락해주기를 기다리고 있지만 그런 일은 일어날 것 같지 않다.

《족장의 가을》을 제외한 그의 소설들이 받는 상습적인 질문과 함께 자주 회자되는 주제가 하나 있다. 쿠바의 앙골라내전 개입에 대한 그의 협조적인 태도에 관한 것이다. 앞으로 더 자세히 알아보겠지만, 가보는 이 문제에서 다시 쿠바의 명분을 옹호해줬고 국제 여론에 대항하는 쿠바 최고의 대변인이 되었다.

1958년부터 가보가 쿠바에서 했던 말과 행동, 그리고 쿠바혁명에 대한 그의 지지를 확인한 피델이 하루는 예고도 없이 그가 묵는 호텔로 불쑥 찾아왔다. 마르케스 정도의 식견과 지명도를 가진 지식인이 어떤 견해를 피력하면 국제적으로 상당한 반향을 일으킬 것이라 기대하면서 쿠바의 최고지도자가 그를 찾았던 것이다. 가보는 그 순간을 오래전부터 기다려왔는데, 예기치 않은 순간에 맞닥뜨리게 된 셈이었다. 그는 그때의 느낌을 〈플레이보이〉와의 인터뷰에서 자세하게 설명했다.

마르케스: 내가 얘기를 하지요. 피델과 나의 관계에 대해서 말이지요. 아마도 이 인터뷰가 우리의 우정을 두고 생긴 많은 오해를 푸는 기회가 될 겁니다. 내가 중요하다고 생각하는 이야기를 먼저 하지요. 1977년, 나는 기사를 쓰려고 앙골라로 갔어요. 거기서 쓴 글들은 미국의 일간지 <워싱턴 포스트>에 실렸지요. 앙골라에서 돌아오던 중 쿠바를 거쳤어요. 로이터와 프랑스 통신사의 일부 기자들이 아바나에서 나와 인터뷰를 하고 싶다고 하길래 저녁 7시에 멕시코행 비행기를 타야 하니 4시경에 호텔로 오라고 했지요. 그런데 3시 반경에 정말 예기치 않게 피델이 나를 찾아왔어요. 기자들은 정확히 4시에 도착했고, 호텔 직원이 그들에게 내가 피델과 대화를 나누고 있어서 지금은 나와 인터뷰할 수 없다고 전했어요. 처음 10분 동안은 피델에게 내가 앙골라에서 느낀 인상을 얘기해주었고, 그 이유는 잘 모르겠지만, 그때 — 앙골라에서의 식량부족에 대해서 얘기를 하던 중이라서 그런 건지 — 그가 나에게 거기서 지내는 동안 잘 먹지를 못했느냐고 물었지요. 나는 괜찮다고 대답했어요. 그리곤 피델이 나에게 철갑상어 알을 좋아하냐고 묻기에 그렇다고 대답했지요. 그러자 그건 전적으로 문화적이고 지적인 편견이라고 하면서, 철갑상어알이 그다지 맛있는 음식은 아니라고 했어요. 어쨌든 이야기가 꼬리에 꼬리를 물어서 우리는 음식에 대해서 — 가재, 생선, 그 요리법 등 — 오랜 시간 얘기를 나눴지요. 내가 비행기를 타러 가야 할 시간이 되자 공항까지 배웅하겠다고 했어요. 공항에 도착한 뒤 피델과 나는 공식 접견실에 앉아서 비행기가 이륙하기 전까지 낚시에 대해서 계속 대화를 나눴지요.

〈플레이보이〉: 아바나 공항에 공식 접견실이 있습니까? 그건 사회주의 국가에서는 어울리지 않는 것 같은데요.

마르케스: 그것이 사회주의지요. 사실 두 개의 공식 접견실이 있어요. 성가신 일은 우리가 공항에 있을 때 기자들이 그곳으로 와서 이런 말을 하는 것 같았어요. "마르케스가 앙골라에서 오고 피델이 그를 공항까지 배웅한 걸로 볼 때 그들은 지극히 중요한 사안에 대해 이야기를 했을 것이다."라고 말이지요. 내가 떠나려고 할 때 기자들은 나와 이야기를 하려고 비행기까지 다가왔어요. "피델과 오늘 오후에 무슨 이야기를 나누었나요?" 그래서 내가 대답했지요. "당신들에게 말해주고 싶지 않은데, 왜냐하면 사실대로 말해봤자 분명히 내 말을 믿지 않을 테니까요."[166]

가보가 카사 데 라스 아메리카스 국장에게 1977년 5월 21일 개인적으로 보낸 편지가 위의 인터뷰에 나온 내용이 사실이었음을 확인해준다. 그 편지에서 가보는 쿠바를 떠나기 전에 국장에게 전화하지 않은 것을 사과하고 있었다. "떠나기로 한 날 오후에 호텔로 '매우 유쾌하고 특이한 방문객'이 찾아와서 공항까지 그의 배웅을 받았기 때문이었다."

가보는 이제 자신의 명예를 정치에 '투자' 하기로 작정했다. 우리는 우선 그가 앙골라에서 어떤 일을 했는지 알아보고 그다음에 전 세계를 돌면서 다양한 정치적 태풍의 눈들에 어떻게 다가갔는지 살펴볼 것이다.

앙골라에서의 쿠바인들

GABO & FIDEL | Chapter 008 |

잠비아, 나미비아와 콩고 공화국의 이웃 나라이자 적도 아프리카의 중심부에 있는 앙골라는 500년 동안 포르투갈 식민지를 겪고 나서 1975년 11월 11일 독립을 쟁취했다. 그러나 불행하게도 암울한 상황은 끝나지 않았는데, 여러 정치세력들이 갖은 수를 써서 권력을 장악하려 들었기 때문이다. 결국, 내전이 발발하고 말았다.

주요 정당들은 MPLA (앙골라인민해방운동노동당), FNLA (앙골라해방민족전선)와 UNITA (앙골라완전독립민주동맹)였다. MPLA는 아고스티노 네토가 지휘를 했다. 쿠바와 소련, 동구 제국의 지원을 받았다. FNLA는 지도자가 홀덴 로베르토였고 남아프리카, 중국과 미국의 지지를 받았다. UNITA는 요나스 사빔비의 지휘하에 있었고 잠비아의 보호를 받았다.

당시는 냉전 시대였고 따라서 소련과 미국은 아프리카에서도 서로 밀리지 않으려고 안간힘을 썼다. 쿠바는 알려진 대로 오래전부터 미국의 봉쇄 때문에 어려움을 겪고 있었다. 1961년 2월 초 워싱턴 D.C.에서 쿠바 섬의 무역봉쇄를 결정하는 법이 조인된 이후 이 조치는 쿠바에 매우 심각한 문제를 일으켰고 소련의 지원으로 겨우 상황에 대처할 수 있었다. 소련은 쿠바의 설탕을 높은 가격에 사는 대신 그들에게 석유를 팔겠다고 제안했다. 소련의 원조로 쿠바는 더 큰 경제적인 위기를 모면할 수 있었다. 그때부터 쿠바는 소련에 의존적인 경향을 보이기 시작했다.

1975년 1월, 포르투갈과 아프리카의 압박으로 네토, 로베르토, 사빔비가 만나 세 그룹을 대표할 과도정부를 설립한다는 약정서에 서명을 했다. 그 의도는 칭찬할 만했지만, 불행하게도 외부 세력들이 그들에게 분쟁을 계속하라고 부추겼다.

1975년 5월, 아고스티노 네토는 쿠바의 플라비오 브라보 사령관에게 무기 지원을 요청했다. 네토는 그때 이 사령관과 앞으로 더 광범위하고 구체적인 지원가능성에 대해 논의했다. 3개월 뒤, 네토는 군사훈련센터 네 곳을 설립하고 운영하기 위해 교관들을 보내줄 것을 요청했다.

쿠바는 MPLA를 돕기 위해 총 5만 명의 지원 인력을 보냈고 그들은 앙골라에 1988년까지 머물렀다. 그 13년이라는 세월 동안, 30만 명의 쿠바인들이 국제연대라는 이름으로 전쟁에 참가했다.

1977년 1월, 가보는 '카를로타 작전: 앙골라에서의 쿠바인들' 이라는 기사를 콜롬비아 신문 <관객>에 발표했다. 카를로타 작전이란 1854년 쿠바에서 '검은 카를로타' 라고 불린 한 여성 노예가 봉기를 일으킨 사건에서 이름을 따온 것이다. 기사에서 가보는 역사적 사건을 서술하면서 객관적인 어조를 띠려고 했다. 첫 부분에서 가보는 앙골라에서 권력 투쟁을 벌이는 여러 정당과 그 지도자들을 소개했다. 비록 많은 사람들이 쿠바가 소련의 요청으로 앙골라 내전에 개입했다고 생각했지만, 그는 쿠바가 독자적으로 앙골라의 한 정당인 MPLA를 돕는 투쟁으로 소개했다. 앙골라에서 사회주의를 건설하기 위한 하나의 이념적인 투쟁이고, "민중 전쟁"[167]이라는 것이었다. 또한 여러 민족 간의 전쟁이고 불행하게도 "현대에 일어난 잔인하고 거대한"[168] 전쟁이었다. 그는 쿠바가 분쟁에 개입한 것을 언급할 때, "연대적 지원"[169], "연대 행동"[170], "정치적 연대감"[171] 또는 "국제적 연대"[172]라는 표현을 사용했고 쿠바 국민의 역할에 대해 호의적인 인상을 받았음을 강조했다. 비록 쿠바가 미국의 봉쇄로 경제적인 어려움을 겪고 있지만, "카리브의 여왕"은 이타주의를 실천하기 위해 아프리카 국가를 도왔다고 주장했다. 쿠바인들은 네토가 요청한 것 이상의 역할을 했다.

"쿠바 지도자들은 네토의 지원 요청을 받았을 때 요청한 것보다 더 많은 480명의 특수부대원을 즉각 보냈다. …… 그 외에도 의사 한 여단과 150대의 차량, 통신장비 등을 보냈다."[173]

11월 5일 앙골라를 도와주기로 한 결정에 대해서는 "24시간 안에 결정해야 할 중대하고 복잡한 문제였다. 어찌 되었든 쿠바 공산당 지도부는 그 결정을 내리는 데 주저하지 않았다.(11월 15일, 길고 진지한 회의에서)"[174]라고 지적했다. 가보는 이어서 쿠바가 혁명 초기에 앙골라에 줬던 도움을 언급했고 1960년대 초부터 모잠비크, 기니비사우, 카메룬과 시에라리온에 행한 지원에 대해서도 서술했다. "쿠바인들의 국제적인 정신은 역사적인 미덕이다."175)

앙골라에서 투쟁하기 위한 쿠바인들의 자유 지원병 제도를 언급하면서, 선발기준이 매우 까다로워 신체적이고 기술적인 준비성뿐 아니라 "정치 교육을 받은 정도"176) 또한 매우 중요하게 여겼다고 했다. 군인으로 선발된 이들이 외국에 나가서 정부를 비난할까 봐 혁명주의적인 이력을 참고했던 것이다. "강제적으로 간 사람은 아무도 없었다"177)고 하지만 가보의 말에 따르면 대중의 눈 때문에라도 거부할 수 있는 분위기가 아니었다. "어떤 이들은 선발되고서도 가지 않으려고 하자 공개적으로 온갖 조롱과 멸시를 받았다."178)

기사의 마지막 부분에서, 가보는 요한 계시록에서나 나올 법한 강한 어조를 사용했다. 쿠바의 앙골라내전 개입 이후 그는 쿠바로 돌아갔고 그 섬의 생활과 자연적인 모습에서 거의 기적에 가까울 정도의 변화를 감지했다.

"주변 환경, 주민들의 생각뿐 아니라 쿠바인들의 삶의 본질에서도 놀라운 변화가 있었다. …… 그런데 정말 흥미롭고 특이했던 점은 앙골라에서 돌아온 사람들이 그들 스스로 세계 역사를 바꾸는 데 기여했다고 생각하는 듯했고, 마치 자신들의 의무를 다한 사람들처럼 자연스럽고 존엄하게 행동했다는 것이다."179)

이러한 찬미는 앙골라내전 개입의 탁월한 지도자이자 열렬한 전사였던 피델 카스트로를 표현할 때 절정을 이룬다.

"그때(1975년 초) 이미 피델은 앙골라 지도를 보면 모르는 지역이 하나도 없었으며 그 지역에서 일어난 사건 중 기억하지 못하는 것이 하나도 없었다. 그 전쟁에 대한 관심이 몹시도 강하고 집요해서 앙골라와 관련된 수치들을 마치 쿠바의 것이라도 되는 양 정확하게 알아맞혔다. 그 나라의 도시, 관습, 사람들에 대해 거기서 평생을 살았던 사람처럼 말을 했다."[180]

이러한 과장된 표현은 성도 열전 문학에서나 사용되는데, 아르헨티나의 안드레스 오펜하이머가 그의 유명한 책 《카스트로의 마지막 시간》에서 제공하는 자료와는 대조적이다. 이 책에 따르면 피델은 그 정도의 지식을 갖고 있지 않았으며, 세월이 흐르면서 피델과 앙골라에서 작전을 지휘한 아르날도 오초아 장군과의 관계도 냉담해지기 시작했다고 지적했다. 그 이유는 오초아 장군이 독자적으로 행동했기 때문이다.

"앙골라에 주둔한 쿠바 수뇌부의 다른 멤버들처럼, 오초아 장군은 아바나에서 새로운 명령이 도착할 때마다 화가 치밀어 머리카락을 쥐어뜯었다. 피델 카스트로가 1만 킬로미터나 떨어진 에어컨을 켜놓은 자기 사무실에서 앙골라의 전투상황을 어떻게 알 수 있겠는가?"[181]

쿠바의 지원인가 아니면 소련의 지원인가

앞서 지적했듯이 가보는 쿠바가 앙골라내전에 개입한 사건을 순전히 이타주의에 바탕을 둔 결속 행위로 소개하고 있다.

"알려진 것과는 다르게 그것은 쿠바의 독립적이고 자주적인 행동이었으며, 소련에 통지한 것은 소련이 개입을 결정하기 전이지 그 후가 아니었다."[182]

쿠바 국민 스스로 앙골라 국민을 도와주려고 결정한 것은 소련과는 전혀 상관없는 완전히 독자적인 결정이었으며, 복종하고 순종하는 자세로 임했다는 항간의 주장에 대해서 피델은 1976년 4월 16일 '그란마의 20주년'이라는 제목의 연설에서 다음과 같이 밝혔다.

"쿠바의 결정은 전적으로 책임감 때문이었다. 소련은 항상 포르투갈의 식민지가 독립을 위해 싸울 때 도와줬다. 침략당한 앙골라에 군사장비 같은 기본적인 지원을 해주는 것은 물론, 제국주의 국가가 아프리카로 가는 모든 항공로를 차단했을 때도 우리의 노력에 협조했다. 그러나 그들은 앙골라에 쿠바인들을 보내라는 요청은 전혀 하지 않았다. 소련은 쿠바와의 관계에서 유난히 정중하고 신중했다. 즉, 그러한 종류의 결정은 전적으로 우리 당만이 할 수 있다."[183]

피델은 미국 대통령 제럴드 포드와 국무장관 헨리 키신저에 대해 언급하면서, "그들은 쿠바가 앙골라에 보여준 연대적인 행동에 대해 소련에 책임을 돌리면서 미국 국민과 세계 여론을 속이고 있다"184)라고 덧붙였다. 멘도사가 쓴 《구아야바의 향기》에는 다음과 같은 가보의 인터뷰가 나온다.

"해석의 문제는 어디에서 출발하느냐에 달려 있지. 자네들은 쿠바가 소비에트의 위성국가라고 믿고 나는 그렇지 않다고 믿지. 피델과 단 1분만이라도 같이 있어 보면 그가 다른 사람의 명령 같은 것에 복종할 사람이 아니라는 것을 잘 알 수가 있네."185)

그럼에도 불구하고, 도밍고 델 피노는 회의적인 태도를 보이면서 이렇게 자문한다.

"이것은 9백만의 주민을 가진 그 조그마한 나라가 전 세계적으로 펼치는 프롤레타리아 국제주의인가 아니면 쿠바혁명을 경제적으로 지원해 준 소련에 바치는 일종의 서비스인가? 쿠바는 소련의 헌병으로서 검은 대륙에 수차례 개입한 것은 아닌가?"186)

대답은 명백해 보였다. 그래서 피델은 쿠바 세계와는 거리가 먼 누군가가 혁명의 공식적인 입장을 지지해주기를 바랐다.

"그 역할은 가르시아 마르케스가 작가로서의 의심할 바 없는 능력으로 훌륭히 해냈다. 그는 쿠바가 앙골라내전에 개입한 것은 순전한 프롤레타리아 국제주의에 의한 것이지 소련의 헌병 역할 때문이 아니라고 했다. 그러면서 그들이 방어하는 것은 아프리카 국민의 이익이지 소련의 이익이 아니라고 강조했다. …… 그렇지만 과연 이 은밀한 소설 같은 이야기가 사람들을 설득하고 피델 카스트로의 이타주의를 믿게끔 해줄까?"[187)

가보가 보기에 앙골라 문제는 쿠바가 혁명에 성공한 뒤부터 겪은 모든 사건에 대한 하나의 보상이었다.

"아마 그다지 열정이 없는 쿠바인들조차도 수년 동안 부당한 고난을 겪은 뒤 이같은 보상을 받으리라고는 생각지 못했을 것이다. …… 1970년, 1천만 톤의 사탕수수 수확이 실패로 돌아가자 피델 카스트로는 국민에게 패배를 승리로 바꾸자고 촉구했다. 하지만 그가 그렇게 말하기 전에 쿠바인들은 이것을 이미 오래전부터, 끈질긴 정치 의식과 도덕적 강인함으로 실천해오고 있었다. 약 15년 전 피그스 만에서의 승리 이후, 그들은 볼리비아에서 체 게바라가 암살되고 살바도르 아옌데 대통령이 암살되는 것을 이를 악물고 받아들였다. 그들은 라틴아메리카에서 게릴라 대원들이 몰살되고 봉쇄가 끝없이 지속되는 가혹한 수난을 겪었고, 그들을 파멸의 막바지까지 몰아간 과거 수많은 내부의 좀벌레 같은 존재들도 지켜봐야 했다."[188)

마침내, 그들이 환한 미소를 지으며 팔을 V자로 크게 들어 올릴 순간이 찾아왔다.

"그동안의 모든 일들이 쿠바인들에게는 부당한 형벌과도 같았을 것이다. 그러나 쿠바의 앙골라 지원은 그들이 그토록 원했던 거대한 승리에 따른 보상을 안겨줬다."189)

아프리카와 체 게바라

아르헨티나 출신의 평범한 의사였던 체 게바라는 만성적인 천식에도 불구하고 혁명이 필요한 곳이면 어디든 찾아갔고 아프리카에도 진출했다. 그는 수차례에 걸쳐 소비에트 제도에 반기를 들었고 소련과 지나치게 밀착되는 것을 경계했다. 1965년 4월 그는 쿠바에 없었다. 이 혁명가는 4월부터 12월까지 콩고 독립을 위한 무장투쟁을 하고 있었다. 그의 부하 중 일부는 PAIGC(기니비사우 카보베르데 독립아프리카당)와 MPLA를 위해서 몇 개의 게릴라를 구성했다. 그 게릴라 그룹 중 하나가 비밀리에 앙골라로 잠입해서 포르투갈에 맞서는 전쟁에 참여했다. 좀 더 이후에 다른 그룹들도 네토와 합류했다.

가보는 이 전쟁을 쿠바가 아프리카를 도와준 첫 행보로 간주하면서 10년이라는 시차가 나는 두 활동을 연결지었다. 그러나 가보는 매우 중요한 자료를 빠뜨리고 말았다. 그것은 "쿠바가 남아프리카의 도구라고 비난했던 사빔비가 사실은 체 게바라가 앙골라의 혁명 정부를 이끌어 갈 지도자로 지목했던 사람"190)이었다는 점이다. 가보는 피델의 교묘한 지시를 받으면서, 체 게바라가 지지하는 인물을 비난하는 기회를 놓치지 않았다.

"서쪽에서는 잠비아의 비호 아래, UNITA가 사빔비의 지휘를 받고 있었다. 그는 원칙이 없는 모험가로서, 포르투갈 군인들과 착취를 일삼는 외국 기업들과 지속적으로 협조해 나갔다."191)

세사르 레안테가 밝혔듯이 쿠바 군대는 포르투갈이나 남아프리카의 제국주의와 싸우기 위해 앙골라에 간 것이 아니라 사빔비와 겨루고 있는 네토를 지원하러 간 것이었다. 이것은 앙골라의 주요 해방운동단체 중 누가 권력을 잡느냐를 결정짓는 중요한 사안192)이었다. 그래서 만일 피델이 자신의 리더십을 확인하고 공고히하기 위해 가보를 조종하는 상황을 가보가 정말 몰랐든 알고도 넘겨 버렸든, 이 상황에서 체 게바라를 언급하는 것은 적절치 않아 보인다. 따라서 쿠바의 도밍고 델 피노가 다음과 같은 글을 쓴 것은 의미심장하다.

"마르케스가 작년에 '카를로타 작전: 앙골라에서의 쿠바인들'이라는 제목으로 실었던 기사에서 가장 눈여겨 보아야 할 것은 체 게바라라는 인물과 쿠바의 군사작전을 아주 교묘하게 암시하며 연결시킨 점이다. 그는 체 게바라가 1964년에 한 도의적인 약속을 지키러 쿠바로 가는 데 정확히 11년이라는 꽤 긴 시간이 걸린 사실에는 신경을 쓰지 않았다."193)

아프리카에서의 경험은 체 게바라에게 매우 실망적이었다. 그는 아프리카인들에게서 혁명을 일으키는 데 필수적인 열정과 성숙함을 발견하지 못했다. 이에 대해 도밍고 델 피노는 다음과 같이 말했다.

"콜롬비아 작가 가르시아 마르케스가 — 아마도 피델 카스트로의 사주를 받아서 그랬을 텐데 — 쿠바의 앙골라 내전 개입을 10년 전 체 게바라가 아프리카 혁명에 대해서 했던 약속을 지키기 위한 도의적인 행동이라고 암시한 것은 매우 놀랍다."[194]

피델이 가보에게 그러한 좌표를 제안한 의도는 마르크스주의 지도자인 자신과 체 게바라와의 관계가 단절되었다는 의구심을 없애기 위한 것일 수도 있다. 더 나아가 쿠바가 소련과는 독립적이라는 것을 확인하기 위해서였을지도 모른다.

체 게바라는 쿠바를 영원히 떠나기 전인 1965년 4월 25일, 피델에게 작별편지를 썼다. 그 편지에서 체 게바라는 "사령관직을 사임하고 쿠바 정부와 법적으로 연관된 모든 것을 포기한다"[195]고 썼다. 하지만 가보는 그 편지와 관련해 "체 게바라와 피델 카스트로의 개인적인 친분은 그것에 대해 많은 억측들이 떠돌고 있지만, 한 번도 소원한 적이 없었다"[196]라고 했다.

가보는 금기시되는 주제를 다룰 수 있도록 허가받은 얼마 안 되는 '혁명가' 중 하나였다. 그를 통해 피델은 자신의 이미지를 자신이 원하는 모습으로 만들어내려고 했다. 피델이 보여주고 싶은 이미지는 두 거물이 완벽하게 하나인 이미지였는데, 그것은 체 게바라가 쿠바 국민에게는 혁명의 독보적인 모델이었기 때문이다. 피델은 체 게바라와의 단절이 쿠바의 혁명 프로젝트에 미칠 사기 저하와 정치적 피해를 예감했던 것이다.

쿠바를 돌아다니다 보면 혁명적·투쟁적·정통적인 전설들과 함께 있는 체 게바라의 포스터를 어디서나 볼 수 있다. 대부분 피델 카스트로와 체 게바라, 이 두 거물이 혁명으로 하나가 된 편안하고 조화로운 풍경을 보여준다. 체 게바라의 형상이 가장 잘 표현된 것은 그의 기념비다. 아바나 혁명광장에 있는 마르티의 것과도 견줄 만한 이 기념비는 그의 유해가 잠들어 있는 산타클라라에 우뚝 서 있다. 거대한 전신 동상 외에도 그에 관한 다른 구조물들이 있는데, 그중에서 전면에 체 게바라의 그 유명한 작별편지를 그대로 담아 놓은 듯한 거대한 네모난 돌덩어리가 눈에 띈다. 앞으로 알게 되겠지만, 이것이 피델이 체 게바라를 배신했다는 하나의 증거물이다. 도밍고 델 피노는 체 게바라가 카스트로 정권을 위한 봉사를 그만둘 때 그들의 관계는 단절되었다고 보았다.

"체 게바라는 소련식 '신제국주의'를 비난한 자신의 주장에 찬성하던 알제리 사람들과 소통하는 데 성공했다고 확신했다. 그는 그것을 1964년 아르젤의 경제 세미나에서 처음으로 이론화시켰고 아마도 이것이 카스트로와 그의 견해 차이를 벌린 결정적 계기였을 것이다. …… 아프리카에 대한 비관주의, 쿠바혁명의 변형, 예를 들면 점점 증대하는 소련의 영향력과 노조의 역할 등 이러한 것들이 쿠바혁명에 대해 체 게바라가 느껴야 했던 절망적인 심정이었다."[197]

하지만 피델과 체 게바라의 결정적인 단교는 훨씬 이전으로 거슬러 올라간다. 우리의 인터뷰에 응해준 사람 가운데 쿠바혁명의 주요 인물들의 측근이 있었는데 그가 익명을 요구하며 말하기를, 체 게바라는 피델이 소련의 보호하에 취임할 때부터 쿠바에서 자신이 할 역할은 더 이상 없다는 것을 알고 있었다는 것이다. 쿠바 지도부에게 체 게바라는 방해물일 뿐이었고 마치 외국인처럼 간주되었다. 그는 알제리를 여행하고 돌아와서 피델과 라울 형제와 그 밖의 혁명 지도자들을 만났다. 체 게바라는 그들에게 자신이 광범하게 보고 들은 것들을 상세히 보고했다. 그리고는 갑자기 침을 뱉으며 말했다.

"나는 쿠바나 라틴아메리카에서는 그런 추잡한 일이 일어나지 않기를 바랍니다. 불의한 제도를 또 다른 불의한 것으로 바꾸는 것은 혁명의 목적이 아닙니다. 금권정치와 소수정치를 당의 지도자가 중심이 된 특권층 정치로 대체하는 것은 혁명이 아닙니다. 국민은 가난에 허덕이고 고통을 겪으며 아무것도 소유하지 못하는데 관료들 배만 불리는 것은 더 이상 말할 가치도 없습니다."

이 말이 끝나자 체 게바라와 카스트로 형제 사이에 심한 독설이 오가면서 열띤 논쟁이 벌어졌다. 카스타네다나 타이보 II 같은 체 게바라의 전기 작가들은 이 40시간의 만남에 대해 언급했다. 이 만남은 1965년 3월 15일 피델과 라울이 체 게바라를 맞으러 공항에 갔을 때 시작되었으며, 신체적인 충돌 직전까지 갈 정도로 험악한 분위기도 연출되었다. 그때 이후로 체 게바라는 쿠바의 정치에서 더 이상 볼 수 없었다. 체 게바라가 쿠바에서 보낸 마지막 시간에 대해서 델 피노는 이렇게 말했다.

"체 게바라는 볼리비아 게릴라를 준비하랴 쿠바 지도부와 자신 사이에 형성된 심각한 이견을 심도 있게 논의하랴 매우 분주했다. 또한 체포된 쿠바의 트로츠키주의자들에 대한 쿠바 정권의 권력남용을 바로잡으려고 노력했다. 체 게바라가 자신에게 허용된 권위를 이용해 체포된 이들 상당수를 석방시킬 수 있었지만, 그들을 다시 일터로 돌아가게 할 수는 없었다."198)

피델은 게바라를 찬양하는 그 '전염병'이 영원히 사라지게 할 심산으로 그가 사적으로 보낸 편지를 대중 앞에서 공개적으로 읽어버렸다. 이후 체 게바라는 실망스러움을 감추지 못하면서 이렇게 말했다.

"그 편지는 내가 죽은 다음에나 공개됐어야 했다. 그것은 상대방을 산 채로 매장하는 것과 진배없다."199)

체 게바라의 전기작가 피에르 칼폰은 이 상황을 두고 의견을 명확히 밝혔다.

"알라르콘이 밝힌 여러 증거로 판단해볼 때 체 게바라의 말은 사실인 듯하다. 그것은 피델에 대한 체의 심리적인 태도가 급격하게 변했다는 것을 의미한다. 비록 카스트로가 공개적으로 게바라를 포기하지는 않더라도 앞으로 쿠바에서의 행보가 그리 밝지 않을 것임은 분명히 보여주었다."[200]

이에 대해 피델은 체 게바라와의 단교를 위장하는 동시에 소련에 의존하는 태도를 감추려고 했다. 자신의 리더십을 재차 확인하면서 자기 부하들로 하여금 작지만 전략적인 위치에 있는 이 쿠바 섬이 자본주의인지 사회주의인지를 가르는 냉전의 시대, 쉴 새 없이 소용돌이치는 정치적 격랑의 시대 속에서도 무사할 수 있다는 믿음을 갖게 했다. 가보는 당시 그 정권의 일원이 되어 또다시 피델의 메신저로 활동했다.

너무나 높이 날아오르다
GABO & FIDEL | Chapter 009 |

가보는 노벨상을 받기 전에는 노벨문학상이 정치적인 입장에 좌우된다고 비판하곤 했었다. 그는 1980년 "스웨덴 한림원에 정치적인 척도가 우세하다"[201]고 언급했다. 그 증거로 한림원이 윈스턴 처칠에게 노벨문학상을 준 것은, 단지 그가 정치적으로 명성을 누렸기 때문이고 다른 형태의 상을 줄 방법이 없었기 때문이라는 것이다. 또한 1938년 히틀러는 독일인들이 그 상을 받지 못하게 했는데, 노벨상을 주관하는 사람이 유대인이라는 이유에서였다. 《닥터 지바고》의 파스퇴르나크는 1958년 그 상을 거부했는데 본국으로 돌아가지 못하게 될까 봐 두려워서였다. 라틴아메리카 최고의 작가인 보르헤스가 노벨문학상을 받지 못하는 것에 대해서 가보는 1980년에 이렇게 썼다.

"보르헤스는 스페인어권에서 예술적 수준이 가장 높은 작가 중 하나이며,

그래서 매년 노벨상 후보에 거론된다. 하지만 안타깝게도 최종결과는 후보자 자신의 권리와는 아무 상관이 없고 심지어 신들의 정의와도 무관하며 오직 스웨덴 한림원 회원들의 불가해한 의지에 달려 있었다."[202]

구체적으로 보르헤스가 노벨상을 절대 받지 못하는 것을 정당화하려고 제시하는 이유와 아더 룬드크비스트 한림원의 총무가 보르헤스가 살아 있는 동안은 그 상을 절대 받을 수 없다고 말한 이유를 가보는 아주 잘 설명했다.

사실은 1976년 9월 22일에 — 수상자 선정이 발표되기 일 년 전 — 보르헤스가 그의 권위 있는 문학과는 전혀 상관이 없는 행동을 했다. 아우구스토 피노체트를 직접 방문한 것이다. "대통령님, 당신을 만나게 된 것을 과분한 영광으로 생각합니다." 그는 자신에게 불운을 가져다준 연설에서 이렇게 말했다. "아르헨티나와 칠레, 우루과이에서 자유와 질서가 되살아나고 있습니다." 아무도 그에게 묻지 않았는데도 그는 말을 이어나갔다. 그리고는 태연하게 결론을 지었다. "그것은 무정부주의와 공산주의가 잠식하고 있는 대륙에서 일어나고 있지요." 그렇게 이어지는 야만적인 말들이 단지 피노체트를 조롱하기 위해서라는 것은 누구든 쉽게 알 수 있었다. 하지만 스웨덴 사람들은 부에노스아이레스 사람들의 유머를 이해하지 못했다. 그때 이후로 보르헤스의 이름은 후보자 명단에서 사라졌다.[203]

노벨상을 받을 자격이 있어도 받지 못하는 사람들이 있고, 그것을 받을 자격이 없어도 받는 사람들이 있다. 정치적인 것과 상관없는 사람들이 있고 정치적 성향을 강하게 띠는 사람들이 있다. 가보는 뛰어난 작가이면서 그의 말처럼 "위급한 상황"에서의 탁월한 정치가이기도 하다. 1970년대 말에 스웨덴 한림원에 도달하기까지 벌인 그의 투쟁은 1971년 보고타에서 잡지 <관객>과의 인터뷰에서 한 말과는 대조를 이룬다. 그때 그는 자기가 쓴 책으로 돈을 많이 벌게 된 시점에서 노벨상을 타고 싶다고 했는데 그래야 후회 없이 그 상을 거부할 수 있다는 것이었다. 가보의 말에 따르면 그 상은 이미 "국제적으로 기념비적인 매춘"[204] 같은 존재로 변질된 상태였다. 그 후로 11년 뒤, 매춘이라는 행위가 이제 사라진 것인지 아니면 수백만 부를 팔았어도 거기서 나오는 수익이 그 상을 거부하기에 충분치 않았던 것인지 아니면 순전히 생각이 바뀐 것인지, 그는 노벨상을 받기로 했다. 우리는 상을 받기로 한 그의 결정이 정치적 명성을 얻는 것과 무관하지 않다고 감히 생각할 수 있다. 왜냐하면 그는 1980년대부터 그의 명예를 정치적인 활동에 사용해왔기 때문이다. 노벨상 수상 이후 그는 앞으로는 문학상을 받지 않겠다고 선언했다. 노벨상은 그야말로 최고의 영광이었고 따라서 다른 상들은 그것을 받을 만한 자격이 있는 다른 작가들에게 돌아가야 한다는 뜻이었는데, 이 약속은 지금까지도 지켜지고 있다.

바르가스 요사가 한번은 우리에게 1997년 '세르반테스 문학상'의 심사위원단에 참가한 적이 있다고 말했다. 그해에 가보에게 그 상을 주려고 했으나 그가 거부했다는 것이다. 곧바로 요사는 히스패닉 문학의 '노벨상'이라고 할 수 있는 그 상의 주인공을 찾았는데 그가 바로 카브레라 인판테였다. 그런데 인판테는 가보가 카스트로 정권과 유착관계를 맺고 있는 것을 문제 삼아 가보와 대립한 적이 있던 작가였다. 그는 그레이엄 그린의 소설 제목을 빌려서 피델을 "아바나의 우리의 보스"라고 불렀다.

가보는 권력을 절대 포기할 수 없었지만 그만의 방식으로 집념을 이어갔다. 그의 모국에서 대통령직을 맡아달라는 요청을 두 번이나 받았지만 "콜롬비아의 대통령이 되라고? 나는 그러기에는 너무 진지해."[205]라고 하면서 단호하게 거절했다.

2002년 11월 13일, 우리는 아바나 리브레 호텔 로비에서 가보와 함께 프렌사 라티나에서 함께 일했던 쿠바의 시인 안헬 아우히에르를 만났다. 그는 가보가 노벨상을 받기 직전 **UNEAC**(쿠바 국립작가예술인 연합)가 주최하는 행사에 참석했다고 했다. 엘 베다도의 아름다운 별장에 있는 쿠바의 이 유명한 기구에서 당시 아우히에르가 부총재를, 니콜라스 기엔이 총재를 맡고 있었다. 가보는 거기서 있었던 행사가 끝날 무렵 두 쿠바인에게 라 보데기타 델 메디오에 가서 한잔하는 것이 어떠냐고 물었다. 그가 가려고 했던 술집은 성당 근처 아바나 구지역 주민이 밀집된 거리에 있었다. 그가 권력에 다가가는 방법은 그것을 소유하고 집행하는 사람들과 공존하는 것이었으며, 그들에게 힘을 실어주기는 하지만 그 자신이 직접 결정을 내리지는 않았다.

1980년대 초 콜롬비아 보수주의 대통령이었던 베탄쿠르는 가보가 노벨상을 받는 즉시 축하를 보냈다. 그는 가보에게 여러 차례 장관직과 마드리드와 파리 주재 대사직을 제안했으나 항상 거절당했다고 했다. "그는 권력에 가까이 있기를 좋아하지만 그것을 차지하려고 하지는 않는다."[206]

가보에게 큰 즐거움 중 하나는 어떠한 상황이든지, 몇 시가 되었든지 간에 피델에게 전화를 걸 수 있고 통화를 할 수 있다는 점이었다. 그것뿐이 아니다. 정치범들의 석방문제에서도 그는 늘 자신이 있었다. 그는 자신의 친구들이라고 말하는 대통령, 사무총장을 비롯한 고위 관료들을 주무를 수 있다는 사실을 스스로 알고 있었다.

다소 살디바르는 가보를 가장 잘 아는 사람임에 틀림없었다. 이것은 그가 1997년에 출간한 전기 《가르시아 마르케스, 씨앗으로의 여행》과 우리에게 이메일로 계속해서 전해준 확실한 자료들을 보면 분명히 알 수 있다. 그중 하나는 가보가 1980년대 초, 노벨상을 받기 바로 전 일이었다. 가보는 7월 25일 모친 생일을 맞아 고향에서 파티를 열고 싶어 했다. 그는 당시 고국인 콜롬비아를 떠나 멕시코에서 망명생활을 하고 있었는데, 피델이 비행기를 빌려주어 정체를 숨기고 무사히 콜롬비아로 들어갈 수 있었다. 그는 어머니와 멋진 시간을 보냈다. 권력과 그 부수적인 것들은 이제 그에게 하나의 장난감이 되기 시작했다. 또한 피델뿐 아니라 여러 정치 파트너들을 주변에 두었다.

그는 1970년대 후반에 부도덕한 권력에 대항해서 싸우는 한편 인도주의적인 활동을 펼치는 한 기관을 도왔다. 잡지 〈대안〉에서의 활동이 그것이다. 이 잡지는 한동안 좌파 그룹들 간의 이견을 극복하고 광범위한 진보 전선을 형성하는 데 이바지했다. 또한 이 잡지는 1978년 말 라틴아메리카인권기구(HABEAS) 창설도 주도했는데 이 기구는 여러 기부금과 작가들의 인세로 유지되어갔다. 이 기구를 통해 훌리오 세사르 투르바이 아얄라 콜롬비아 대통령에게 그 나라 정치범들이 겪는 고문의 문제에 대해 청원을 하기도 했다. 가보의 두 번째 중요한 정치활동은 1975년부터 러셀재판소를 통해 국제적 분쟁을 중재한 것이었다. 러셀재판소는 1961년 영국의 철학자이자 수학자인 버트런드 러셀에 의해 설립됐는데, 미국이 베트남에서 벌인 전쟁활동을 심판할 목적으로 세워졌다. 1975년의 한 인터뷰에서 가보는 자신이 어떻게 그 기구의 부회장으로 선출되었는지 설명했다.

러셀 재판소가 그 기구에 참여하라고 제안을 하기에 나는 받아들였다. 그 제안을 수락한 동기는 이렇다. 나는 정치 지도자도 아니고 지도자로서의 소명도 없다. 지도자가 될 수 없음을 알고 있고, 만일 된다 해도 나쁜 지도자가 될 것이 분명하기에, 그것을 시도하지도 않을 것이다. 나는 지는 게임을 싫어하는데, 정치 지도자가 되면 꼭 질 것만 같다. 그래서 나는 어떠한 기구에도 속하지 않으면서 일종의 저격병처럼 활동하는 것이다. 선언문을 발표하고, 항의하고, 라틴아메리카나 세계의 다른 지역에서 인권유린 행위가 벌어질 때마다 전보를 치는 그러한 일이 나에게 더 어울린다. …… 내가 러셀재판소에서 지금도 관찰하고 있는 가장 흥미로운 점은 라틴아메리카 문제를 알리는 데 있어서 그 기구가 미치는 영향력이다. 그것은 마치 공명상자 같다. 다시 말하면, 라틴아메리카 상황에 대한 뉴스거리가 생기게 하려고 우리가 제작한 연극작품 같다.[207]

젊은 스페인 총리와 사귀다

　1970년대 즈음부터 1980년대 초까지는, 가보가 스페인 총리였던 펠리페 곤살레스, 그리고 유럽과 아메리카의 다른 사회주의 지도자들과의 우정이 시작되거나 공고히 다져지는 기간이었다. 펠리페 곤살레스는 가보를 1975년 보고타의 사람이 많이 모인 한 호텔방에서 만났다. 우리 저자들은 곤살레스와 만나기를 원했다. 하지만 아쉽게도 우리는 일 년 동안 그와 약속을 잡으려고 노력했지만 결국 허사로 돌아갔다. 그의 비서는 항상 우리에게 그가 시간이 없다고 대답했고, 그에게 일 년 또는 일 년 반의 시간적 여유를 주었지만 끝내 우리의 요청에 응하지 않았다. 그가 매일 앉아 있어야 할 의석에 먼지가 쌓여 있고 텔레비전 뉴스에서 하원석의 장면을 비춰줄 때 그의 자리가 자주 비어 있는 것으로 보아 그가 매우 바쁘다는 게 사실인 듯했다. 아마도 강연하러 다니는 것이 그에게 더 많은 돈을 벌게 해주고 골치가 덜 아프게 할지도 모른다.

　사실 그는 1975년에 이미 스페인의 사회주의 리더로서 콜롬비아를 방문한 적이 있다. 당시는 프랑코의 독재정치가 끝나고 스페인의 정치구조가 막 변화하던 때였다. 당시 가보는 잡지 〈대안〉에 실을 인터뷰 기사를 쓰기 위해 펠리페 곤살레스가 머물던 호텔로 찾아갔다. 가보는 그때의 일을 이렇게 회상했다.

　사실이야 어찌 되었든 그나 우리나 그 인터뷰가 하나의 구실이 될 것임을 알았고 그래서 다음 날 녹음기 없이 다시 만나기로 약속했다. 우리는 한 서점의 책장들 사이에서 화기애애하면서도 은밀한 분위기 속에서 대화를 나누었다. 그곳의 손님들은 각자 자기 일에 몰두하느라 우리의 존재를 눈치채지 못했다. 내가 보기에, 그렇게 남들의 눈에 띄지 않는 일상을 지내는 것은 스페인에서 오랜 세월 독재 시절을 보내야 했던 곤살레스가 스스로 터득한 은닉 방법이었다.208)

두 사람은 첫 만남에서 어떤 화학적인 작용이 일어났다는 것을 간파했지만, 본격적인 우정은 좀 더 나중에 파나마 대통령이었던 오마르 토리호스가 개입하면서 시작됐다. 토리호스는 '공작들'과 '사무총장들'의 엘리트 그룹을 형성하는 거대한 사회주의 대통령 중 한 사람이었다. 그들은 좀 더 후인 1970년대 후반에 파나마 대통령이 자국에 갖고 있던 여러 집에서 만났다. 가보는 토리호스가 대통령이 되어 몽클로아 궁전에서 자신을 접견한 얼마 뒤에, 그에 관해 쓴 기사에서 그때 일을 회상했다.

파나마 운하를 되찾으려는 막연하고 힘겨운 전투에서 중요한 역할을 하는 세 사람을 꼽으라면, 카를로스 안드레스 페레스, 알폰소 로페스 미첼센과 오마르 토리호스를 들 수 있다. 그들 사이에 젊은 펠리페 곤살레스가 있었는데, 당시 서른이 조금 넘었던 그는 말솜씨 좋고 호기심이 많았으며 스승으로부터 총애받는 제자처럼 보였다. 그는 장래가 촉망되는 매우 젊은 지도자였고, 따라서 결국 40대에 스페인 정부의 총리가 되었다는 건 결코 놀랍지 않다.209)

그들의 만남은 파나마에서만 이루어진 것이 아니라 아메리카의 다른 지역,

멕시코나 산 블라스 섬에서도 있었다. 그들은 아메리카 정치에 대해서 아주 많은 이야기를 했기 때문에 가보는 곤살레스를 두고 "중미 문제에서 내가 아는 가장 위대한 전문가"210)라고 표현했다. 이것이 과장이 아니라는 것은 다음 말을 통해 확인할 수 있다.

"라틴아메리카 사람이 아닌데도 우리의 운명에 대해 그렇게 많이 아는 사람을 나는 이제까지 만나지 못했는데, 아마도 그는 스페인의 운명과 우리의 운명이 상호보완적이라는 것을 알고 있었을 것이다."211)

그래서 그는 펠리페와 구체적으로 라틴아메리카에 대해 대화를 나누기 시작했다.

"우리가 누구이며 라틴아메리카 사람들과 스페인 사람들은 도대체 무엇을 향해 가는지, 더 나아가 우리가 많은 지점에서 서로 교차한다는 것을 배울 수 있었다. 또한 곤살레스는 스페인을 위해서만이 아니라 우리의 공동 운명을 위해서 중요한 사람이 될 수 있다는 것도 깨달았다."212)

쿠바 문제에 곤살레스가 개입하면서 트리오는 완성되었다. 비록 피델과 곤살레스가 서로 견해가 달라 종종 충돌이 있다는 사실은 잘 알려졌지만, 가보는 피델에게 수차례 그 돌쩌귀처럼 중요한 사람에게 좀 더 의지하라고 설득했다. 그리고 가보는 곤살레스에게는 자신의 '공동 운명'이기라도 한 것처럼 쿠바 상황에 대해 얘기를 나누었다. 1990년대 중반에 곤살레스는 피델의 완고한 입장과 쿠바 사회에 만연한 빈곤에 대해 그를 신랄하게 비판하면서도, 솔차가라는 인물을 그에게 보냈다. 솔차가는 더 이상 재무부 장관이 아니었지만 스페인 사회주의가 안고 있는 경제문제에 대해선 가장 명석한 사람이었다. 그는 쿠바인들, 특히 피델에게 변화가 필요한 시점이며 쿠바경제를 개방해야 한다고 설득하면서, 쿠바가 아직은 "후원을 받는 혁명"213)의 수준에 머물러 있음을 암시했다. 그리고 쿠바 국민 모두에게 사유재산권을 일부 넘겨야 한다고 말했다. 그러자 피델은 이렇게 대답했다. "보게나 솔차가, 자네 말이 맞을지도 모르지. 하지만 자네가 하는 말은 다른 사람의 입에서 나와야 할 말이야."214)

토리호스와 비밀을 공유하다

피델과 가보의 우정을 맺어준 오마르 토리호스는 1969년 무력으로 권력을 잡고 다른 정치 지도자들보다 훨씬 먼저 가보와 교류를 시작했다. 이 파나마 지도자는 마르크스주의자는 아니었으나 유고슬라비아 대통령이었던 티토와 피델을 존경했고 피델이 과테말라, 엘살바도르와 니카라과에 개입하는 것을 지지했다. 그는 가보와 얘기를 나누고 싶어 했다. 두 사람은 자주 만났으며 그들의 만남은 1981년 토리호스가 비행기 사고로 사망할 때까지 이어졌다. 가보가 토리호스에 대해 가장 놀랐던 점은 위스키를 마시면 그 효과인지는 몰라도 밤새 깨어 있을 수 있는 그의 특이한 능력이었다. 그가 세상을 뜨고 얼마 지나지 않아서(1981년 8월 12일) 가보는 그를 위해 감동적인 글 하나를 썼는데, 거기서 최근 몇 년 동안 적어도 일 년에 두세 번 정도는 파나마를 여행했다고 밝혔다. 그 이유는 단지 토리호스와 두 사람 모두의 친구들을 만나기 위해서였다고 했다. 파나마를 방문할 때 가보는 보통 호텔에서 묵었는데, 마지막으로 갔을 땐 파나마 수도에 있는 토리호스의 수많은 집들 중 그가 잘 가지 않는 한 곳에서 머물게 되었다. 그때 가보는 저녁 초대를 받았다. 저녁식사가 끝난 뒤 대통령의 비서가 토리호스에게 공식행사에 참석해야 함을 알렸고, 그는 언제든 이륙할 수 있도록 비행기와 헬리콥터 한 대씩을 준비해놓으라고 명령했다. 그것은 어디로 갈지 방향이 결정되지 않았다는 것을 의미했다. 가보는 그날 묵을 방에 도착했을 때를 이렇게 회상했다.

토리호스는 그날 밤 떠나는 일을 다른 소소한 일들처럼 이야기했다. "내가 가장 좋아하는 것은 내가 매일 밤 어디서 잘지 모른다는 것이지." 그것은 정말 아무도 몰랐다. 그는 비행기나 헬리콥터가 이륙 준비를 마쳤을 때에서야 조종사에게 목적지를 알려주었다. 이번에도 예외는 아니었다. 내가 저녁을 먹고 돌아왔을 때 집에 불이 환하게 켜져 있었지만, 적막하고 조용해서 그가 조금 전에 떠났나 보다고 생각했다. 왜냐하면 에어컨에 아직도 그가 피우던 여송연의 냄새가 배어 있었기 때문이다. 나는 그가 어디로 가는지 한 번도 알지 못했지만, 이제는 그날 밤 이후로 내가 그를 다시는 만나지 못하리라는 것을 안다.[215]

가보는 1970년대 말과 1980년대 초에 그를 위해서 글을 몇 편 썼는데, 모두 그를 칭찬하는 내용이었고 당시 중미 국가들이 직면한 위기상황에 대해서 풍부한 의견을 기록하고 있었다. 이 의견들은 펠리페 곤살레스와 사회주의 지도자들과의 대화에서도 논의되었다. 세상을 떠난 친구에게 경의를 표했던 이러한 글 외에도, 1977년 5월 잡지 <대안>에 기고한 '토리호스 장군에게 편지를 쓰는 사람이 있다' 라는 기사도 흥미롭다. 이 기사는 CIA가 파나마운하 지역의 상황을 불안하게 만들려고 망명자들을 자기 고국인 파나마에 침투시켰을 가능성에 대해 다루었다. 또 다른 흥미로운 기사로는 1977년 8월 <대안>에 기고한 '토리호스, 노새와 호랑이의 교차점'이 있다. 이 기사에서는 파나마운하의 관할권과 그것이 중미 경제에 끼치는 영향에 대해 다루었는데, 무엇보다도 토리호스의 업무처리 능력과 인간성이 부각되었다. 카터와 협상을 하던 중 미국의 한 고위관료에게 토리호스가 했던 말은 그의 소탈함과 대범함을 잘 드러내고 있다.

"당신들은 우리에게 운하를 순순히 돌려주는 것이 신상에 좋을 겁니다. 그렇지 않으면 우리가 당신들을 오랫동안 괴롭힐 텐데, 당신들은 결국 '제기랄, 운하를 돌려줄 테니 우리를 더 이상 괴롭히지 마세요' 라고 말할 겁니다."[216]

이 문제에 대한 가보의 개입은 사적인 충고에만 그치지 않았다. 1977년 워싱턴에서 파나마운하에 대한 조약이 서명되려는 중요한 순간에, 그레이엄 그린과 함께 술에 흠뻑 취해서 미국에 들어갔다. 미국에서는 수십 년 전부터 그들이 극좌파라는 정치적 성향을 띠고 미국의 제국주의를 비난한다는 이유로 비자발급이 금지되어 있었다. 토리호스는 협상의 성공을 위해서인지 아니면 다시 한번 그의 정적들을 향해 엉뚱한 일을 벌이고 익살에 가까운 선동을 하기 위해서인지 두 사람이 꼭 필요하다고 말했다.

파나마 대통령은 미국 방문을 준비하고 있었고 대표단을 구성할 때 그레이엄 그린과 나(가보)를 워싱턴에 몰래 들여보낼 계획이었다. 얼마 전 그레이엄 그린은 국립경찰대 대령으로 위장한 다음 카터 대통령에게 가서 특별임무를 수행하라는 명령을 받았는데, 그것은 그저 카터에게 늘 하던 농담을 하기 위해서였다. …… 토리호스 장군은 우리에게 우리의 신분을 유지하되 파나마 장교의 여권을 가지고 대표단의 일원으로서 조약 조인식에 참석할 것을 제안했다. 우리 두 사람은 어린아이처럼 기뻐하며 그 제안을 수락했다. 당시 문학적으로 부담을 느끼던 그레이엄 그린은 비행기 계단을 내려가면서 내 귀에 대고 속삭였다. "세상에, 미국에서는 별의별 일이 다 일어나는군." 토리호스 장군이 카터에게 자신의 심술궂은 장난에 대해 이야기해 주자, 카터도 텔레비전 뉴스에서 그의 빛나는 하얀 이빨을 드러내며 웃고 있었다.

협상 이후, 가보는 협정이 이행되는 것을 가까이서 지켜보았다. 무엇보다도 카리브와 중미 지역의 균형을 지켜보았는데, 이 지역에서 쿠바는 단연 중심을 차지하고 있었다. '레이건의 키신저'라고도 불리는 알렉산더 헤이그는 레이건 행정부의 국무장관이었다. 가보는 1981년 2월 21일자 기사에서, "라틴아메리카 전 지역이 전쟁태세를 갖춰야 할 것"이라고 경고했다. 이어서 그는 "엘살바도르는 불탈 것이고, 니카라과는 앞으로 평화롭지 못할 것이다"라고 했다. 또한 쿠바를 향해서는 레이건이 대통령으로 당선된 날 밤부터 "다시 전쟁태세에 돌입했다"라고 했다. 그런데 파나마에 대해서는 조금 달랐다.

"지난주 미국은 파나마 정부에 난해한 용어로 된 편지 하나를 보냈다. 그 나라의 제국주의적 성향과 헤이그 장군 특유의 철통 같은 스타일이 흠씬 묻어나는 글이었다. 편지에서 헤이그 장군은 파나마와 미국 사이의 우호적 관계를 기뻐했다. 파마나 정부가 1980년에 대선을 치를 것이라는 사실과 1984년에 또 치를 계획이라는 것에 대해서도 기뻐했다. 쿠바와 파나마 사이에 어떤 관계가 존재한다는 것은 이해하지만 그것이 과연 좋은 관계인지를 염려했고, 양국의 무역교류가 미국이 20년 전부터 가한 경제적 봉쇄를 깨는 데 얼마나 기여할지도 의문스러워했다. …… 그는 파나마 영해에 있는 쿠바의 어업 선단도 눈에 거슬렸고, 쿠바가 파나마를 이용해 엘살바도르에 무기와 훈련병들을 보낼까 봐 걱정했다."[217]

계속해서 가보는 파나마 정부가 헤이그의 편지에 대해 이의를 제기하고 반론하는 내용들을 열거하면서 토리호스의 단호한 말로 끝을 맺었다. "나는 이 메시지가 수취인이 틀려서 받지 않은 것으로 간주한다. 이 편지는 푸에르토리코로 보냈어야 했다."[218]

새로운 동맹자 '산디니스타'

마침내 가보의 중미에 대한 지원은 엘살바도르와 니카라과의 내전을 종식하기 위한 협상에의 참여로 이어졌다. 그는 분쟁이 일어난 양 당국의 인질들을 석방하는 데 자주 협조했고, 산디니스타 혁명에 대한 국제적인 보호가 있도록 노력했다. 구체적으로 말하면 비밀스러운 전쟁이 일어나던 그 시기에, 멕시코에 있는 그의 집에서 지도자들과 모임을 했고, 세 야당 그룹이 산디니스타 전선으로 통합하는 내용의 협상을 도왔다.[219] 니카라과의 작가인 세르히오 라미레스는 산디니스타에 우호적인 정치적 동맹자로서 나중에 산디니스타 정부에서 고위직을 맡았는데, 그는 가보와의 관계를 이렇게 언급했다.

"우리는 1977년 8월 보고타에서 처음 만났다. 그때 나는 소모사를 몰아내기 위한 음모에 그의 도움이 절실히 필요했다. 그는 RTI방송국 스튜디오에서 나를 맞이했는데, 그곳에서는 《암흑의 시대》를 바탕으로 한 시리즈가 촬영되고 있었다. 그 스튜디오에는 모니터와 4분의 3인치의 카세트들이 가득했다. 그에게 산디니스타 혁명의 승리가 임박했다는 것을 설득하는 일은 그리 어렵지 않았다. 마르케스가 도와줄 일은 베네수엘라의 수도 카라카스로 가서 카를로스 안드레스 페레스 대통령에게 새로운 정부를 인정해달라고 부탁하는 것이었다."

가보는 산디니즘을 도와준다는 사실에 흥분했고, 또 한편으로는 권력자들을 주선하고 그들을 통제한다는 생각에 고무되어 그 여행을 감행하게 되었다.

라미레스는 또 이렇게 전했다.

"그가 카라카스로 가서 대통령에게 그 거짓말 같은 이야기를 하자 대통령은 그대로 믿어버렸다. 사실 우리는 그때 승리하지 못했더라도 머지않아 승리할 게 분명했다. 왜냐하면 게릴라군이 1979년 7월 19일, 2년이 채 안되어, 마나과(니카라과의 수도-역주)로 진입했기 때문이다. 마르케스는 곧 메르세데스와 함께 마나과로 와서 우리 집에서 한동안 머물렀다. 그 혁명으로부터 멀리 떨어져 있는 지금, 일에 대해 그가 어떻게 말할지는 불을 보듯 뻔하다. '나를 속였어.'"[220]

공산주의자들과 대치하는 과격주의 좌파 정당인 베네수엘라 MAS의 리더 테오도로 페코프는 대통령 후보이자 주간지 〈탈쿠알〉의 국장이었는데, 당시에 대해 또 다른 의견을 제시했다. 1970년대 후반, 가보는 그에게 전화를 걸어 카라카스에 몰래 가려고 하는데 아무도 만나고 싶지 않다고 하면서 도착하면 그 이유를 알려주겠다고 했다. 카라카스에 도착한 가보는 산디니스타 수뇌부가 아닌 피델 카스트로가 보내서 왔다고 했다. 당시 베네수엘라 대통령이자 중미의 진보주의 대통령들의 이익을 끝까지 수호해주던 카를로스 안드레스 페레스와 협상을 하기 위해서라는 것이었다. 하지만 그를 잘 모르기 때문에 페코프의 도움이 필요하다고 했다. 페코프는 중개자의 역할을 하는 데 문제가 없었다. 왜냐하면 당시 야당과 정부의 관계가 "아직까지는 야만적이지 않았기 때문"[221]이었다. 페코프는 가보의 역할을 이렇게 요약했다.

"그의 임무는 산디니스타들의 첫 번째 '최종공세'를 준비하는 일이었다. ─ 이 1차 공세는 실패로 끝났다 ─ 그리고 니카라과 영토에 임시정부를 수립하려고 했으며 이를 위해서 국제적인 인정이 필요했다. 페레스에게 바로 이것을 기대했다. 물질적인 지원도 언급했는데, 나는 거기서 페레스와 니카라과의 교류가 시작되었다고 믿는다. 물론 몇 년 뒤에는 산디니스타들과 손을 끊고 반대파들과 교류를 맺었지만 불행히도 결국 그는 감옥으로 보내졌다. 그때 가보는 페레스를 만나고 떠나기 몇 시간 전에 다시 '변장'을 했는데 그가 바라던 대로 우리를 만난 것은 탄로가 나지 않았다."222.)

하지만 미국은 소모사 정권을 유지하기 위해 지원을 아끼지 않았다. 왜냐하면 산디니스타 전선이 카스트로 정권과 유사한 정권을 건설할 것이 분명했기 때문이다. 그래서 소모사 정권에 대해 베네수엘라가 석유공급을 중단하자 미국이 대신 공급해주기도 했다. 1978년 잡지 〈대안〉과 가진 인터뷰에서 이미 국제적인 외교관이 된 가보는 이렇게 말했다.

〈대안〉: 당신이 니카라과의 위기와 관련해서 다양한 활동에 깊이 관여하고 있다고 알려졌습니다. 더 정확히 말하자면 산디니스타 전선과 말이지요. 지금 니카라과의 상황과 산디니스타의 미래를 어떻게 보시는지요?
마르케스: 아직 충분히 밝혀지지 않은 한 가지 사실은 산디니스타들은 마지막 공세 이후에 타격을 전혀 받지 않았을 뿐 아니라 정치와 군사적으로

더 강해졌다는 것이지요. 그들이 척결되었다는 인상을 주고 있지만 사실은 소모사의 경찰은 산디니스타 전선과 대치하지 않았어요. 그들은 대신 무고한 시민을 학살하고 폭격했지요. 미국의 지시를 잘 따르는 소모사는 시민의 지지가 없으면 산디니스타들이 제2의 기회를 얻지 못할 거로 생각했지요. 그러나 정반대 결과를 빚었어요. 국민은 소모사의 잔인함에 격분했고 산디니스타 전선은 더 강해졌지요.

산디니스타들을 전멸시키려는 전략은 처음부터 카터의 입장이었지요. 소모사는 총파업 기간 동안 석유 없이는 지탱하기 어려웠을 겁니다. 하지만 카터는 베네수엘라가 그들에게 석유 한 방울도 보내주지 않을 때 그것을 보내주었지요. 그러한 이유로 페레스와 카터 사이에 편지가 오고 갔어요. 페레스는 소모사를 쓰러뜨리는 것이 중요하고 카터는 산디니즘이 존재하는 동안 소모사의 몰락을 허용할 수 없다는 입장인데 산디니스타 전선이 니카라과에서 쿠바와 같은 정권을 수립하려고 하기 때문이지요.

다행히, 반소모사 세력, 특히 산디니스타들이 강하고 화통하고 낯가죽이 두껍다고 할 수 있는 토리호스의 지지를 받고 있지요.[223]

가보의 개입은 확실히 결정적이었고 명백히 쿠바의 이익과 관련되는 것이었다. 피델이 페레스와 협상을 하라고 그를 베네수엘라로 보냈다. 페레스는 미래에 노벨상을 받을 작가와 카라카스에서 처음 만난 뒤 파나마 대통령 토리호스의 집에서 가보를 만났다. 이들은 쿠바혁명과 관련이 깊고 유사한 면이 많은 산디니스타 전선을 지지한 것이다. 가보조차도 한 르포에서 그 공동정신을 인정했다.

"쿠바의 그 7월 26일 이후에 라틴아메리카에서 FSLN(산디니스타민족해방전선)만큼 현명하고 성숙할 뿐 아니라 정치와 군사적 형태를 지닌 운동이 일어난 적이 없다."224)

하지만 쿠바가 군사적인 지원은 한 적이 없었다고 밝혔다.

"FSLN은 독립적이고 민주적인 그 운동의 본래 취지를 벗어난 적이 단 한 번도 없다. 소모사와 미국은 기를 쓰고 피델 카스트로가 산디니스타들을 직접적으로 지원한 증거를 찾으려고 했지만, 무기 한 점도 발견하지 못했다."225)

그럼에도 불구하고, 쿠바가 대량으로 무기를 보내고 니카라과에서 싸우기 위해 최전선의 잘 훈련된 전문적인 군인들을 제일 먼저 보낸 국가 중 하나라는 것은 공공연한 사실이다. 1978년에 미 국무부의 쿠바 출신 관료 헤르만 로페스와, 몰레온이라는 이름으로 활동한 쿠바특별군의 관료 레난 몬테로는 코스타리카의 쿠바 상무관에서 활동했다. 그들이 미 국무부의 페르난도 코마스와 앞으로 우리가 불행한 기억으로 다루겠지만, 쿠바혁명의 중요한 장군 중 한 명인 토니 데 라 구아르디아와 함께 니카라과에 입성할 날이 임박했다. 당시 토니 데 라 구아르디아의 수완으로 아바나, 파나마, 라이베리아 사이에 비행갑판을 설치해서 그것을 통해서 무기가 도착했다. 운송은 매일 이루어졌고 잘 훈련된 게릴라들을 실어 날랐다. 이 전사 중 일부는 쿠바인이었지만 칠레와 우루과이 사람들도 있었다. 이들은 유사시 투입되기 위해서 쿠바에서 훈련을 받았다. 하지만 쿠바가 산디니즘과 그런 식으로 협조한 유일한 국가는 아니었다. 베네수엘라의 페레스 역시 무기를, 구체적으로 FAL 소총들을 보냈다. 베네수엘라의 문장을 지우고 소이탄에는 분명한 마크를 남겨 두었다. 호르헤 마세티는 그 모든 과정을 직접 목격했고 당시 니카라과에서 일어난 일부 사건들의 주역으로서 우리에게 그 얘기를 해주었다. 그는 《분노와 착란》에서 잊을 수 없는 내용과 문학적으로 뛰어난 글을 남겼다. 하지만 가보는 늘 그래왔듯 혁명의 이미지를 해칠 수 있는 자료는 발설하지 않았다.

콜롬비아 대통령이 찾는 사람

가보는 한낱 평민에서 촉망받는 '조정'의 신하로 출세했다. 콜롬비아에서 가보의 출신이 매우 비천했다면, 1970년대 이후에 자국의 '조정'에 끼치는 영향은 갈수록 명백해졌다. 교내의 작은 시인에서 콜롬비아 역사상 가장 중요한 작가로 변모했다. 가보의 권력에 굴복한 대통령들도 많았다. 1971년 가보는 미사엘 파스트라나와 여러 차례 만나서 콜롬비아 정치범들에 대해 이야기를 나누었는데 콜롬비아 대통령이 그런 표현을 허용하면서 그 주제를 입에 올린 것은 처음이었다. 알폰소 로페스 미첼센(재임 1974~1978년)과는 이미 아는 사이였는데 '보고타소' 당시 그의 법학과 교수라서 친하게 지냈기 때문이다. 가보는 과격주의 잡지 <대안>에서 활동하던 시절부터 그 정부에 강하게 반기를 들었다. 로페스 미첼센은 예라스 레스트레포(재임 1966~1970년) 정권의 외무부 장관이었을 때 가보에게 바르셀로나 영사직을 제안했다. 가보는 그 제안을 거절했다. 하지만 훌리오 세사르 투르바이 아얄라(재임 1978~1982년)와의 관계는 나빠졌다. 가보가 1971년 군으로부터 집요하게 추적을 당해서 멕시코로 망명갈 때까지 두 사람은 서로 모르는 척했다. 가보는 자주 하던 쿠바와 파나마 여행에서 콜롬비아로 돌아올 때 그를 체포할 계획이 있다는 소식을 들었다. M-19 도시게릴라단체와 관련이 있다는 혐의였다. 가보와 부인 메르세데스는 멕시코 대사관으로 망명해서 콜롬비아를 벗어날 수 있었다. 이 때문에 콜롬비아는 국제 여론에서 큰 타격을 입었는데 몇 달 후 가보는 프랑스와 멕시코, 쿠바에서 훈장을 받고 노벨상을 받았던 것이다.

벨리사리오 베탄쿠르(재임 1982~1986년) 콜롬비아 대통령이 상황을 변화시켰다. 그들은 오랜 친구였다. 그는 진보주의자이자 보수주의자였고, 박식하고 유능했으며, 가보에게 처음으로 경의를 표한 콜롬비아 대통령이었다. 그는 노벨상을 받은 데 대해 경의를 표했으며 그가 모든 명예를 갖고 망명에서 돌아오도록 해주었다. 베탄쿠르는 오래된 좌파인 가보를 국가기관이 만족할 만한 지식인으로 만들었다. 베탄쿠르 이후 콜롬비아의 모든 대통령이 가보와의 우정을 모색하거나 아니면 반대로 가보가 그들과 우정을 쌓으려 했다. 사실, 다음 대통령 비르힐리오 바르코(재임 1986~1990년)는 그와 특별한 관계를 맺지는 않았지만 그를 여러 차례 맞이했고 그를 콜롬비아의 위대한 대사로 인정했다.

세사르 가비리아(재임 1990~1994년)는 피델이나 토리호스처럼 가보의 절친한 친구였다. 그동안 가보는 나리뇨 궁전을 자주 방문했을 뿐 아니라 대통령을 위해서 중개자 역할을 하고 국내외 여러 문제에서 고문으로 활동했다. 예를 들어 가보의 소설 《납치일기》에서 그에 대한 존경심이 명백하게 드러난다. 가비리아는 카르타헤나 데 인디아스의 가보의 집에서 열린 가보의 생일파티에서 가보와 클린턴과의 만남을 추진할 계획에 대해 대화를 나누었다. 이 계획을 윌리엄 스타이런에게 전해주자 그는 이를 자신의 친구 클린턴에게 전해주었다. 에르네스토 삼페르(재임 1994~1998년)와도 이미 친한 사이였다. 사실 대통령이 되기 전, 삼페르는 가보의 초대로 쿠바를 방문했고 피델 카스트로와 면담을 하기도 했다. 그것을 바탕으로 콜롬비아에 많이 보급되어 있는 잡지 <세마나>에 르포 기사가 실리기도 했다. 시간이 흐른 뒤 삼페르가 칼리의 마피아 사건과 연루되자 두 사람 사이가 멀어졌다.

미사엘 파스트라나의 아들, 안드레스는 1998년부터 2002년까지 대통령을 역임했는데 대통령 선거 당시 가보에게 접근했다. 그들은 멘도사의 소개로 만났다. 파스트라나는 여러 문제에서 그를 개인 고문으로 삼았다. 두 사람은 클린턴과 대담을 하기 위해 함께 미국으로 갔다. 독립적인 자유주의자 알바로 우리베(재임 2002~2010년) 대통령의 경우, 대선에서 이기기 얼마 전, 가보를 만나러 멕시코로 갔다. 콜롬비아 대통령들 사이에 하나의 전통이 되다시피 한 '마르케스의 승인을 받고 그와 관계를 돈독히 하는 것'을 실행한 것이다. 이런 상황에서 가보가 무엇이 아쉬워 장관이나 대사가 되고 싶었겠는가?

유럽으로의 화려한 귀환

GABO & FIDEL | Chapter 010 |

가보가 유럽에 처음 도착했을 때 그의 경제적 상황은 최악이었다. 수많은 기사와 인터뷰, 그리고 멘도사의 책 《구아야바의 향기》 등에 이에 대한 증언이 소개되어 있다. 그의 회고록 2권에 자신의 어려웠던 시절 이야기가 충분히 소개될 것이다. 그가 처음 유럽에 갈 때는 옷도, 책도, 돈도 없는 빈털터리였다. 오직 자신의 르포를 가지고 새로운 삶을 찾아 떠나는 젊은 기자의 모험정신만이 있었다. 그러나 1970년대 말에는 상황이 변했다. 그의 높아진 정치적 위상과 문학적인 성공은 남부러울 것 없는 안정을 제공해주었다. 그의 관심 폭은 유럽에 도착하면서 더욱 넓어졌다. 미테랑 프랑스 대통령과는 전부터 알고 지냈지만 문학적인 흥미 외에도 라틴아메리카에 대한 공통의 관심사로 산디니즘 시절에 더 자주 접촉했다. 파블로 네루다는 아옌데 시대에 프랑스 주재 칠레 대사였는데 당시 미테랑과 가보에 대해 얘기를 나누었고 그에게 불어로 번역된 가보의 소설 몇 권을 주었다. 네루다와 가보는 좀 더 이후에 알게 되었고 그들의 우정은 첫 순간부터 빠르고 자연스럽게 싹텄다. 칠레의 노벨상 수상자인 네루다가 이미 미테랑과 가보에게 서로에 대한 이야기를 오랜 시간에 걸쳐서 해주었기 때문이다. 하지만 네루다는 가보가 미테랑과 교류를 맺게 된 첫 번째 연결고리였을 뿐 아니라 자신의 노벨상 수상 만찬에서 프랑스와 스웨덴의 유명 인사들에게 가보에 대해 호의적인 얘기를 해주기까지 했다. 가보는 1973년 한 인터뷰에서 1971년 만찬에서 있었던 일화를 전해줬다.

한번은 네루다가 바르셀로나에 있던 나에게 전화를 걸어왔다. "자네, 내일 파리로 와서 나와 저녁을 같이 먹으세. 부인도 데려오게." 나는 싫다고 했다. 하지만 그때 나는 그의 기어들어가는 소리, 울 것만 같은 소리를 듣고 승낙하고 말았다. "가겠네." 아내에게도 그의 말을 전했다. "파블로가 화를 내서 내일 그와 파리에서 식사해야 해." 우리가 비행기에서 내릴 때 그가 노벨평화상을 받는다는 소식을 들었다. 그 소식을 듣고 파블로가 기자들에게 가장 처음 한 말은 이것이었다. "정말 그 상을 받아야 할 사람은 가브리엘 가르시아 마르케스입니다"라고. 그제야 우리가 그와 함께 식사하는 것이 왜 그렇게 중요한지 깨달았다. 그의 집에서 치러진 노벨상 수상 기념 만찬에는 다빗 알바로 시케이로스와 그의 부인 호르헤 에드워즈, 칠레 화가 에드워드 마타, 레지스 드브레, 사진작가 앙리 카르티에 브레송과 그의 부인 그리고 내가 참석했다. 수상 소식을 전해주러 온 스웨덴 한림원의 대표도 있었다. 파블로는 이듬해에는 반드시 나에게 노벨상을 주라고 밤새도록 그를 괴롭혔다. 그 가엾은 사람은 이렇게 말했다. "알았습니다. 네루다 경, 한번 검토해 보지요."226)

다시 말해 미테랑과의 우정과 노벨상 수상은 네루다가 가보를 위해 힘쓴 결과 얻은 두 가지 보물이었다. 이후에 가보는 어느 글에서 미래의 프랑스 대통령과 자신의 우정은 멕시코에서 있었던 한 저녁식사에서 견고해졌고 그것이 결정적 계기가 되었다고 말했다. 그 식사는 미테랑이 아직 대통령 후보 시절 멕시코시티 주재 프랑스 대사관에서 있었다. 가보는 그 자리에 초대된 사람 중 유일하게 프랑스인이 아니었다. 가보는 자신이 미테랑이라는 인물을 재발견한 순간은 참석자들 모두가 미테랑에게 프랑스 정치의 최근 소식을 상세하게 전해달라고 했을 때, 그가 정치 말고 문학에 대해서 이야기하자고 제안했을 때라고 말했다.

"거기 모인 사람들 대부분은 승승장구하고 있는 정치가인 미테랑이 중요한 문제를 비켜가기 위해서 그런 간계를 쓴다고 생각했다. 그러나 잠시 후 우리는 그 대가의 지혜와 매력에 푹 빠졌는데, 특히 그는 세계 문학의 위대한 인물들과 영원한 불행에 대해서 자기 나름의 의견을 갖고 있었다."

가보는 그때, 미테랑을 정치적 동물이 아닌 진정한 문학인으로 느꼈다. 따라서 만일 그가 권력을 잡는다면 지혜롭게 정치를 해나갈 것이라고 믿었다. 가보는 미테랑이 대통령으로 당선되기 며칠 전인 1981년 4월 14일자 기사에서 이렇게 말했다.

"나는 세상을 보는 그의 시각이 보통 정치가 이상이며, 문학에 대한 열정이 남다르다고 생각한다. 그래서 나는 항상 그가 현명한 정치가가 될 것을 의심하지 않았다. 세상과 인생과 관련된 것이라면 아무리 사소한 것이라도 관심을 기울이는 열정과 기쁨, 그리고 명석함이 있다."227)

가보는 한 달 뒤에 나온 다른 기사에서는 1981년 5월 21일 엘리제 궁에서 열린 식사에 대해서 다뤘다. 미테랑은 그 자리에서 자신의 라틴아메리카 친구들과 승리를 축하하고 싶어 했다. 그 파티에는 당시 미국의 작은 대학에서 강의를 하고 있던 카를로스 푸엔테스가 콩코드기를 타고 참석했다. 그 밖에도 네루다의 미망인 마틸데 네루다, 비행기 공포증이 있음에도 카라카스까지 온 미겔 오테로 실바, 살바도르의 미망인 오르텐시아 아옌데가 있었다. 그녀는 미테랑의 승리를 확신하지 못해서 며칠 전에 아메리카로 돌아갔다가 그해에만 여섯 번째로 프랑스에 돌아와야 했다. 훌리오 코르타사르도 물론 있었다. 가보는 코르타사르에 대해 이렇게 회상했다.

"그는 가장 쉽게 도착한 사람이다. 그의 집 모퉁이에서 지하철을 타고 엘리제 궁에서 스무 발자국 떨어진 콩코드 역에서 내리면 그만이었다."228)

가보는 너무나 기뻤다. 파리의 거리마다 "또 다른 역사적인 5월, 1968년 5월 이래 기억될 만한 가장 즐겁고 떠들썩한 대중들의 소란"에 대해 언급하며 대통령 당선인과 둘이서 나눈 대화를 소개했다.

그에게 말했다.

"라틴아메리카 사람들이 처음으로 프랑스에 우리의 대통령이 생겼다는 인상을 받았지요."

미테랑은 미소를 지었다.

"그래요? 그런데 어떤 라틴아메리카 사람들이 그런 생각을 하죠?"[229]

그들의 우정과 신뢰는 더욱 돈독해져, 라틴아메리카 정치계에서는 가보가 라틴아메리카와 사회주의 유럽 사이의 중개인이라는 생각을 하게 되었다. 실제로 1983년 발행된 잡지 <플레이보이>와의 인터뷰에서 그러한 점이 지적되었으나 가보는 두 사람 사이의 개인적인 우정이 정치에 미치는 영향에 대해 그리 신경 쓰지 않았다.

<플레이보이>: 당신의 고위급 친구 한 명이 미테랑 대통령입니다. 당신이 라틴아메리카 문제에 대해 비공식적인 고문으로서 그에게 협조한다는 것이 사실인가요?

마르케스: 고문이라고 말씀하셨나요? 아니오. 미테랑 대통령은 라틴아메리카에 대해서 자문 같은 것을 필요로 하지 않아요. 정보의 교환은 물론 있지요. 우리가 만날 때 그래서 얘기를 많이 나누지요.

<플레이보이>는 또 라틴아메리카에 대한 미테랑의 관심, 특히 니카라과에서 3년 가까이 권력을 잡은 산디니스타 정권에 대한 프랑스의 지원을 가보와

미테랑과의 우정과 연결해 질문했다.

〈플레이보이〉: 프랑스 정부는 니카라과 산디니스타 정권에 군사적 지원을 결정한 것 때문에 몇 달 전 미국과 대립하기 시작했습니다. 당신은 이 문제에 대해서 미테랑과 얘기를 나누셨나요?

마르케스: 그들에게 무기를 보내기로 한 것을 말씀하시는 건가요? 아니오. 그런 종류의 논의는 적어도 외관상으로는 지극히 기밀사항입니다. 그러나 우리는 니카라과가 필요로 하는 교역과 경제적인 지원에 대해서는 이미 말을 했고 그 점에 대해 내가 아는 얘기를 모두 해주었지요. 나는 현 니카라과 정부에 친한 친구들이 많이 있어요. 우리는 소모사 정권에 대항해 투쟁해왔던 수년 동안 함께 일했지요. 만일 내가 니카라과에 대해 미테랑 대통령과 무슨 얘기를 나누었는지, 중미의 현 상황이 어떤지 알고 싶다면 기꺼이 말씀드릴 수 있습니다.

〈플레이보이〉: 네, 말씀 부탁합니다.

마르케스: 제가 보기에, 라틴아메리카 특히 중미의 가장 큰 문제는 레이건 행정부가 그것을 미국과 소련의 역학적인 관점에서 본다는 것이지요. 이건 말도 안 되는 것입니다. 실제 중미의 현실과는 아무 상관도 없이 말이지요. 레이건 행정부는 라틴아메리카에서의 반체제운동이나 국민의 반란이 그 국가들의 비참한 상황에서 비롯된 것이 아니라 소련의 간섭 때문이라고 간주하지요. 케네디가 1960년대 초기에 했던 것처럼 말이지요. 나는 산디니스타의 노선을 잘 알고 있고 그들이 강대국들에 기대지 않으면서

자신들만의 정치 노선을 가기 위해 안간힘을 쓰고 있다고 확신합니다. 니카라과는 지금 식량을 사고, 국가를 발전시키고 방어하기 위해서 돈이 굉장히 많이 필요로 합니다. 만일 서방이 그들에게 지원을 해주지 않는다면 그들을 지원할 수 있는 유일한 정부에게 도움을 청하는 수밖에 없지요. 바로 소비에트 연방이요.

마침내 수상식 단상에 서다

피델과 가보의 우정은 호텔에서 처음 만난 이후 급속도로 가까워졌는데, 이는 동전의 양면과도 같았다. 굳이 표현하자면 이런 식이 될 것이다. 당신(가보)이 나(피델)에게 지식인으로서의 명성과 일부 권력자들 속에서 활동할 수 있는 능력으로 우리 혁명을 도와주면, 나는 당신에게 라틴아메리카에 대한 중요한 정보를 알려주고 당신을 미국에 반기를 드는 혁명의 기수로 임명할 것이며 권력을 주무르고 그것과 놀고 싶어 하는 당신의 욕망을 채워줄 것이다.

〈플레이보이〉와 가진 인터뷰에서 가보는 이러한 질문을 받았다.

〈플레이보이〉: 카스트로가 당신에 대해서 이런 말을 했지요. "가르시아 마르케스는 라틴아메리카에서 가장 영향력이 센 사람이다." 그 말이 사실이라면, 무슨 뜻이라고 생각하시는지요?

마르케스: 저는 그 반대라고 생각합니다. 사실 제가 가진 정치적 비중과 영향력은 생각보다 그리 크지 않습니다.

그는 피델의 말을 부인했으나 아주 단호한 태도는 아니었다. 우리는 이미 그가 구체적인 사항에 대해서 말할 땐 때로 진지하지는 않다는 사실을 알고 있었다.

"그 말은 피델의 입에서 나온 것 같지는 않지만, 설령 그런 말을 했다 해도 나를 작가로서 대하는 것이지 정치가로 생각하는 것 같진 않습니다."[230]

가보가 쿠바에 관심을 가지고 피델을 안 지 얼마 되지 도 않아 어떤 쿠바인도 누려보지 못한 지위에 도달한 놀라운 모습을 여실히 보여주는 중요한 르포 하나가 있다. 이 르포는 헤라르도 몰리나가 썼고 콜롬비아 일간지 <관객>의 1980년 2월 13일자에 실렸다.

"쿠바혁명 과정을 가까이서 지켜보는 것은 그 자체만으로도 흥분된다. 그러나 이것을 가르시아 마르케스의 시선으로 본다면 더 흥미로워진다. 왜냐하면 이 작가는 우리에게 라사리요(맹인을 안내하는 아이-역주)와 같은 존재이기 때문이다. 그냥 지나쳐버릴 수 있는 것들도 그의 눈에 들어오는 순간 새로운 발견이 되고 만다."[231]

몰리나는 다음과 같이 확신했다.

"가보를 쿠바혁명의 지도자 중 한 사람으로 봐도 좋다. 그는 수많은 계획이 어떻게 진행되는가를 보려고 쿠바를 정기적으로 방문한다. 그의 의견은 즉각적으로 반영된다."

우리는 가보의 숙소인 리비에라 호텔에서 나온 다양한 아이디어와 계획들이 이후 어떻게 실현되었는지를 검증할 수 있었다. 라울 카스트로는 가보를 소련의 국방부 장관에게 소개하면서 농담 반 진담 반으로 유쾌하게 말했다.

"당신에게 콜롬비아 출생이지만 엄연히 '쿠바의 작가'인 가르시아 마르케스를 소개합니다. 다행히도 그는 공산주의자가 아닙니다. 만일 그랬다면 우리에게 그렇게 도움이 되지는 않았을 겁니다."

몰리나는 가보가 권력에 다가가는 방법에 대해 설명해 주었다. 그는 가보가 정치를 싫어하고 정치를 이해하지 못하는 것이 아니라고 했다.

"사실은 그가 정치를 무척 좋아하고 그것을 지나칠 정도로 잘 알고 있기 때문에 그런 말을 한 것이다. 그의 위대한 르포들이 그것을 증명해준다. 마르케스는 정치현상들을 분해하여 산산조각낸 다음, 이를 다시 조립해서 그런 상황에 부닥친 사람들이 눈치채지 못할 놀라운 결론을 도출해낸다. 앞으로도 그가 대중 앞에서 표를 달라고 요청하는 일은 없을 것이다. 하지만 그가 정치가들이나 중요한 고위급 관료들의 고문이라는 것은 부인할 수 없다."

문학적인 면에서, 그의 소설들은 쿠바에서 코펠이아의 아이스크림처럼 잘 팔리고 있다. 몰리나는 이렇게 쓰고 있다.

"우리가 문화부 차관인 호나우두 로드리게스에게 마르케스 작품의 판매량에 대해서 묻자 도저히 믿기지 않는 수치를 말해주었다. 그의 작품은 출간 즉시 서점에서 13만 부 이상 팔린다고 했다."

가보가 한번은 쿠바인들이 자신에게 매력을 느끼는 까닭은 콜롬비아인답지 않기 때문이라고 말한 적이 있다. 자신의 모국 콜롬비아는 지구 상에서 가장 엄숙한 나라인데, 그가 세상에서 가장 두려워하는 것이 엄숙함이기 때문이라는 것이다. 그래서 그는 "쿠바는 내가 편하게 지낼 수 있는 유일한 나라"[232]라고 했다. 쿠바에서는 사람들이 자유롭게 행동하고 형식에 얽매이지 않기 때문이다. 나아가 거기서는 친구들을 자연스럽게 대할 수 있는데, 그는 친구를 무한정 신뢰하고 싶었기 때문이다. 〈엘 티엠포〉는 2002년 12월 18일 가보의 회고록 1권 발간을 축하하면서 이렇게 묘사했다.

"그는 감성이 풍부하고 관대하며, 자신의 높은 명성에도 수줍음을 타고 지극히 직관적이고 신중한 동시에 열정적이며, 친구들과의 우정을 가장 귀중한 자산처럼 여긴다."[233]

가보가 한 유명한 말 중에 이런 말이 있다.
"내가 가장 나답다고 느낄 때는 친구들과 함께 있을 때이고, 그들 중 누구도 내가 그들을 좋아하는 만큼 나를 좋아하는 친구는 없다."[234]
1980년 10월, 그해의 노벨문학상 수상이 거의 실패로 돌아갈 즈음 그는 이전의 작가들이 수상자 발표를 기다리면서 어떻게 반응했는지를 기억했다. 늘 그렇듯이 그 상을 받기를 기다리는 후보들은 항상 그런 기대를 하고 있지 않다고 말한다. 아니면 그들의 속마음이 드러나지 않도록 적당한 위장을 한다. 옥타비오 파스는 "최고의 상은 기대하지 않고 받는 상"이라고 했다. 가보도 역시 그렇게 생각했다.

수상자들은 전반적으로 그 소식에 가장 먼저 놀라는 사람들이다. 아일랜드의 극작가 사무엘 베케트가 1969년 수상 소식을 전화로 들었을 때 탄식하며 소리쳤다. "세상에, 이런 재앙이 일어나다니!" 파블로 네루다는 1971년 수상자가 발표되기 사흘 전에 스웨덴 한림원의 기밀사항으로 그 소식을 듣게 되었다. 하지만 수상자가 발표되던 날 밤, 그가 칠레 대사로 있던 파리에서 저녁식사에 친구들을 초대했을 때 누구도 그가 파티를 연 이유를 모르고 있다가, 석간신문에서 그 소식이 보도된 뒤에야 알게 되었다. 네루다는 나중에 "나는 글로 쓰이지 않은 것들은 믿을 수가 없어."라고 우리에게 특유의 미소를 지으며 말해주었다. 며칠 뒤 우리가 몽파르나스 거리에 있는 북적대는 식당에서 점심을 먹는데, 네루다는 그때 48시간 뒤 스톡홀름에서 있을 수상식에서 발표할 연설문을 아직 준비하지 않았다고 했다. 그리고는 메뉴가 적힌 종이 한 장을 뒤집더니, 손님들의 소음에도 아랑곳하지 않고 마치 호흡하듯 쉬지도 않고 그가 시를 쓸 때 늘 사용하는 초록색 펜으로 대관식에서 읽을 아름다운 연설문을 써내려갔다.[235]

아바나는 축제였다

가보는 1982년 10월 망명지에서 노벨상을 받았다. 멕시코에서 살았지만, 쿠바에서 많은 시간을 보냈고 이제 그는 항상 호화로운 리비에라 호텔의 스위트룸에서 지내고 있었다. 수상자 발표가 있기 전날, 그는 프랑스 통신사의 특파원으로 쿠바에 와 있는 알프레도 무뇨스에게 전화를 걸었다. 그리고는 노벨상에 대한 이야기를 나누었다. 쿠바, 특히 아바나는 축제 분위기였다. 그다음 날 무슨 일이 있을지 모두들 알고 있었다. 사실 알프레도는 우리와 가진 인터뷰에서 그날 밤 통신사에 기사를 썼다고 했다. 그는 기사에다 가보와 전화통화했던 내용을 실었는데, 그 노벨상 수상자를 세심한 것에 신경을 많이 쓰는 사람으로 소개했다. 수상 자체보다도 그 상을 받을 때 무슨 옷을 입고 나갈지, 그의 부인 메르세데스가 스웨덴 국왕과 춤을 추어야 할 상황에서 어떻게 대처해야 할지 등에 대해 신경 쓰는 사람으로 말이다.

그리고 그날 밤 스웨덴 사람들보다 한발 앞서 그 상을 더 장엄하게 발표하려고, 쿠바 각료회의에서 만장일치로 이 콜롬비아 작가에게 펠릭스 바렐라 훈장을 수여하기로 했다. 이것은 쿠바 국가가 지식인의 공로를 치하하는 최고의 상이었다. 1982년 10월 21일 쿠바 일간지 〈반항하는 청년기〉는 "작품은 완벽하고, 작가는 시대적 조류를 읽을 줄 알고 혁명적 사고를 지닌 사람"이기에 그러한 수상 결정이 내려졌다고 전했다. 이튿날인 10월 22일, 전 세계 언론이 노벨상 수상 소식을 전했다. 쿠바 공산당 기관지 〈그란마〉는 노벨상을 받기 몇 시간 전에 이미 가보가 쿠바 최고의 훈장을 받았다는 사실을 강조했다.

노벨상 수상 소식이 알려진 바로 그날, 가보는 멕시코에서 외국 인사들에게 주는 최고의 영예인 아길라 아스테카 훈장을 받았다. 멕시코에 있던 그에게 가장 먼저 전화를 건 사람은 역시 그의 친구였던 스웨덴 외무부 장관 피에르 스코리였다. 세 번째 전화는 역설적이게도 콜롬비아 보수파 대통령인 벨리사리오 베탄쿠르에게서 걸려왔다. 그는 당시 가보가 망명 중인데도 그를 열렬히 축하해주었다. 스페인 일간지 〈엘 파이스〉는 마르케스가 1981년 모국에서 심각한 문제를 겪었지만 3월에 독립신문을 창설하기 위해 돌아가리라고 전했다. 그리고 쿠바 정부가 노벨상과 함께 그에게 사전 고지 없이 다른 상을, 즉 쿠바 수뇌부가 줄 수 있는 최고의 상을 주는 데 합의했다고 강조했다. 그의 친구 피델은 이미 그에게 최고의 대우를 해주기 시작했고 이틀 후에도 계속 그러했고 연말까지도 그랬다.

멕시코 신문 〈우노마수노〉는 10월 25일자에서 15명의 콜롬비아 선원과 한 명의 도미니카인이 쿠바 영해를 침범하고 마약거래를 한 혐의로 쿠바에서 수감 중이었는데 가보의 중개로 카스트로 정권이 갑자기 그들을 석방했다고 전했다. 10월 30일, 〈그란마〉는 가보가 펠릭스 바렐라 훈장 수여에 대해 감사를 표하며 피델에게 보낸 편지에서 문구 하나를 공개했다. "나는 오늘날의 쿠바인들이 자기들 고유의 세상을 만들기 위해 보여준 용기와 끈기, 놀라운 상상력을 증명할 유일한 사람이다."

따라서 그의 망명을 가장 먼저, 그리고 가장 열광적으로 축하해준 나라는 쿠바였다. 그는 파리로 먼저 간 다음 스톡홀름으로 갈 예정이었다. 수여식이 열리는 12월이 되기 전 몇 달 동안은 축제의 연속이었다. 가보는 12월 초에 있을 다른 행사에 참석하기 위해 쿠바에 잠시 들러야 했다. 12월 3일, 쿠바에서 그를 위한 행사 하나를 준비했는데, 이는 그의 노벨상 수상을 미리 축하하고 바로 그날 그의 작품을 수십만 부 출간할 것을 발표하기 위해서였다. 12월 6일, 세군도 카보 궁에서 열린 아바나의 책 박람회장에서 그를 향한 뜨거운 경의가 표해졌다. 〈그란마〉의 12월 11일자 기사가 이 행사를 자세하게 다루었다. 가보와 문화부 장관 아르만두 하트, 차관이자 그의 절친한 옛 친구인 안토니오 누네스 히메네스, 당시 예술 및 문학 담당 국장이었고 이후에 문화부 장관이 된 아벨 프리에토가 발언을 했다. 한편 가보는 스웨덴 국왕 앞에서 발표할 수상 연설을 준비해야 했다. 그는 디에고 가문의 집에서 연설을 녹음해서 직접 들어보고 여러 차례 반복하면서 외웠다. 페페는 그가 수줍음을 많이 타고 엄숙한 분위기에서는 긴장을 많이 하기 때문에 사람들 앞에서 연설해야 하는 극도의 긴장감을 극복하려고 많은 노력을 했다고 전해주었다.

12월 7일 스웨덴으로 떠나면서 바르셀로나에 들러 〈엘 파이스〉와 서둘러 인터뷰를 하고 드디어 스웨덴의 수도에 도착했다. 12월 9일 (유명한 경제학자 사무엘손도 끼어 있는 그해의 다른 노벨상 수상자를 제외하고 가보만) 스웨덴 대통령 올로프 팔메의 시골 별장에 초대를 받았다. 가보가 당시 상황을 말했다.

"메르세데스와 나는 안데르센 동화에서나 나올 법한 안갯속 중세시대의 성을 찾으려고 했지만, 우리가 발견한 것은 매우 소박하고 정갈한 집 한 채였다. 얼어붙은 호숫가가 보이는 평화로운 초원 한가운데에 있었는데 그것과 유사한 집들이 주변에 여러 채 있었다."[236]

이 초대는 그를 위해서만이 아니라 라틴아메리카 전체에 표하는 경의였다. 그곳에는 프랑스 대통령 미테랑 부부, 가보의 위대한 친구들인 레지스 드브레와 피에르 스코리, 스웨덴의 몇몇 작가들과 터키의 전 총리가 있었다. 가보는 그날 만찬에서 올로프 팔메가 네루다와의 일화 한 토막을 소개했을 때 가장 크게 감동했다.

"팔메의 시골집에서 저녁식사를 할 때 그(팔메)는 라틴아메리카에 대한 추억으로 우리를 사로잡았다. 그는 파블로 네루다와 함께 이슬라 네그라에 있는 그의 집에서 살바도르 아옌데가 선거에서 승리하기 일 년 전에 나눈 대화를 회상했다. '우리는 밤이 새도록 벽난로 앞에서 얘기했어요. 전 세계의 바다를 항해한 배의 아름다운 뱃머리 장식에 둘러싸여서 말이지요. 네루다는 라틴아메리카 역사에 만연한 독재에 대해 끝없이 이야기했지요. 집채만 한 태평양의 파도처럼 끝이 보이지 않게 말이에요.' 그는 건배를 하면서도 테이블 위에 라틴아메리카에 대한 주제를 올려놓는 것을 까먹지 않았고 우리가 잠을 자려고 자리에서 일어설 때까지 그것을 다루었다."[237]

저녁 모임이 끝나고 터키의 전 총리가 가보에게 당시 중미의 상황에 대해 정리를 해달라고 부탁했다. 가보가 그때의 상황을 설명했다.

나는 당시 짜릿한 환희에 압도되어서 사흘 동안 잠을 자지 못하고 있었다. 그렇지만 총리의 요청이 매우 중대한 사안과 연관되어 있기도 해서 거의 두 시간 가까이 상세하게 분석을 해주자, 피에르 스코리가 웃음을 참으며 나에게 이렇게 말했다.

"그만해, 가브리엘. 우리도 이제 다 아니까."

이렇게 해서 중미를 대표하는 여섯 명의 대통령들을 한자리에 모이게 한 다음, 그들이 그 지역의 평화를 위해 즉시 노력하게 하자는 아이디어가 나오게 되었다. 그들을 소집하자는 것은 나의 발언에 따른 것으로, 그것은 여태껏 중미가 그런 긴장상태에 처한 적이 없었으며 협상을 통해 국제 관계를 풀어가는 것이 그리 절실하지 않았다는 뜻이다.238)

이튿날, 노벨상 수여식 행사에 40여 명의 친구들이 가보와 동행했다. 그들 중 일부는 쿠바인이었고, 카리브의 음악가와 쿠바의 민속춤인 쿰비아를 추는 무용수들도 있었다. 시상식 행사의 배경음악으로 가보가 존경하는 음악가인 벨라 바르톡의 음악이 흘러나왔다. 가보는 스톡홀름의 콘서트 홀에 자신이 태어난 지역의 농부들이 입는 옷을 입고 손에는 노란 장미꽃을 들고 등장했다. 이 꽃은 행운을 가져다주고 불운한 존재와 불운한 상황에서 벗어나게 한다는 의미가 있었으며, 특히 그에게는 글을 쓸 때 영감이 떠오르게 하는 존재이기도 했다. 노벨상 수상자가 연미복을 입지 않고 참석하기는 그때가 처음이었다.

피델은 그에게 특이한 선물을 보냈다. 그날 친구들과 마시라고 럼주 1,500병을 보내준 것이다. 스웨덴의 엄격한 법률이 밤 10시가 넘으면 술 판매를 금하고, 공식적으로 허가를 받지 않은 곳에서는 술을 마실 수 없어서, 마시고 싶은 사람들은 마음껏 마실 수 있도록 특별히 배려해준 것이었다. 12월 15일, 스웨덴 외무부는 그 많은 양의 알코올을 불법적으로 유통한 것에 대해 쿠바 대사관에 항의서를 제출했다.

축제는 계속되었다. 〈엘 파이스〉 신문은 12월 29일자 기사에서 그날 가보가 5일간의 스페인 방문을 마치고 친구 피델과 연말을 보내려고 쿠바로 갔다고 전했다. 피델은 최근 가보에게 그의 조상의 고향인 스페인의 갈리시아를 꼭 방문하고 싶다고 했다. 이 지방을 방문하는 동안 가보는 친구 펠리페 곤살레스와 여러 번 만났다. 먼저 12월 26일에는 스페인의 총리였던 그와 다섯 시간을 함께 보냈다. 이 총리는 1년 4개월 동안이나 가보를 만나려고 이런저런 노력을 해왔다. 두 사람 모두의 친구인 토리호스 장군의 생명을 앗아간 비극적인 사고에 대해 이야기를 나누고 싶어서였다. 〈엘 파이스〉는 펠리페와 가보가 다시 만나서 서로 무척 기뻐했다고 전했다. 이들이 못 본 지 오래되었고 무엇보다도 주변의 정세가 많이 변했음에도 두 사람은 변한 게 하나도 없었기에 그 반가움이 더했던 것이다. 가보는 그 친구에게 선거의 승리를 축하해주었고 곤살레스는 가보에게 노벨상 수상을 축하해주었다. 이번 만남이 지난번과 다른 점은 '두 사람 모두 넥타이를 맸다'는 것이라고 가보가 농담 삼아 말했다. 마지막으로 그 기사는 멕시코에서 망명생활을 하는 콜롬비아의 노벨상 수상자가 아르헨티나 작가 보르헤스에게 경의를 표할 목적으로 창간하는 신문 〈엘 오트로〉를 위해 1983년 3월에 자국으로 돌아간다는 소식을 실었다. 보르헤스는 20세기 스페인어권에서 최고의 작가임에도 노벨문학상을 받지 못했다.

1월 5일, 가보는 펠리페와 몽클로아 궁에서 지난주 여러 차례 만났다고 하면서 당시 그와의 만남을 기사로 다루었다.

"예전에 펠리페와 내가 담배도 금지될 만큼 격식을 많이 차려야 하는 자리에 넥타이를 매지 않고 들어간 적은 있지만, 그날만은 넥타이를 반드시 매야 할 것 같았다. 마드리드 겨울 특유의 눈이 부실 정도로 아름다운 정오 무렵, 나는 메르세데스와 막내 아들을 데리고 그곳에 도착했다. 펠리페는 이미 보좌관 한 명과 동행해 총리 관저 근처 공원을 산책하러 나가 있었다. 그가 총리라는 직급보다는 대학생 같은 분위기를 풍기는 긴소매 파란색 스웨터를 입고 나무 사이로 걸어오는 것을 보았을 때 '내가 너무 격식을 차렸나?'라는 생각이 들었다. 다행인 것인지 그는 넥타이는 갖춰 매고 있었다."239)

마드리드를 떠난 후 가보는 아바나에서 한번 더 그 어느 때보다 성대하게 피델과 연말을 보냈다. 그는 정말 행복했고 이제야 제자리를 찾아간다는 느낌을 받았다. 이러한 안정감을 더 누리고 싶어서였는지 《콜레라 시대의 사랑》 집필에 몰두하기 전에 일 년을 유쾌하게 보내기로 했다. 《콜레라 시대의 사랑》은 1985년에 출간할 예정이었다. 다소 살디바르가 우리에게 말했듯이 그는 수상자들의 안식년 전통을 처음으로 연 사람일 것이다.

'파라디조'를 향하여
GABO & FIDEL | Chapter 011 |

《파라디조》는 쿠바 문학에서 가장 신비스러운 소설 중 하나이다. 이 작품을 쓴 호세 레사마 리마는 틀림없이 20세기 가장 완벽하고 지혜롭고 박식한 작가에 속한다. 시인, 소설가, 수필가이기도 한 그는 자신의 최고 소설에다 쿠바 섬에 가장 어울리는 제목을 붙였다. 쿠바는 기후와 경치는 물론, '친절'이라는 특유의 국민성으로 인간이 살기에 이상적인 외형을 갖추고 있었다. 호세의 소설 제목처럼 파라다이스라 칭할 만했다. 만일 시보네 언덕에서 정원, 식민시대에 지어진 호화저택, 넓은 포장도로, 바다의 초석 냄새, 새들의 노랫소리, 나뭇잎 사이로 비치는 햇살과 정부 고위층의 특권까지 누릴 수 있다고 하면, 누구도 이곳을 떠나고 싶지 않을 것이다. 쿠바의 수도에 있는 그곳은 시내의 소란스러움으로부터 멀리 떨어져 있는데, 20세기 초 거대한 부의 은신처이기도 했다. 그런데 혁명이 일어나자 개인의 모든 사유재산이 국유화되었고, 그 나라 최고의 명소들은 고위급 외국 인사들과 국가 지도자들, 우방국들의 대사, 대외정책의 의전팀 등의 거주지로 사용되었다.

가보에게는 노벨상을 받고 얼마 지나지 않아 피델의 저택 근처에 멋진 호화 주택이 주어졌다. 그 주택은 도로에서는 거의 보이지 않았고 거대한 정원도 있었는데, 가보가 선물받은 뒤로 정원이 약간 확장되었다. 그 밖에도 크고 호화로운 밝은색 벤츠를 선물로 받았는데 가보는 그 차를 쿠바에 갈 때만 이용했다. 1980년대 당시는 쿠바에서는 재산을 사적으로 소유할 권리가 없었고 동구 유럽에서 들어오는 라다 자동차 한 대를 얻으려면 오랜 시간을 기다려야 했던 시절이었다. 게다가 휘발유도 배급제로 타야 했다. 우리가 찾은 자료와 여러 사람과의 인터뷰를 통해 알아낸 사실은 그 집은 피델이 가보에게 준 선물이 분명하다는 것이다. 몬탈반은 그 선물을 두고 '종신 양도'라는 단어를 사용했다. 즉 쿠바에서는 한 개인이 어떤 소유물에 대해 절대적인 주인이 될 수 없었는데, 아마도 피델이 살아 있을 때까지는 그 주택이 영구 양도될 가능성이 컸다. 분명한 것은 가보가 그 집을 '사적으로' 사용할 수 있는 유일한 사람이며, 그 섬에 갈 때면 항상 그곳에 묵는다는 점이었다.

쿠바에는 그때까지 노벨상 수상자가 없었다. 유력한 후보가 될 수 있는 마르티는 1985년 너무 일찍 세상을 떠났다. 그런데 어떻게 보면 쿠바에는 이미 노벨상 수상자가 있는 것이나 다름없었다. 그가 바로 가보였다. 세 나라가 가보를 위해 공식적으로 상을 요구했는데 엘리자베스 부르고스가 우리에게 알려준 바로는, 그 나라들이 쿠바, 프랑스, 콜롬비아라고 했다. 가보는 쿠바에서 자신만의 권력을 행사할 수 있었다. 1980년에 헤라르도 몰리나는 가보를 쿠바의 대사로, 또 라틴아메리카 전체의 외교관으로 묘사했다.

"아바나에서 그는 위임받지 않은 일종의 외교적인 업무를 행했다. 아르헨티나의 망명자는 추적당하는 사람을 돕기 위해 그에게 도움을 요청한다. 베네수엘라 사람은 최근 벌어진 좌파의 분열에 대해서 그의 의견을 듣고 싶어 한다. 볼리비아 사람은 광고회사에 참여해달라고 부탁하기도 한다. 파라과이 사람은 독재에 대항하는 투쟁 상황을 그에게 알려준다. 또 어떤 사람은 그 소란스러운 지역에서 최근 일어난 사건에 대해 선언문을 작성해달라고 요청을 한다. 여러 지역에서 온 청년들은 문학도로 입문하는 것에 대해 조언을 듣고 싶어 한다. 마르케스는 그들 모두에게 공감을 표하거나 자극이 되는 말을 해준다. 메모도 하지 않고 직접 듣는 그 많은 정보들이 그들의 머릿속에 입력되면서 라틴아메리카 현실에 대한 가장 완벽한 파일이 된다."[240]

아바나의 '베벌리힐스' 같은 곳에 있는 그 집에서 최고의 저녁 모임이 이루어졌다. 가보는 이제 더 이상 리비에라 호텔이나 친구의 집에서 묵을 필요가 없었다. 페페는 우리에게 가보가 그때 이후로 엘 베다도에 있는 디에고 가문의 집에 잘 가지 않자 그들의 관계도 소원해지는 듯했지만, 우정은 변함이 없다고 했다. 이제 쿠바에서 가보가 관계를 맺는 인물은 바뀌었다. 그 대상은 바로 피델이었다. 1984년 4월 8일, 콜롬비아 일간지 <관객>의 일요판에서 가보는 이렇게 밝혔다.

"일부 비평가들은 내가 쿠바혁명을 도와준 것뿐 아니라 내가 피델과 친하다는 것 때문에 나를 용서하지 않으려 한다. 정말로 나는 전화기를 들어 그에게 전화를 걸 수 있고, 그러면 그는 내 전화를 받는다."

피델이 그에게 전화를 걸기도 했다. 가보가 아바나의 자기 집에 머무르는 동안 전화를 많이 거는 쪽은 오히려 피델이었다. 알프레도 브라이스 에체니케는 이렇게 기록한다.

"피델이 가보와 나에게 전화를 걸었다. 이유는 늘 그러듯이 '술 한잔 하자'는 것이었고 가보는 즉시 이를 받아들였다. 그런 다음 나에게 술을 마시지 말고 그가 올 때까지 파르마의 수도사처럼 기다리자고 했다."241)

브라이스는 몇 년 전 그의 단편소설로 카사 데 라스 아메리카스상의 최종 후보에 올랐고 쿠바에 자주 초대를 받았다. 가보가 쿠바에 집이 생기자 알프레도는 쿠바에 머무는 동안 가보의 대저택을 자주 방문하곤 했다. 그러던 중에 한번은 이런 일이 있었다.

그날 밤 우리는 가보의 집에서 피델을 기다렸다. 그는 늘 우리가 잊을 만하면 느닷없이 들이닥쳤다. 그리고 나서 그는 몇 시간 동안 쉬지 않고 이야기를 했다. 그날도 마찬가지였다. 사람들이 잠을 자면서 휴식을 취하고 싶은 시간이 되었고, 적막만이 흐르고 있었다. 그제야 피델은 모습을 드러냈고 가보를 제외하고는 모두 기뻐했다. 가보는 이렇게 생각했던 것이다.

'우리를 골탕먹이는군. 오늘 밤 여기 있는 사람은 아무도 잠을 자지 못하지.'

실제로 피델이 새벽 여섯 시경에 시계를 보면서 이렇게 말할 때까지 아무도 잠을 잘 수 없었다.

"다들 오늘 아침에 할 일이 좀 있지 않나?"

그리고 그가 자리에서 일어나면 마침내 집안은 다시 고요로 가득 차게 된다.[242]

쿠바혁명에 대한 그의 옹호는 어떨 땐 지나칠 정도였다. 정치적으로 공조하던 시절에 더욱 그러했는데, 앤서니 퀸이 그에게 《백 년 동안의 고독》을 텔레비전 시리즈로 방영하기 위해서 1백만 달러를 제시하자 그는 쿠바와 라틴아메리카 혁명을 위해 1백만 달러를 더 내야 한다는 조건을 달았다. 이 사건은 1982년 4월 21일자 신문에서 '앤서니 퀸의 어리석음'[243]이란 제목으로 기사화되었다. 또한, 1980년대 중반에 레지스 드브레가 우리에게 전해준 바로는 가보는 라틴아메리카와 관련해서 미테랑과 프랑스 정부의 지원 약속에 실망을 했다고 한다. 가보는 프랑스 대통령인 그의 친구가 더 많은 지원을 해줄 것을 기대했지만 바라는 것을 모두 얻지는 못했다. 그때 이후로 프랑스 수뇌부와 그의 관계가 냉담해지고 말았다.

우정, 사랑보다 값비싼 보석

쿠바인이라면 누구나 암송할 수 있는 마르티의 시가 있다. 야자수가 자라는 곳에서 온 신실한 사람에 대한 내용으로 다음과 같다.

내게 보석 상자에서
가장 값비싼 보석을 가져가라고 한다면
나는 진실한 친구를 택하고
사랑은 한쪽에 두겠노라

피델과 사랑보다 더 강한 우정을 싹 틔운 가보는 그 우정에 대해 사적인 의견을 말하려고 하지 않았다. 1977년 한 기자가 그에게 집요하게 물었으나 가보는 대답하지 않았는데, 그 까닭은 "자칫하면 터무니없이 열광적인 피델 숭배처럼 보일 것이기 때문"[244)]이었다. 그리고 이어서 이렇게 말했다.

"피델, 그는 내가 아는 사람 중 가장 여린 사람이다. 그러면서 혁명을 가장 신랄하게 비판하는 사람이고 자신을 강하게 비판하는 사람이다."[245)]

그는 1975년 이미 그것을 확언했었다.

"피델 카스트로, 정치적인 재능과 뛰어난 통찰력 말고도 아는 것이 무척 많은 사람이다. 나는 피델 카스트로를 수많은 이유로 존경하지만, 특히 매일 권력의 위기를 넘기고 있기에 존경한다. 권력을 잃는 것은 끔찍하다. 피델은 그런 위험을 겪었고 또한 극복했다."[246)]

또 다른 곳에서는 "나는 피델의 친구이고 혁명의 적이 아니다. 그게 내가 말하고 싶은 전부다"[247]라고 간결히 말하기도 했다. 그럼에도 불구하고 그의 가면이 하나씩 벗겨지고 있다.

가보는 1982년 4월 28일, 미국 기자 출신인 워런 힝클과 윌리엄 터너가 쓴 《물고기는 붉다》에 관해 글을 썼다. 이 책의 제목은 미국이 피그스 만에 상륙할 때 사용한 암호명이다. 이 책에는 CIA가 1959년 이후 쿠바와 벌인 비밀 전쟁에 대한 많은 자료가 들어 있다. 카스트로를 겨냥해서 조직한 공격집단에 대한 내용도 포함되어 있다. 가보는 미국인들의 어리석음은 도가 지나치다고 표현했는데, 그 이유로 든 것이 20년이 넘도록 그들의 목표를 하나도 달성하지 못했다는 것이다. 가보는 그 추한 전쟁의 일부 에피소드를 당혹스러워하며 이렇게 인용했다.

"이 모든 것이 '007 비밀요원'의 창시자 때문이라고 저자들은 주장한다. 저자들의 말에 따르면 상원의원 존 F. 케네디가 대통령에 취임하기 전인 1960년 봄, 자신이 가장 좋아하는 작가인 이안 플레밍을 점심식사에 초대했다. 케네디는 작가에게 만일 피델 카스트로를 제거할 임무를 '제임스 본드'에게 맡긴다면 어떤 아이디어가 떠오를까라는 질문을 했다. 플레밍은 당황하지 않고 먼저 쿠바인들에게는 중요한 것이 세 가지가 있다고 대답했다. 돈, 종교 그리고 섹스. 그리고 그것을 전제로 세 가지 프로젝트를 제안했다. 첫째는 미국이 쿠바 상공에서 막대한 금액의 위조지폐를 뿌리는 것이고, 둘째는 그리스도가 공산주의를 척결하기 위해서 곧 지구로 다시 돌아온다는 경고로 쿠바 창공에 빛을 발하는 거대한 십자가 모양이 나타나도록 조작하는 것이다. 마지막은 소련이 서명한 팸플릿을 쿠바 상공에 뿌리는 것이다. 그 팸플릿을 통해 미국의 핵실험 때문에 혁명가들의 턱수염이 방사능으로 오염되어 그들이 육체적으로 무능하게 될 것이라고 쿠바 국민에게 경고하는 것이다. 플레밍은 이런 경고를 하면 피델을 포함한 혁명가들이 분명 그들의 수염을 깎게 될 것이라고 했다. 이어서 그는 이렇게 말했다. '턱수염이 없이는 혁명도 없다.'"248)

이안 플레밍의 이러한 농담을 CIA는 곧이곧대로 믿고 실제로 카스트로의 신발 속에 가루를 집어넣어 온몸의 털이 빠지게 할 계획을 세웠다. 그러나 그 가루를 피델의 군화에 넣을 사람을 찾지 못했던 것이다. 가보는 이 밖에도 그 책에 나오지 않는 다른 에피소드들도 공개했다. 이 자료들에는 쿠바 시민이 접근할 수 없었다. 내용이 다소 길기는 하지만 여기서 한번 인용해 보겠다.

미국이 카스트로에게 가한 공격이 모두 실패로 돌아간 것은 피델의 일상생활이 예측할 수 없고 그의 경호팀이 철통 같으며 쿠바의 정보부가 세계에서 가장 뛰어나기 때문이다. 하지만 그것은 CIA가 자신들의 가장 유능한 자원을 동원해서 준비한 50여 개의 공격이 모두 실패로 돌아간 것을 설명하기에는 충분하지 않다. CIA의 컴퓨터 통신망을 피할 수 있는 다른 요인이 존재한다는 것을 인정해야 하는데 아마도 그것은 카리브의 마법과 무관하지 않을 것이다.

케네디 대통령이 1963년 뉴욕의 변호사인 제임스 도노반을 미국 수감자들의 석방을 협상하기 위해 쿠바로 보냈을 때, CIA는 도노반 모르게 피델 카스트로를 위한 특별한 선물을 준비해뒀다. 그것은 잠수어로장비였는데, 그 장비 속에 결핵균을 집어넣었던 것이다. 도노반은 그 통을 준 까닭을 전혀 몰랐고, 국가 수반에게는 어울리지 않는다고 생각하여 자신이 뉴욕에서 산 다른 선물로 바꿔치기해 버렸다. 쿠바의 한 정보부 요원은 이렇게 말했다.

"설사 도노반이 그것을 가져왔더라도 우리는 그 장비를 면밀히 조사해 정체를 밝혀냈을 것이다."

가장 충격적인 실패는 피델 카스트로가 1971년 칠레를 장기간 방문했을 때, CIA가 준비한 네 건의 공격이었다. 첫 번째 시도는 카스트로가 기자회견을 할 때 촬영용 카메라에 숨겨진 기관총으로 살해한다는 계획이었다. 공격을 지휘한 CIA 요원은 당시 상황을 이렇게 전했다.

"케네디의 암살 사건과 유사했다. 왜냐하면 카스트로를 살해하기로 된 사람은 철저하게 가장된 서류를 가지고 있었기 때문이다. 모스크바에 거주하며 쿠바 정보부에서 탈영한 요원으로 말이다."

하지만 거사를 앞두고 암살 준비조 중 한 명이 맹장염에 걸렸고, 결국 다른 한 명이 혼자서 그 일을 감행하기에는 용기가 나지 않아 무산되고 말았다. 다른 시도는 카스트로가 칠레 북부 안토파가스타광산을 방문하는 동안에 준비되었다. 도로에서 고장이 난 차량이 카스트로 일행이 탄 차량을 멈춰 서게 했다. 그 차량 안에는 전기 기폭장치에 연결된 4백 톤의 다이너

마이트가 들어 있었다. 그러나 다이너마이트는 폭발하지 않았는데 아직도 그 이유는 밝혀지지 않았다. 세 번째 시도는 피델이 비행기로 리마를 거쳐갈 때 활주로에 착륙해 있는 다른 비행기에서 그를 저격하는 것이었다. 하지만 피델이 탑승한 비행기의 위치가 애초 예상했던 것과 달라지는 바람에 CIA의 조종사가 도주할 시간이 없을까 봐 두려워한 나머지 결국 발사를 하지 못했다. 네 번째 시도 역시 실패했는데, CIA의 미녀 요원이 피델 카스트로에게 다가가 그가 마시는 술에 독약이 든 캡슐을 집어넣는다는 계획이었다. 그 미녀는 캡슐들을 콜드크림 통에 넣어서 쿠바로 반입했는데 그것들을 사용하려고 열었을 때는 이미 캡슐들이 녹아 있는 상태였다.

《물고기는 붉다》의 저자들이 이야기하지 않은 세 가지 에피소드가 더 있다. 하나는 피델이 연설할 단상의 마이크에 고전압을 흐르게 하는 것이었다. 쿠바 경호팀은 그것을 적시에 탐지해냈는데 그들의 설명은 너무도 간결했다.

"누군가 한번은 그런 생각을 할 거라고 예측하고 있었다."

또 다른 시도는 아바나 라이베리아 호텔 커피숍의 한 직원이 감행하도록 계획되어 있었다. CIA가 그에게 무색무취의 캡슐을 주었는데 이 캡슐의 살상 효과가 느린 편이어서 암살자가 도주할 시간은 충분했다. 카스트로가 새벽에 커피숍에 도착하면 그가 늘 마시던 과일 주스에 캡슐들을 집어넣기로 되어 있었다. 그 요원은 6개월 이상을 기다렸는데, 마침내 피델이 나타났을 때는 캡슐들의 효력이 이미 사라진 뒤였다. 그래서 CIA는 냉동으로 보관하면 효능이 무한한 다른 것으로 교체해주었다. 그 요원은 그것을 냉동기에 보관했고 피델이 넉 달 후 다시 왔을 때 그가 늘 마시는 과일 주스를 준비하면서 캡슐을 넣으려고 했다. 하지만 이번에도 캡슐을 둘러싼 얼음을 깨지 못해 미수에 그치고 말았다.

피델 카스트로가 가장 큰 위험에 처한 때는 테러리스트의 공격을 받았을 때가 아니라 미국의 피그스 만 침공이 패배했을 때였다. 그가 뚜껑이 열려 있는 지프 앞자리에 앉아 전선에서 돌아올 때였다. 미국인 패배자 중 살아남은 두 사람이 관목 뒤에 숨어 있다가 10미터도 안 되는 곳에서 피델이 지나가는 것을 보고 그중 한 명이 몇 초 동안 그를 조준했었다. 그러나 그는 결국 겁을 먹고 방아쇠를 당기지 못했다.[249]

계속해서 가보는 1981년 12월 2일에 쓴 '권력의 고통'이라는 제목의 기사에서 미국 대통령들의 건강에 대해 다루었다. 이것은 아마도 피델의 건강에 관한 정보는 미국처럼 절대적인 비밀에 싸인 것과는 대비된다는 점을 강조하기 위한 것처럼 보인다. 또한 이 기사에서 우리는 그가 권력과 관계되는 것에 얼마나 집착하는지를 볼 수 있다.

"1961년 젊고 스포츠를 좋아하는 존 F. 케네디가 빈에서 허리를 다쳐서 목발을 짚고 본국으로 돌아왔는데, 그 모습은 노병이 전쟁에서 돌아올 때의 영광스러운 모습과 같았다. 몇 년 전 그의 동생 에드워드의 자녀 중 하나가 골수암으로 다리를 절단했는데 그 사실이 언론에 의해 그 가문의 용맹스러운 일로 찬사를 받았다. 당시 제러드 포드 대통령 부인과 뉴욕 주지사 넬슨 록펠러 부인이 유방암 수술을 받았는데 그들의 불행은 신문의 첫 페이지를 장식할 만했다. …… 로널드 레이건 대통령은 이미 70살이 넘었는데, 그의 건강에 대해서는 여러 가지 추측들이 있다. 9밀리미터의 총알이 왼쪽 겨드랑이 밑을 관통해서 척추 부근에 박혔다고 한다. 병원을 나설 때 그는 밝은 얼굴이었고 치약 광고를 하듯 환하게 미소 짓는 것으로 보아 레이건이 영화에서나 실제생활에서 뛰어난 카우보이라는 생각이 들게 한다. 하지만 추측은 여기서 끝나지 않는다. 미국의 대통령이 이 사건 이후, 그동안의 왕성했던 활력을 잃고 근무시간을 하루에 세 시간 정도로 줄였다는 소문이 있다. 그러나 쿠바에서는 피델이 얇은 윗도리를 입고 열띤 토론을 할 때나 사회적인 많은 활동을 할 때 그의 기력이 떨어질 거라고는 생각지 않는다."250)

가보가 피델에 대해 간접적으로 찬미하고 싶을 때는 문화적인 요소나 정치적인 요소들을 들곤 했다. 그러나 미국 지도자들을 언급한 글에는 거부감이 들 수 있는 내용과 아이러니들이 가득했다. 또한, 미국인들은 극적인 경향이 있고 과장된 행동을 하고 리얼리티 쇼를 일삼으며, 그들 국민의 우월성을 지나치게 과장하는 경향이 있다고 말했다. 그것은 혁명적 정치 이미지에는 거의, 아니 전혀 등장하지 않는 면이었다.

반면 피델은 용감하고 강인하며 건강에 아무런 문제가 없다고 생각했고, 그가 정부의 업무에 완전히 몰두해서 대여섯 시간의 연설을 하는 동안에는 '중요하지 않은' 주제에 대해서 단 일분도 낭비하지 않는다고 했다.

사랑만이 멜로디를 낳는다

마르티의《자유시》에서 인용이 가장 많이 되고 많이 다루어진 시는 아마도 사랑이 멜로디를 낳을 수 있는 유일한 현실이라는 문장으로 끝나는 시일 것이다. 그러나 때로 그 반대 현상이 일어나기도 한다. 우정과 같은 개인적인 동질감도 멜로디를 낳는 것이다. 기호, 취미, 예술적 표현, 지적 혹은 감정적 경향의 동질성 같은 것들 말이다. 가보는 여러 차례 피델과의 우정은 문학 덕분에 일어났다고 밝혀왔다. 가보가 피델에 대해 맨 처음 긴 얘기를 털어놓은 것은 1983년 초 <플레이보이>와의 인터뷰에서였다. 쿠바 지도자와의 우정을 묻는 말에 그는 이렇게 대답했다.

"우리는 아주 가까운 친구이지요. 우리의 우정은 일종의 지적인 우정이라고 할 수 있어요. 피델이 매우 박식한 사람이라는 것을 아는 사람은 별로 없습니다. 우리는 문학에 대해 함께 얘기를 나눕니다. 피델은 냉철한 독자입니다. 사실 우리의 우정은 그가《백 년 동안의 고독》을 읽은 뒤부터 시작되었는데 그는 그 책을 무척 마음에 들어 했어요."[251]

인터뷰 질문자가 정치와 권력이란 주제로 어떤 답을 끌어내려고 하자 가보는 노련하게 방향을 바꾸더니 문학 이야기로 돌아왔다.

"실제로 우리는 정치에 대해서는 많은 얘기를 나누지 않아요. 많은 사람들이 우리의 우정이 전적으로 문학에 대한 공통된 관심 때문이라는 사실을 잘 믿지 못하더군요. 우리는 세계의 운명에 대해서는 그다지 많은 대화를 나누지 않아요. 주로 우리가 읽은 좋은 책에 대해서 얘기하지요. 나는 쿠바에 갈 때마다 피델에게 책을 잔뜩 갖다 줍니다. 나는 쿠바에 도착하자마자 그의 부관을 통해 책을 보내준 다음 내 일을 시작합니다. 이삼 주가 지나서 우리는 대화를 나누기 위해 만나는데, 그가 이미 내가 준 책을 다 읽은 뒤라 할 얘기는 무궁무진하지요."[252]

가보가 한번은 그에게 브람 스토커의 《드라큘라》를 보내주었다. 이 책은 두말할 나위 없이 뛰어난 책이지만, 때로 많은 지식인들에게 홀대를 받는다. 피델은 가보와 한 시간 정도 잡담을 한 뒤 그 책을 가지고 돌아갔다. 그때가 새벽 두 시였다. 피델은 온종일 일을 하고선 밤늦게 친한 친구들 집을 방문하는 습관이 있었다. 당시 피델은 정부의 중요한 서류를 검토해서 내일 토론하고 발표할 내용을 준비해야 했다. 열 시간 뒤인 정오에 두 사람은 다시 만났다. 피델이 그에게 말했다.

"가브리엘, 자네가 나를 미치게 하였네! 세상에 이런 책이 있다니? 어젯밤 한숨도 자지 못했다네."[253]

멘도사가 쓴 《구아야바의 향기》에서도 가보는 피델과의 우정의 시작을 이렇게 설명했다.

"나와 피델의 우정은 매우 개인적인 애정을 바탕으로 하고 있는데 특히나 문학이 그 출발점이었지. 1960년, 우리가 프렐라에서 일할 때 나는 그에게 별로 신경을 쓰지 않았는데 함께 대화할 거리가 별로 없다고 느꼈기 때문이지. 나중에 내가 유명한 작가가 되고 그가 세계에서 가장 유명한 정치가가 되었을 때 우리는 예의를 갖추어 여러 차례 만났어. 하지만 그 관계가 정치적 동질감 이상의 것으로 발전하리라고는 생각지도 못했어. 그런데 약 6년 전 어느 새벽, 이야기를 나누다 갑자기 그는 급히 읽어야 할 서류가 있다면서 그만 돌아가야겠다고 하더군. 그런 불가피한 의무들이 그를 정말 피곤하게 했지. 나는 그에게 의무적으로 자료를 읽느라 생긴 피로를 풀기 위해 문학이나 마음을 편하게 해주는 책을 읽어보라고 조언을 했어. 그러면서 몇 권의 책을 권해줬는데 나는 그 이후로 그에게서 새로운 점을 발견했던 거야. 그는 책을 빨리 읽을 뿐만 아니라 책을 사랑했고, 무엇보다 동서고금의 빼어난 문학작품들에 대해서 잘 알고 있었어. 아무리 바쁜 상황이어도 틈만 나면 읽으려고 손에서 좋아하는 책을 놓지 않는 사람이었던 거야. 한번은 그와 밤이 새도록 대화를 나누다 새벽 네 시에 헤어지면서 책 한 권을 주고 왔는데 다음 날 정오에 다시 만났을 때 그는 이미 그 책을 다 읽은 상태였지."254)

가보는 누구나 알고 있는 자명한 사실을 인정하지 않으려고 '문학적' 우정이라는 것을 내세운다. 사실 그들은 1970년대 말에 항상 정치에 대한 대화를 나누었고 이미 우리가 살펴보았듯이 그는 평범한 작가가 아니라 피델이 쿠바

안팎에서 혁명의 승리를 수호하기 위해 곁에 둔 가장 총애하는 대사였다. 피델이 지적인 주제에 관심이 많다는 것을 의심하는 사람이 없는데도 가보는 굳이 이 사실을 강조했던 것이다.

"이건 사람들이 잘 모르는 그의 인격적인 면인데 그것 때문에 우리의 우정이 이만큼 발전했지. 사람들이 흔히 말하는 것처럼 우리가 정치적인 목적으로 공모했던 적은 한 번도 없었어. 피델은 작가가 할 일은 작품을 쓰는 것이지 공모를 하는 것이라고는 생각하지 않아."[255]

절대적 지도자였던 피델은 만일 어떤 작가가 혁명에 도움이 된다고 판단이 서면 언제든 그를 환영할 것이고, 만일 자신의 정치적인 이익에 절대적으로 헌신하지 않는다면 반혁명가라고 간주할 것이다. 이게 사실인지 아닌지는 엘리세오 알베르토의 보고서에 기록된 수많은 피해자나 최근에 투옥된 80여 명의 수감자들에게 물어 확인하면 된다.

아바나에 있는 가보의 집이 피델의 주요 저택 중 하나와 매우 가까운 것은 사실이지만 가보 자신도 피델의 집이 어디에 있는지는 모른다. 쿠바에 그것을 아는 사람은 아무도 없다.

"그(피델)의 집은 도로 끝 빽빽한 나무들에 가려져 있고, 집 앞을 지키는 경찰이 통행을 금지하고 있다."[256]

1999년 존 리가 가보에게 그 사실을 모르는 것에 대해서 의아하게 생각하자, 그는 "나중에 피델이 우연한 기회에 밝힐 수 있는 것을 굳이 미리 알고 싶지 않아서"257)라고 대답했다. 피델의 신중함을 이유로 들어 현실을 이렇게 정당화하면서 여전히 두 사람 사이의 신뢰가 깊다는 것을 강조했다.

나(가보)는 그의 신뢰를 배신하지 않을 것이다. 아마도 나는 그가 가장 믿을 수 있는 사람 중 하나일 것이다. 만일 피델이 배신을 당한다면! 최근 들어 그가 조금 바뀌었는데 보안에 대해서 걱정을 조금 덜 하는 것 같았다. 심지어 때로 나에게 전화를 걸어서 이렇게 말한다.
"내가 곧 그리로 가겠네."
전에는 이런 적이 없었다. 전화가 항상 미국 정부, CIA에 도청된다고 생각했기 때문이다. 그렇게 걱정하는 건 일리가 있었다. 그의 사생활은 극도의 비밀로 감춰져 있었다. 예를 들어 그는 자기 부인을 나에게 단 한 번도 소개하지 않았다. 그녀에 대한 얘기조차 꺼내지 않았다. 언젠가 내가 피델의 비행기를 타고 있을 때 그녀가 함께 있어서 부득이 자기소개를 할 때에서야 그녀의 존재를 알게 되었다. 정말인지는 잘 모르겠으나 피델은 그녀를 자기 동생 라울에게도 소개해주지 않았다고 한다. 나는 다른 사람들보다 피델을 잘 알고 있다고 생각하고 그를 진정한 친구로 여긴다. 하지만 한 인간으로의 피델은 여전히 궁금한 구석이 많은 사람이다.258)

개인적으로 피델은 논란이 많은 정권에서 권력을 행사할 때 생기는 고독과 매일매일 맞닥뜨린다. 가보를 제외한 그 누구도 공개적으로 그와의 우정을 인정한 이가 없다. 가보는 피델과의 우정은 한계가 있으며, 그것이 쿠바인이 처한 민감한 상황 때문이라고 말했다.

"피델은 친구가 별로 없어요. 어느 자리에서 누군가 그에게 권력이 주는 고독을 경험해본 적이 있느냐고 묻자 피델은 아니라고 대답했지요. 그런데 나는 권력을 가진 사람들이 실제로 혼자라고 느낄 수 있는지 궁금하지요."[259]

이 두 거물을 하나로 묶는 다른 고리는 작가가 사령관의 문학적인 평가에 거는 신뢰감이다. 《족장의 가을》이 오해를 불러일으키는 주제를 다루었기에(우연의 일치일 수도 있지만), 이후 가보는 자신의 원고를 출판사에 보내기 전에 피델에게 먼저 보냈다. 그 일은 1981년 출판된 《예고된 죽음의 연대기》부터 시작되었다. 잡지 〈플레이보이〉와 가진 인터뷰에서 가보는 그에게 왜 그런 신뢰감이 생겼는지를 설명했다.

"그는 놀라운 집중력과 신중함을 지닌 훌륭한 독자이지요. 그는 원고에서 앞뒤가 맞지 않는 부분을 재빨리 짚어냅니다. 《예고된 죽음의 연대기》는 시계의 내부처럼 아주 세밀하게 구성되어 있어요. 만일 이 작품에 오류나 모순되는 점이 있다면 그것은 커다란 실수로 번질 수 있지요. 피델의 예리한 시각을 익히 알고 있었기에 그가 먼저 원고를 보고 모순되는 점을 발견해주기를 기대했지요."[260]

어떤 때는 가보가 그냥 지나쳐버린 부분을 피델이 지적할 때도 있었는데, 인간 활동의 다양한 분야에서 경험을 쌓은 이의 눈을 비켜갈 수는 없었던 것이다. 가보는 그에 대해 이렇게 설명했다.

그는 책을 무척 꼼꼼하고 찬찬히 읽어서 아무도 눈치채지 못하는 곳에서 모순점이나 오류를 발견하곤 한다. 《조난자의 이야기》를 읽고 배의 속도 계산이 틀렸다는 사실을 알려주려고 내가 묵는 호텔로 찾아오기도 했다. 내가 쓴 대로라면 배가 도착할 수 없다는 것이었다. 《예고된 죽음의 연대기》를 출판하기 전에 원고를 그에게 가져갔더니 그는 사냥총 명세서에서 오류를 하나 지적해주었다. 그는 문학의 세계를 좋아하고 그 안에서 매우 편안해한다. 그는 자신의 연설을 문학적인 형태로 다듬는 것을 좋아한다. 한번은 울적한 어투로 나에게 이렇게 말했다.
"내가 다시 태어난다면, 작가가 되고 싶다네."[261]

몇 년 뒤인 1996년에 가보는 〈엘 파이스〉에서 이렇게 말했다. "사령관이 먼저 읽지 않으면 앞으로 절대 책을 출판하지 않을 겁니다."

우리와 인터뷰한 사람 중 일부는 피델이 문학에는 전혀 관심이 없고 위대한 정치가들의 전기만 읽는다고 했다. 몬탈반은 《신은 아바나에 들어왔네》에서 매우 의미 있는 자료를 제공해줬다. 피델은 1950년대 초에 혁명을 준비하면서 감옥에서 읽은 책들을 소개한 적이 있었다. 여기에는 빅토르 위고와 마르크스의 전기, 새커리의 《허영의 시장》, 투르게네프의 《귀족의 둥지》, 코민테른 공산당 리더인 카를로스 프레스테스의 자서전, 캔터베리 수석 사제의《소비에트 권력의 비밀》이 있었고, 당연히《자본론》과 프로이트의 전집도 있었다. 레닌의 《국가와 혁명》, 도스토옙스키의《죄와 벌》, 칸트의《선험적 미학》, 루스벨트의 작품, 그리고 무엇보다도 가보가《족장의 가을》을 쓰는 데 영감을 준 책이 있었다. 이어서 몬탈반은 가보와 피델의 만남에 대해서 묘사했다. 그는 1980년 이후 피델이 가보 외에는 진실한 친구를 만나지 못했다고 썼다. 그해는 피델의 개인 비서인 셀리아 산체스가 암으로 사망한 때이기도 했다.

"피델은 마르케스와 그의 부인 메르세데스 앞에서는 마치 두 영매(靈媒) 앞에서 말을 하듯 편안하게 대화를 나눈다. 특히 얘기를 잘 들어주는 메르세데스와 밤이 깊도록 대화를 나누었다. 가보가 책을 한 보따리 추천해주면 그는 열흘 내내 이것을 읽었는데, 가보가 그의 평을 들어주고 반론을 제기하고, 보충해주고 꾸짖는 모습이 마치 문학수업의 집중 코스를 밟는 주인공들 같았다."[262]

2002년 10월, 가보가 사람들이 오랫동안 기다리던 회고록 1권을 출간했을 때 피델은 콜롬비아 잡지〈변화〉에 그의 친구, 아마도 그에게 유일했을 친구에게 바치는 글을 발표했다. '그의 기억의 소설'이란 제목을 단 이 글은, 피델이 처음으로 정치가 아닌 문학을 주제로 다룬 글이라 널리 알려지게 되었다.

나는 마르케스를 만나고서 시적으로 풍요로워졌다. 그는 공식문서에 파묻혀 있던 나에게 문학작품을 다시 읽게 하고 그 습관을 유지하게 함으로써 나를 정화해 주었다. 내가 다시 태어나면 작가가 되라고 설득한 것도 그였다.

시간이 흐른 뒤 나는 가보의 《사랑과 또 다른 악마들에 관하여》라는 작품의 초고를 읽고 그에게 이렇게 제안한 적이 있다. 그 책에서는 한 남자가 11개월 된 말을 타고 돌아다니는 장면이 있었다.

"이보게, 가보. 그 말의 나이를 두 살이나 세 살 더 먹게 하게나. 11개월 된 말은 망아지니까."

나중에 출간된 책을 보니 그는 내 의견을 받아들였고, 그 장면을 더욱 환상적인 분위기로 바꾸었다는 것을 알게 되었다. 소설에서 주인공은 자기 말과 함께 길가의 돌에 주저앉아서 울고 있는데 이 말은 10월이면 백 살이 되고, 내리막길을 달리다 심장이 터져버리는 것으로 나왔다. 가보는 말의 나이를 불가사의하게 바꾸었으며, 반론을 제기할 수 없을 정도로 진실되고 놀라운 사건으로 변모시켰던 것이다.[263]

피델은 언어 그리고 문학적 주제와 관련해 가보의 특이한 입장을 지지했다. 가보의 문학은 온전히 라틴아메리카적인 영감에 기대고 있으며, 진실에 대한 충절과 진보주의적인 사고로 지탱되고 있을 뿐 아니라 인간의 감정과 정서의 근원을 건드리고 있었다. 그는 이렇게 덧붙였다.

"나는 가보가 구사하는 어휘에서 관련 학자들이나 문학박사들은 알지 못하는 어떤 느낌을 공유하고 있다. 나는 그것을 '사전'에서 느끼는 매력과 같은 강도로 느낀다. 특히 나의 70번째 생일을 기념해 그가 나에게 선물해준 바로 그 사전처럼 말이다. 그 사전은 보석과도 같은 가치를 지녔는데 거기에는 단어에 대한 정의뿐 아니라 어휘를 자유자재로 구사하기로 유명한 라틴아메리카 문학의 뛰어난 구절들도 나온다. 연설문을 쓰고 사건을 기술해야 할 의무가 있는 공인으로서 정확한 단어를 찾는 일은 훌륭한 작가의 작업과 그 즐거움이 같았다. 그것은 우리 마음에 들고 우리가 표현하려는 감정과 생각에 적합한 구절을 찾을 때까지 사라지지 않는 일종의 집착과 같은 것으로 항상 더 나아질 수 있다는 믿음을 동반했다. 나는 그가 정확한 단어를 찾지 못해서 조용히 그에 맞는 새로운 단어를 만드는 것을 볼 때, 그를 더욱 존경하게 된다. 그의 그런 자유를 내가 얼마나 부러워하는지!"264)

피델은 그의 열혈 독자가 되었고 그의 주요한 문학 자문위원이 되었다. 문체뿐만 아니라 어떤 사실의 세부적인 사항에 대해서도 신경 써줬다.

"가보는 항상 나에게 아직 준비 중인 원고들을 보내준다. 그를 무척 존경하는 다른 사람들에게 하듯이 관대하고 꾸밈없이 그의 책 초고들을 우리의 오래되고 진실된 우정의 징표로 보내준다."265)

피델이 친구라고 언급하는 인물 중에 알바로 무티스가 있다. 그런데 그를 피델에게 소개해준 인물이 바로 가보였다. 무티스는 가보가 가장 신뢰하는 문학 고문이었는데 그래서 피델과 연결시켜주고 싶어 했던 것이다. 가보가 무티스를 피델에게 소개하는 자리에는 쿠바 작가이자 〈엘 코메르치오〉의 일요일판 담당국장이었던 알론소 쿠에토도 있었다. 그는 2002년 6월 우리에게 당시의 장면을 자세하고 유머러스하게 들려 주었다. 쿠에토는 그때 가보가 자신의 목표를 실행에 옮기기 전에 무척 긴장했다고 말했다. 무티스는 라틴아메리카에서 가장 보수주의적인 작가 중 하나였다. 그는 귀족적인 가치를 높이 샀고, 5세기나 6세기 전 유럽 스타일의 군주 정치를 필사적으로 옹호했다. 즉 사회의 각 조직은 신성한 의지가 부여한 바에 따라 각각의 자리에 지혜롭게 존재한다는 것을 기초로 한 절대군주정치를 믿었던 것이다. 그렇지만 가보는 개의치 않고 그를 피델에게 소개하기로 마음먹었다. 가보는 자칫 자리가 어색해질까 봐 무티스에게 조금 늦게 도착할 것을 당부했다. 그런 다음 먼저 피델에게 운을 떼었다.

"당신에게 내 작가 친구를 소개해주고 싶습니다. 알바로 무티스라고 콜롬비아 문학에서 최고의 시인이자 소설가이지요. 그런데 한 가지 작은 문제가 있어요. 그가 군주제를 지지한다는 것이지요."

그 말을 듣고 피델은 이렇게 대답했다. "걱정하지 말게. 정말 걱정할 게 하나도 없어. 아마 우리는 말이 잘 통할 거야. 우리 둘에겐 공동의 적이 있으니까. 바로 부르주아 말일세."

아바나 마콘도에서의 파티

개인적으로 정치적으로 그리고 문학적인 면에서 그 정도의 신뢰가 존재한다면, 그들의 관계에서 더 많은 일들이 있다 해도 전혀 놀라운 일이 아니다. 노벨상을 받은 이후부터 두 사람은 믿을 만한 사람들을 되도록 많이 확보하는 일을 벌이기 시작했다. 아바나에 있는 가보의 대저택에서 연말 파티를 하기 위해서였다. 이 모임은 최근 20년 동안 가보의 건강이 안 좋은 때를 제외하고는 계속 이어져 오고 있다. 쿠바의 시인이자 페르난도 오르티스 재단의 의장인 미겔 바르넷은 우리에게 그 연말 모임이 1980년대와 1990년대에 빠질 수 없는 필수행사가 되었는데, 그때 가보가 노벨상을 받은 뒤로는 혼자 보내는 시간을 상당 부분 잃어버렸다고 전해주었다. 가보는 혼자 있는 것을 무척 좋아하는 사람인데 말이다.

바르넷은 이 시기에 가보와 가장 돈독한 우애를 다진 사람이었다. 가보의 대저택을 자주 방문하고 거기서 자기 집인 양 지냈다. 때로 연락도 없이 불쑥 찾아가면 가보는 글을 쓰고 있었다. 그러면 메르세데스가 그에게 가보가 글을 다 쓸 때까지 기다리라고 말했다. 바르넷은 가보가 자기 집에서 베푸는 그 특별한 파티를 위해서 얼마나 세심하게 준비를 하는지 알려주었다. 하얀 구두, 하얀 셔츠, 하얀 바늘이 있는 시계, 그의 카리브식 스타일. 한번은 바르넷이 찾아갔을 때 가보가 담뱃갑을 골똘히 바라보고 있었다. 그래서 무엇을 그렇게 생각하느냐고 물었더니, 그가 대답하길 담뱃갑에 있는 문구에서 불필요한 형용사와 단어들을 제거하면서 고치고 있다고 했다. 담뱃갑에는 '흡연은 건강에 위험하고 암을 일으키며 심장마비의 위험을 높이는 중독성 있는 물질'이라는 경고문이 쓰여 있었다. 가보는 담배회사가 시원치 않은 광고 작가에게 그 일을 맡겼다고 하면서 그 문구 고치기에 열중했다. 마침내 가보는 두 단어만을 남겨 두었다. 담배회사 이름과 '위험'이라는 단어.

이 쿠바 시인과 소설가는 그러한 연말 파티나 모임에서 정치에 대한 언급은 전혀 하지 않았다고 한다. 두 사람이 주로 다룬 주제는 쿰비아, 룸바, 볼레로 같은 대중음악이었다. 바르넷은 대중음악과 아프리카계 쿠바의 종교, 카리브의 영성 같은 것에 대한 전문가였다. 가보가 소설 《사랑과 또 다른 악마들에 관하여》(1994)를 쓰고 있을 때 바르넷에게 자주 그 주제와 관련해 물었다. 왜냐하면 그 작품은 카리브 지역의 종교와 미신에 관련된 신기하고 환상적인 면을 다루고 있었기 때문이다. 그들의 대화는 당연히 문학으로 이어졌다. 그들은 그들이 좋아하는 작가에 대한 이야기를 나누었다.

그런 파티에서 문학 이외에 특별히 관심을 끈 주제는 아마도 '맛있는 음식'에 대해서일 것이다. 피델과 가보는 요리문화의 전문가들이었고 좋은 음식과 포도주를 식별할 줄 알았다. 바르넷은 가보를 애칭으로 '위대한 시바리스'라고 불렀는데 그가 과자부터 해물까지 음식 전반에 관심이 많았기 때문이다. 레지스 드브레 역시 1980년대에 있었던 그 파티에 참석했는데 격식을 차리는 분위기가 전혀 아니었다고 했다. 그곳에는 약 30명가량이 참석했고 음식과 음료는 한 테이블 위에 정성스레 그러나 간소하게 차려져 있었고, 참석자들은 각자가 원하는 것을 가져다가 원하는 곳에 자리를 잡았다. 두런두런 모여서 대화를 나누었고 분위기는 매우 아늑했다. 여기저기 흩어져서 먹고 마셨다. 그렇게 파티가 진행되고 있으면 도중에 피델이 혼자서 찾아오기도 했다.

가보와 피델이 미식가라는 사실은 잘 알려져 있는데, 두 사람은 그러한 기호를 그들의 우정 초기부터 공유했을 뿐만 아니라 쿠바 최고의 요리사들에게 대접을 받기도 했다. 스미스라는 요리사는 혁명이 시작되기 전부터 리비에라 호텔에서 일을 했는데, 당시 최고의 요리사였으며 쿠바 요리의 한 패러다임을 만들어갔다. 그의 유명한 고객 중에는 리비에라 호텔의 주인이었던 미국 갱 메이어 랜스키, 헤밍웨이, 호안 마누엘 세라트, 가브리엘 가르시아 마르케스, 냇 킹 콜 등이 있다. 이 쿠바인은 몬탈반과 가진 인터뷰에서, 혁명 초기에 유명한 요리사들이 쿠바를 많이 떠났고 자신은 여러 나라의 대사들을 위한 리셉션이 있을 때 라울 카스트로와 피델 카스트로를 위해 요리를 했고 가보를 위해서도 여러 차례 요리했다고 말했다.

　"그(가보)는 내가 만든 음식을 무척 좋아했고, 당시 거의 마무리되어 가던 내 요리책에 서론을 써주기로 약속했지요."266)

　스미스는 그 책에서 각각의 요리를 유명한 인물들과 연결해서 이야기를 풀어나갔다. 가보의 요리는 '가브리엘 가르시아 마르케스를 위한 마콘도식 바닷가재'이고 피델의 요리는 '거북이 콘소메'였다. 1970년대 그들이 처음 대화를 나눈 주제나 그들이 만날 때 먹는 메뉴를 보면 두 사람은 해산물 전문가들이었다. 가보는 "해산물에 관해 모르는 게 없다"267)고 할 정도였다. 산토도밍고회의 수도사 프라이 베토는 피델과 함께 쓴 종교책으로 유명했다. 피델은 그의 모친에게 바닷가재와 새우를 어떻게 요리하는지 직접 설명해 주기도 했다.

　가장 좋은 방법은 새우나 가재를 삶지 않는 것이다. 왜냐하면 물에 끓이면

영양가와 맛이 줄어들고 약간 질겨지기 때문이다. 나는 오븐이나 바비큐에서 익히는 것을 좋아한다. 새우는 바비큐에서 5분 정도 익히면 충분하다. 바닷가재는 오븐에서는 10분, 숯불 위의 바비큐에서는 6분이면 된다. 양념은 버터와 마늘, 그리고 레몬만 있으면 된다. 좋은 음식은 간단히 만들 수 있는 음식이다.268)

지식인들과 거리를 두다

1988년 4월, 〈엘 파이스〉의 콜롬비아판에서 가보는 "정치인들과의 우정은 결코 정치적인 이유 때문이 아니다"라고 주장하면서 "가장 친하지 않은 사람들은 오히려 지식인층"이라고 했다. 그러면서 그 이유를 자기도 모르겠다고 했다. 아마도 "내가 속하지 않은 분야의 사람들에게 더 호기심을 느끼기 때문일지도 모른다"고 하면서. 또한 대통령에게 어떤 영향력을 행사하려고 그들의 친구가 되는 것은 어리석은 짓이라는 말도 덧붙였다.

"왜냐하면 정치 지도자나 국가의 수반은 다른 사람들의 말은 절대 듣지 않기 때문이다. 듣기는 듣되 결국에는 자신들이 하고 싶은 대로 한다. 따라서 국가 지도자에게 영향력을 행사하는 것은 이 세상에서 가장 어려운 일이고 결국은 오히려 그들에게서 많은 영향을 받게 된다."

가보가 카리브 주변 여러 나라의 정치적 해결에 결정적인 영향력을 행사한

지 십여 년이 지났다. 그는 1982년 스웨덴 한림원이 부여한 명성 덕분에 자기가 하고 싶은 말은 상대가 누구든 다 할 수 있었다. 그의 외교술은 심도 있는 정치적 목적 그 이상의 것을 가능케 했다. 그러자 쿠바에서 권력을 가진 사람들, 즉 '공작'과 '사무총장'들과의 우정이 점점 더 돈독해졌고 반대로 지식인들과의 사이는 벌어졌다. "지식인의 삶, 작가들의 국제회의, 강연이나 텔레비전 문학 대담을 혐오한다"[269]거나 "비평가들은 매우 진지한 사람들이고 그러한 진지함은 이미 오래전부터 나의 관심사가 아니었다"[270] 같은 그의 말은 이러한 사실들을 확인해준다.

우리는 아바나를 마지막으로 여행했을 때 이와 관련된 증언을 들을 수 있었다. 쿠바 소설가 훌리오 트라비에소는 우리를 자기 집으로 초대해 안주를 곁들여 술 한잔을 대접했다. 우리는 그의 서재 책장에서 쿠바문학 고전의 초판본들을 볼 수 있었다. 그 보석 같은 책들은 고풍스러운 가구들과 조화를 이루고 있었다. 책상 위에 놓인 컴퓨터만이 그 조화를 깨는 유일한 물건이었다. 작가는 매일 컴퓨터로 작업하고 이메일로 답장했다. 우리는 그의 마지막 소설인 《먼지와 금》의 다양한 인쇄본들을 보았는데 이 책은 그의 최고 걸작이었으며 국내외에서 이미 여러 상을 받은 작품이었다. 영어, 불어, 이탈리아어로 번역되었으며 스페인어로도 여러 나라에서 출간되었다. 우리는 그의 집 안쪽에 있는 정원으로 갔다. 과실나무들이 무성하게 자라는 작은 숲이었다.

거기서 우리는 훌리오의 장인인 산도르를 만났다. 그는 100세가 넘은 고령임에도 우리에게 다가와 정열적으로 인사를 했다. 악수하고 포옹할 때 강한 힘을 느낄 수 있었다. 산도르는 알베르티, 둘세 마리아 로이나스 그리고 니콜라스 기옌과 동갑이었고 쿠바에서 공화국이 설립되던 해에 태어났다. 1929년 동유럽의 추운 나라에서 아바나로 건너왔고 그 매력에 사로잡혀서 새천년을 맞이할 때까지 살았다. 훌리오는 장인이 매일 술을 마시고 여송연을 피운다면서, 몇 달 전 감기에 걸렸을 때 의사가 흡연과 술을 금지했는데도 소용이 없다고 탄식했다. 의사의 처방을 단 하루만 지켰는데도 다음 날 상태가 바로 호전이 되어 금기사항들을 지킬 필요가 없어졌기 때문이었다.

훌리오는 가보가 1980년대에 책을 한 권 소개하기 위해서 아바나를 방문했을 때를 기억했다. 그는 다른 작가들과 함께 매우 가까이서 가보와 함께 할 시간이 있었고 다정하게 대화도 나누었다. 이틀 후 훌리오는 책에 사인을 받으려고 가보가 책을 소개하는 곳으로 찾아갔다. 함께 대화를 나눈 사이라서 친근감을 갖고 인사를 건넸으나 가보는 한 발 물러서서 거리감을 두고 그를 대했다.

레오나르도 파두라도 비슷한 이야기를 들려주었다. 어느 날 리치 디에고가 전화를 걸어왔다고 한다. 리치가 전화를 한 이유는, 가보가 리비에라에서 식사를 하며 문학에 대한 의견을 나눌 세 명의 뛰어난 소설가들을 모아달라고 부탁했기 때문이었다. 리치는 파두라, 세넬 파스, 그리고 루이스 마누엘 가르시아를 불렀다. 그들은 인사를 나누고 대화를 시작했는데 무언가 이상하다는 느낌을 받았다. 그건 바로 초대한 사람이 대화의 주도권을 쥐지 않았기 때문이었다. 레오나르도는 우리에게 이렇게 말했다. "가보가 그런 모임을 하기로 한 것을 뒤늦게 후회하는 것 같았다. 왜냐하면 우리가 그 자리에 왜 있는지조차 모를 정도였기 때문이다."

전에는 가보가 그런 모임에 흥미를 느꼈지만 결국은 지루해했던 것이다. 비르힐리오 로페스 레무스도 매우 흥미로운 얘기를 들려 주었다. 역시 1980년대에, 그는 가보에 대한 책을 출간한 뒤 아바나에서 우연히 가보와 함께할 기회가 있었다. 그는 자기가 연구한 책을 가보에게 보여주려고 찾아갔지만, 가보는 달갑지 않게 맞이하면서 이렇게 말했다. "나는 문학비평에 대해서 전혀 관심이 없소."

Part 3

하늘까지 이어지는 우정

피델과의 우정의 양면
GABO & FIDEL | Chapter 012 |

쿠바에서 그의 입지가 아무리 견고해도 가보는 이 세상에 쉬운 일은 없으며 피델과의 우정 또한 고난이 따를 줄 알고 있었다. 바르가스 요사와의 소중한 우정을 잃어버렸을 뿐만 아니라 우파와 좌파, 유럽과 아메리카로부터 비난이 쇄도했다.

멘도사는 그의 평생 친구이자 청년 시절에는 가보보다 훨씬 더 혁명적인 정치활동가였다. 1959년에 그는 가보를 "진실 작전"을 위해서 쿠바와 연결해주기도 했다. 이후에 통신사 프렐라에서 가보가 일할 수 있게 된 것도 멘도사 덕분이었다. 하지만 파디야 사건을 계기로 그는 가보와 의견이 갈리기 시작했다. 이 사건은 아직도 그 전말이 명확하게 밝혀지지 않은 채 앙금이 남은 상태다. 멘도사가 가보의 삶과 작품을 다룬 《구아야바의 향기》를 썼을 때, 가보의 부인 메르세데스는 남편에게 이렇게 말했다.

"멘도사가 우리를 좋아하지 않나 봐요."[271]

가보와 혁명을 주제로 한 또 다른 책 《잃어버린 사건, 불길과 얼음》을 출간한 뒤로 그들 사이는 더욱 멀어지고 말았다.

1990년대 말, 멘도사는 가보를 암시하는 다른 책 《라틴아메리카의 완벽한 바보 매뉴얼》을 기획했다. 이 책은 알바로 바르가스 요사, 카를로스 알베르토 몬타네르와 공동으로 집필했는데, 객관성과 엄격함 그리고 라틴아메리카의 정치·문화적 현실에 대한 실제적인 지식이 부족하다는 혹독한 비판을 받았다. 당시 지식인들은 라틴아메리카의 혁명 — 멘도사는 그것을 "할아버지의 사회주의"[272]라고 불렀다 — 을 지지하는 사람들을 '바보'라고 불렀다. 한번은 멘도사가 우리 저자들에게 이런 말을 했다.

"나는 피델이 죽으면 스탈린이 죽었을 때와 같은 일이 일어날 거라고 믿는다. 그의 정부가 저지른 잔혹한 행위들이 낱낱이 공개될 것이다. 그와 절친했다는 사실이 가보에게 별로 이롭지 않을 거라고 생각한다."[273]

몬탈반은 가보가 피델과 쌓은 우정 때문에 앞으로 치러야 할 대가는 그가 지금 아바나를 마음 편히 돌아다니는 것으로는 보상받지 못할 수준이 될 것이라고 말했다.[274]
어찌 되었든, 가보와 피델이 특별한 관계를 맺고 있고 서로를 신뢰한다 해서 가보가 영향력 있는 다른 인사들이 겪는 통제에서 벗어난다는 뜻은 아니었다. 쿠바에서는 모든 것이 알려지고 조사를 받고 밝혀지고 통제를 받는다. 우리의 친구 중 누구라도 나중에 국가의 요원이 되어 우리의 행동을 보고할 수 있었다. 쿠바인이라면 누구든지 이 일을 할 수 있었던 것이다. 가보는 그가 어디를 가든 그를 미행하는 서너 명의 요원들이 있다고 알려졌다. 리카르도 베가는 가보 자신도 그 사실을 알고 있지만, 그냥 유머로 넘겨버린다고 우리에게 전해주었다. 때때로 가보는 그들에게 다가가거나 맥주 한 잔을 가져다주기도 했다. 바에서 친구들과 술을 마실 때면, 점원에게 저 끝 테이블에 앉아 있는 자신의 '비밀 감시자'들에게 자기가 한 잔 사겠다는 말을 전하라고 시켰다. 이것은 독재자와 우정을 나눔으로써 치러야 할 대가의 일부였다. 한번은 마르크스주의 교수이자 가보와 친한 안토니오 바예호가 가보에게 "왜 그런 모순적인 대우를 그냥 참고 있나?"라고 질문했다. 그러자 가보가 대답했다.

"피델에 대한 책을 쓰고 싶기 때문이지."275)

피델의 경우 시간이 흐를수록 우정을 잘 유지하지 못하는 편에 속한다. 긴밀한 관계를 따분해하고 쉽게 단절해버리는 스타일이었다. 그러나 가보와는 그러지 않았다. 그와는 세월이 흐르면서 관계가 더 돈독해졌다. 2002년 11월, 피델이 가보와 관련된 추억을 회고하는 감동적인 기사를 쓰고 나서 한 달 뒤, 국제경기의 개막식이 열리는 웅대한 운동장에서 가보와 함께 서 있는 사진이 전 세계의 언론을 다시 한번 장식했다. 두 사람은 백발이 성성하고 나이는 좀 들어 보였어도 카메라 앞에 함께 설 때면 공모를 상징하는 듯한 쾌활한 미소와 함께 어떤 자부심 같은 것을 보여주었다. 이제 가보는 약 30년 전 두 사람의 우정이 형성되던 초기에, 좌파 잡지 <성명서>에 선언할 당시의 비판정신을 더 이상 기억하지 않는다.

"일반적으로 나에게 가장 힘든 양심의 문제는 작가이기 때문이 아니라, 일관되고 분명한 좌파의 입장에 서려는 약간은 허망한 내 의지에서 비롯되는 것이다. 내 정치적 양심이 격분하는 이유는 내부의 민주주의 압력에 대한 소련의 무반응이나, 피델 카스트로가 그렇지 않다는 것을 뻔히 알면서도 한 작가를 CIA의 요원이라고 비난하는 것이나, 피노체트와는 관계를 유지하면서 베토벤과는 관계를 단절하는 중국의 어리석음 때문이다. 반면 나의 작가라는 간은 독을 한꺼번에 소화를 시킬 수 있는데, 그것은 문학이 매우 광범위한 영역이며, 이 영역 내에서는 이러한 거대한 모순들이 간단한 역사적 오류로 축소되기 때문이다."[276]

미국, 애증의 관계

가보가 쿠바라는 국가 그리고 쿠바혁명과 긴밀한 관계를 맺게 되자, 미국과의 관계는 반면 더 일그러졌다. 가보가 미국을 항상 부정적으로만 본 것은 아니었다. 레이건이 대통령으로 선출될 당시인 1980년대 초의 한 기사에서 가보는 "그들은 천박한 일도 많이 했지만 거대한 창의력으로 금세기에 위대한 일도 많이 했다"[277]라고 했다. <플레이보이>와의 인터뷰에서는 이렇게 단언했다.

"오늘날 학식 있는 사람 중에 미국에 자주 들르는 것을 싫어하는 사람은 아무도 없다."[278]

또한 1999년 여름 그가 임파선암 진단을 받았을 당시, 1992년에 폐암을 앓아 수술한 전력이 있고 그의 나이도 감안했을 때 상황은 매우 좋지 않았는데, 그는 미국 캘리포니아에서 생명을 유지해나갈 수 있었다. 그는 거기서 치료를 받은 후, 일 년 뒤에는 카메라 앞에 서서 자신은 이제 정상적인 생활을 하고 있다고 밝힐 수 있는 상태까지 호전되었다. 음식도 가리지 않고 먹고 지금 회고록과 단편소설을 쓰고 있다면서 인터넷에 돌고 있는 소문, 즉 자신이 세상과 작별을 고할 처지에 있다는 말은 완전히 거짓이라고 말했다. 일부 험담꾼들은 가보가 왜 쿠바 병원으로 가지 않았냐고 하면서 거기서는 특권자의 신분에 걸맞은 치료를 해주었을 거라고 비아냥댔다. 사실 축구의 마술사이자 쿠바혁명의 지지자이기도 한 디에고 마라도나는 비슷한 시기에 미국으로 가지 않고 쿠바로 가서, 이탈리아나 아르헨티나에서도 고치지 못한 마약중독을 완전히 치료할 수 있었다.

가보는 일찍이 <뉴욕 타임스>의 평론가 존 레너드로부터 "아메리카의 중요한 작가"[279]로 인정받은 이후 미국에서 소설가로서 호평을 받았음에도, 1961년부터 프렐라에 협조했다는 정치적 이념이 문제가 되어 미국에서 거주하거나 일할 수 있는 비자가 거부되었다. 그러한 상황은 1971년 콜롬비아 대학에서 그에게 명예박사학위를 수여할 때까지 지속되었다. 1983년 그는 이렇게 설명했다.

"그때 이후로 나에게는 단수비자가 주어졌지요. 나는 불안했습니다. 그건 미 국무부가 만든 게임의 법칙이었다고 할 수 있죠."[280]

그는 그러한 상황에 대해 또 이렇게 설명했다.

"몹시 비위에 거슬렸고, 마치 이마에 징표가 새겨져서 아무리 지우려 해도 지워지지 않는 것 같았어요. 나는 늘 미국문학을 열광적으로 선전해 온 사람 중 하나였습니다. 나는 전 세계의 청중들 앞에서 미국 소설가들이 금세기의 진정한 위인들이라고 말했어요. 나는 또 라틴아메리카의 영향으로 미국에서 중대한 문화적 변화가 일어나고 있고 내 작품이 그러한 영향을 주는 데 한몫을 한다고 말했지요. 그런 영향력에 내가 어떠한 제약도 없이 '참여할 수 있어야 한다'고 믿고 있습니다."281)

사실 그가 노벨상을 받을 당시까지 그가 참여했던 유일한 문학협회는 미국의 협회였고 당시까지 그의 작품을 가장 호의적으로 평해준 이들도 미국 평론가들이었다. 가보는 미국이 가진 긍정적인 면과 부정적인 면을 공정하게 평가하고 싶다고 말했다.

"미국에서는 내 문학과 정치활동이 두 개의 모순처럼 분리된다는 인상을 받습니다. 하지만 나는 내 문학과 정치활동이 배치된다고 생각지 않습니다. 문제는 내가 식민주의를 반대하는 중남미 사람으로서 미국의 이익이 걸린 일에 대해 언짢은 반응을 보인다는 겁니다. 그래서 순진하게도 내가 미국의 적이라고 생각하는 사람들이 있지요. 하지만 나는 두 아메리카의 문제와 오류를 우리가 공동으로 해결하기를 바라고 있습니다. 설사 내가 미국인이라도 나는 같은 생각을 할 것입니다. 만일 내가 미국인이라면 과격주의 행동대원보다도 더 과격한 행동을 할지도 모를 텐데, 왜냐하면 그건 내 조국이 자행하는 잘못을 바로잡는 일이기 때문이겠지요."[282]

제국주의에 대한 그의 비난은 국가의 명칭 같은 세세한 내용에까지 이른다. 그는 미국인들이 자기들이 마치 유일한 아메리카인인 것처럼 '아메리카'라는 글자를 독점했다고 비판했는데, 왜냐하면 북아메리카든 라틴아메리카든 아메리카대륙에 사는 사람들은 모두 아메리카인이라고 생각했기 때문이다. 그는 이렇게 덧붙였다.

"게다가 그들은 '이름 없는 나라'에서 살고 있습니다. 그들에게 조만간 이름을 찾아주어야 할 겁니다. 예를 들어 우리는 멕시코 합중국이나 브라질 합중국이라는 이름을 갖고 있어요. 그런데 미국은 그냥 '합중국'이잖아요? 무슨 '합중국'이란 말인가요. 하지만 내가 이런 비판을 애정을 가지고 한다는 사실을 잊지 말아주길 바랍니다. …… 하지만 라틴아메리카 사람으로서, 라틴아메리카의 추종자로서, 미국인들이 아메리카라는 단어를 독점적으로 사용하려는 것에 대해 씁쓸한 기분을 지울 수가 없지요."[283]

가보는 계속해서 제국주의는 가까이 있는 작은 나라들에 특히 해롭게 한다고 주장했다. 미국과 인접한 쿠바를 말하는 것이었다.

"쿠바 역시 아메리카라는 배의 중요한 일부입니다. 나는 종종 이렇게 말합니다. '미국이 쿠바혁명에 대해 위협을 느낀다면 그들이 취할 수 있는 가장 안전한 조치는 그들이 예인선을 사서 플로리다에서 아주 멀리 떨어진 곳으로 쿠바 섬을 옮겨가는 것'이라고 말입니다."[284]

그러나 이미 널리 알려진 가보와 미국 사이의 갈등에도, 최근 들어 가보는 종종 쿠바와 콜롬비아, 미국 사이에서 중재 역할을 하고 있다. 콜롬비아의 보수주의 대통령인 파스트라나(1998~2002 재임)가 게릴라들과 대화할 수 있도록 피델과 연결시켜준 것도 가보였다. 또한 가보는 보고타와 워싱턴의 관계를 정상화하는 데도 이바지했다. 미국 에너지부 장관인 빌 리처드슨은 가보가 만남을 주선하지는 않았어도 "적어도 촉매제 역할은 했다"[285]고 밝혔다.

가보는 쿠바에 대한 미국의 봉쇄 철폐, 뗏목 탄 쿠바 망명자들의 구제와 같은 문제에서 쿠바와 미국을 중재하기 위해 클린턴 대통령과 여러 차례 만났으며, 게릴라와 콜롬비아 정부의 합의 결과를 미국 대통령에게 전달하기도 했다. 이 합의에서 쿠바는 중요한 역할을 했다.

"미국은 콜롬비아와의 평화협상을 위해 쿠바의 도움이 필요했다. 왜냐하면 쿠바 정부와 게릴라가 좋은 관계를 유지하기 때문이다. 또한 쿠바는 콜롬비아에서 비행기로 단 두 시간 거리에 있어서 파스트라나 대통령이 쿠바에서 미국과 회담을 마친 후 아무도 눈치 채지 못한 채 자기 나라로 돌아갈 수 있기 때문이다. 미국은 그것을 원했다."[286]

가보는 클린턴에 대해서 처음 몇 년 동안은 미국의 역대 다른 대통령들과는 다르다는 인상을 받았었다. 그래서 클린턴이 '르윈스키 사건'으로 궁지에 몰렸을 때도 한 신문 기사에서 그를 옹호하기도 했다. 그 기사에서 가보는, 피델이 르윈스키 사건 뉴스를 들었을 때 자기도 그 자리에 있었다고 하면서 "그 빌어먹을 미국인들은 뭐든지 자기들 마음대로 한단 말이야!"[287]라며 화를 냈다고 전했다. 가보는 클린턴과 여러 차례 회담을 했다. 로베르토 페르난데스 레타마르는 뗏목을 타고 쿠바를 탈출하는 난민들의 문제를 해결하기 위한 만남이 어떻게 이루어졌는지 우리에게 전해주었다.

1990년대 중반, 쿠바 경제가 가장 어려울 때였다. 쿠바 주민이 플로리다 해안으로 많이 떠나는 바람에 '마리엘 난민송출사건'과 같은 일이 다시 일어날 염려가 높았다. 클린턴은 이 문제를 해결하기 위해 살리나스 데 고르타리 멕시코 대통령과 회담을 했는데 멕시코와 쿠바 관계가 매우 우호적이라는 것을 알았기 때문이었다. 그래서 멕시코 대통령은 피델과 접촉을 하고 피델은 가보에게 부탁함으로써, 가보는 다시 한 번 외교관이자 최고의 협상가로서 쿠바의 위기상황을 극복하는 전권대사 역을 담당했다.

그 회담 중 한번은 카를로스 푸엔테스도 참석한 적이 있다. 클린턴은 허심탄회한 대화로 흥미진진한 분위기를 이끌어 갔는데, 그는 한때 "지식인들과의 교류가 잦은 미국 대통령"[288]이라는 평을 받은 바 있었다. 클린턴은 다양한 문제에 대한 라틴아메리카인들의 이야기를 진지하게 들었지만, 쿠바와 관련해서는 한마디도 언급하지 않았다고 했다. 가보는 쿠바로 돌아가서 피델에게 이렇게 말했다.

"클린턴이 쿠바에 대해서는 아무런 언급도 하지 않았는데, 그건 충분히 희망적인 메시지입니다."289)

몬탈반의 기록에 따르면 그 회담 이후 가보는 클린턴 대통령을 다시 만났는데, 가보는 클린턴에 대해 이렇게 평했다.

> "매우 기회주의자이고 대선만 생각하고 있으며 봉쇄 해제를 반대하는 분명한 철학도 없어서 봉쇄를 해제하지 않는 이유가 정치적인 문제를 일으키기 싫어서일 거라는 인상을 받았다."290)

이것이 우리가 가보와 클린턴의 두 번째 만남에 대해서 알고 있는 전부이다. 첫 번째 회담에 대해선 푸엔테스가 몬탈반에게 상세히 얘기해주었는데 그 회담자리에서는 문학적인 이야기만 나왔다고 했다.

몬탈반: 클린턴이 꽤 수용적인 자세를 취했다는 생각이 드는군요.
푸엔테스: 그는 이렇게 말을 꺼냈지요. "나는 여러분의 말을 매우 진지하게 듣겠지만, 의견을 말하지는 않을 겁니다. 그저, 듣기만 할 겁니다." 그래서 우리는 편하게 발언했어요. 가보가 먼저 발언하고 이어 멕시코 외무부 장관인 베르나르도 세풀베다가 말했고, 다음에 내가 발언을 했는데 그러는 동안 클린턴은 무표정한 채 감정을 전혀 보여주지 않으면서 자신을 완벽하게 통제하고 있었어요. 약 한 시간가량이 지나자 그가 처음으로 입을 뗐어요. "작가들과 함께한 자리에서 왜 우리가 정치 이야기를 합니까? 문학에

대해 얘기합시다." 그러자 만찬 자리에 유쾌한 기운이 돌기 시작했지요.

몬탈반: 클린턴은 어떤 작가에 대해 말했나요?

푸엔테스: 윌리엄 포크너에 대해 얘기를 많이 했는데 그의 책을 많이 읽었다고 했습니다. 포크너가 매우 비정상적이고 폭력이 난무하고 계부가 있는 가정 출신이라서 감수성이 예민하다는 얘기부터, 그가 인종차별과 폭력이 난무하고 배타적 성향의 남부 출신이라는 얘기를 했지요. 클린턴은 열네다섯 살 때 자전거를 타고 포크너의 집을 보려고 미시시피주로 갔다고 합니다. 남부는 매우 빈곤한 지역이고 포크너 또한 남부 사람이라고 했지요. 그는 돈키호테를 읽은 다른 독자들처럼 세르반테스에 대한 얘기도 했어요. 매일, 잠자기 전에 두 시간 동안 책 읽는 습관이 있으며 마르코 아우렐리오 같은 작가들을 좋아한다고 했습니다. 추리소설에 대해서도 흥미가 깊다고 하더군요. 클린턴의 문학 이야기를 듣고 있자니 그가 평소 책을 많이 읽었다는 걸 알 수 있겠더군요. 포크너의 《소음과 분노》의 한 구절을 읊었는데 모임이 끝나자마자 가보와 내가 도서관에 가서 그 구절을 확인해보았는데 거의 완벽하게 낭독을 했지 뭡니까.

몬탈반: 쿠바에 대해서는요? 쿠바에 대한 책을 읽은 적은 없던가요?

푸엔테스: 거기에 대해서는 아무런 언급이 없었어요. 회담 중간에 전화가 와서 자리에서 두 번 일어났는데, 다녀와서는 아일랜드의 위기에 대해서, 게리 애덤스와 숀 펜에 대해서 무언가 얘기를 했지요. 하지만 쿠바에 대해서는 우리에게 아무 말도 하지 않겠다고 했습니다. 통제력이 강한 사람이었습니다. 적어도 정치에 관해서는 말입니다.[291]

첫 만남에서 클린턴이 쿠바에 대해 침묵했음에도 불구하고 가보는 그와 통한다는 느낌이 들었던 것 같다. 협상은 계속되었지만 별로 진전되지 않았고 결국 여러 합의안은 허공에 떠버렸다. 가보는 이렇게 말했다.

"나는 클린턴을 다시 만나고 싶은데 지금 상황으로 봐선 불가능하다. 모든 것이 코소보사태 이후로 변했다. 코소보 때문에 클린턴은 남기고 싶은 정치 유산을 갖게 되었다. 바로 미국의 새로운 제국주의 모델 말이다."[292]

가보가 쿠바의 봉쇄조치 해제와 관련해서는 미국으로부터 원하는 바를 얻어내지 못했지만 자신의 삶과 관련해서는 협상의 결과물을 끌어낼 수 있었다. 우리는 2003년 일간지에서 가보의 사진을 가끔 볼 수 있었는데, 당신 그는 캘리포니아 병원에서 4년째 입원 치료를 받고 있었다. 당시 로베르토 페르난데스 레타마르 역시 다른 암으로 가보와 같은 병원에 입원해야 했다. 우연히도 마이클 잭슨도 비슷한 시기에 같은 병원에 입원했다. 그러자 가보는 로베르토에게 우스갯소리로 말했다.

"마이클 잭슨, 자네와 내가 한 병원에 있으니 지금 세계 문화가 위기에 처해 있네."[293]

정치범들에 온정을 베풀다

쿠바인들은 종종 농담으로 다음과 같은 이야기를 한다.

피델이 죽어서 천당에 갔다. 그러자 천당 입구를 지키고 있던 성 베드로가 놀라 들어가지 못하게 막았다. 천국행 명단에 피델의 이름이 없었기 때문이다. 그래서 베드로는 그를 지옥으로 보냈다. 지옥을 지키던 사탄은 피델을 국가 원수라는 지위에 걸맞게 거북이 콘소메 등을 내놓으며 대접했다.

"어서오시오, 피델! 기다리고 있었소. 이리 와서 편하게 지내시지요."

"고맙소, 사탄. 하지만 지금 급하게 처리할 일이 있소. 조금 전에 천국에 갔었는데 거기다 그만 가방을 두고 왔소."

"걱정하지 마시오. 우리 경비대 요원들을 보내 찾아오도록 하겠소."

이렇게 해서 지옥경비대 요원 두 명이 천국으로 올라갔다. 성 베드로가 식사 중이었기 때문에 문은 닫혀 있었다. 요원 중 한 명이 말했다.

"괜찮아. 담장을 타고 올라가서 아무도 모르게 가방을 꺼내오면 되니까."

그들이 막 담을 넘을 찰나였다. 그곳을 지나던 두 천사가 그들을 발견했다. 한 천사가 다른 천사에게 말했다.

"저것 좀 봐. 피델이 지옥으로 간 지 반 시간도 안 됐는데 벌써 정치 망명객들이 생겼나 봐."

비록 농담이긴 하지만, 이 우스개 속에는 독재 정부에서는 필연적으로 정치범들이 양산될 수밖에 없다는 사실이 잘 드러나 있다. 이러한 정치범들은 망명을 떠나기 전까지는 고국에서 힘든 시기를 보내야 한다. 가보는 지식인이자 정치가로서 어떤 독재자를 지지했지만 한 편의 시가 한 알의 총알보다 더 큰 위력을 가질 수 있다고 믿는 사람이기도 했다. 그래서 그는 타협을 통해 쿠바에서 정치범들을 석방시키려고 많은 노력을 했다. 멘도사는 가보의 도움으로 약 3천2백 명의 정치범이 망명할 수 있었다고 말했다. 하지만 가보는 이런 과정에서 자신이 어떠한 역할을 했는지 공개적으로 드러내지 않으려 했다. 존 리 앤더슨은 가보의 속내를 이렇게 전했다.

내가 그 문제에 대해 애기해달라고 재촉하자 가르시아 마르케스는 사람들이 섬을 떠날 수 있도록 도와주었다고 하면서, 어떤 경우에는 망명자 수가 엄청났다고 했다.
"2천 명이 넘을 때도 있었지요. 나는 피델을 설득하기만 하면 많은 일을 할 수 있다는 것을 압니다. 물론 그는 나에게 'No'라고 말하기도 합니다. 하지만 또 어떤 때는 'No'라고 했다가도 다시 와서 내가 옳았다며 말하기도 하지요."
가보는 정치범들을 도와줄 수 있어서 기쁘다고 말하는 한편, 피델의 관점에 서서 "그들이 망명을 떠날 이유가 없다"고 말하기도 했다.
"나는 가끔 마이애미에 갑니다. 거기서 쿠바를 떠나도록 도와주었던 사람들의 집에서 묵지요. 때로는 그들의 자녀들이 내 책에 사인해달라고 요구하기도 합니다. 하지만 어떨 때는 나에게 다가오는 사람이 전에 나를 고발한 사람이기도 합니다. 하지만 사적으로는 나에게 다른 표정을 짓지요."
엥리케 산투스 칼데론은 가보를 두고 이렇게 말했다.

"가보는 쿠바 정부를 속속들이 알고 있기 때문에 쿠바에 지나친 기대를 하지 않는다. 하지만 그는 피델의 절친한 친구이고, 그래서 그는 그 모순된 삶을 기꺼이 받아들일 각오를 했다."294)

모든 역사가 증명해주듯 혁명은 결코 완벽하지 않다. 쿠바혁명도 마찬가지다. 혁명의 성과를 어느 정도 인정받긴 했지만, 역사상 최고의 제도라고 할 만한 수준은 아니다. 현재까지 일어난 일만 보더라도 무조건적으로 찬양할 수만은 없는 상태다. 테오도로 페코프는 2002년 10월의 한 기사에서 5년 전에 일어난 일에 대해 털어놓았다.

1997년 크리스마스에 아바나에 있는 그의 집에서, 가보는 나에게 놀라운 얘기를 해주었다. 그는 피델 그리고 그의 고위 관료들과 함께 대화를 나누었다고 한다. 그런데 대화 도중 가보가 쿠바 정권에 대해 다소 비판적인 발언을 하자 관료들 중 하나가 그게 무슨 뜻이냐고 발끈했다는 것이다. 그러자 피델이 이렇게 대답했다고 한다.
"가보의 말뜻은 우리가 이룩한 혁명이 그에게나 나에게나 흡족하지 않다는 뜻이지."

1978년 11월, 콜롬비아의 좌파 잡지인 <대안>이 가보와 인터뷰를 했다.

〈대안〉: 쿠바 이야기로 넘어가지요. 최근 쿠바의 정치범 석방과 관련해 온 세계가 관심을 표하고 있습니다. 이건 당신도 잘 아는 일이지요. 쿠바 정부가 왜 이런 결정을 내렸다고 보십니까?

마르케스: 먼저 분명히 짚고 넘어가야 할 것은 이번 결정이 쿠바혁명 정부의 자발적인 결정이라는 것이지요. 소련이나 외부의 압력이 전혀 없었다는 말입니다. 지난 1월에 혁명 승리 20주년을 맞이해 이제는 혁명 정권이 충분히 성숙했고, 정치범들을 감금하지 않아도 될 정도로 안정을 찾았다고 판단한 것이지요. 그들은 한때 혁명이 자리를 잡는 데 위험요소였지만, 이제는 그렇지 않아요. 그래서 쿠바 지도자들은 이번 20주년을 맞아 헤어진 쿠바 가족들이 서로 재회할 수 있는 기회를 주는 것이 좋겠다고 여겼지요. 특히 미국, 푸에르토리코, 베네수엘라로 망명한 쿠바인들과 쿠바에 남아 있는 그의 가족들이 만남을 가질 수 있도록 배려했습니다.

쿠바 망명자들의 커뮤니티는 쿠바에서 테러를 일삼는 그룹들 — 피델은 이들을 '구더기' 같은 무리라고 불렀지요 — 과는 큰 차이를 보이기 시작했어요. 그래서 정부는 망명자 가족들의 재회를 통해 '구더기'들을 고립시키려는 전략을 쓴 겁니다. 이를 위해 피델은 망명자 커뮤니티에 조속한 시일 내에 협상기구를 만들어, 약 3천 명의 정치범들이 아무 조건없이 쿠바를 떠날 수 있도록 하겠다고 제안을 했고 이게 성사되었던 겁니다. 295)

이 인터뷰 기사로 미루어보면 가보는 쿠바에 본격적으로 상륙한 지 3년밖에 되지 않았지만 쿠바 정부로부터 꽤 인정받고 있으며 정권의 내막에 대해서도 잘 알고 있는 듯했다. 그는 상황을 속속들이 파악하고 그것에 대해 설명하고 방어할 줄 알았으며, 전체의 이익이 개인적인 이익보다 중요하다는 생각을 하고 있었다. 또한 그는 자신이 정치에 깊이 관여하고 있다거나, 정치범 석방과 같은 중요한 이슈에 자신이 깊이 관여했다는 발언이나 암시를 하지도 않았다. 그러나 정치범 석방과 관련해 가보 자신이 피델에게 조언을 하고 있다는 사실이 최근 드러났다.

"레이놀 곤살레스는 15년 동안 수감되었던 가톨릭 지도자인데, 내가 작년 11월에 그의 석방을 주선했다. 레이놀은 풀려나자마자 망명자 커뮤니티와 쿠바 정부 사이의 협상단에 참여해 다른 정치범들이 쿠바를 떠날 수 있도록 도왔다. 얼마 전, 그가 마이애미에서 나에게 전화를 걸어와 쿠바에 오랜만에 돌아가니 매우 만족스럽다고 했다. 그는 쿠바에서 자동차와 의 전용 주택을 받았고, 피델과 세 시간 동안 대담을 나누기까지 했다. 레이놀이 쿠바를 방문하고 나서 45명의 수감자가 석방되었고 그중에는 그의 옛 동료 페르난도 데 로하스도 있었다."[296)]

《반칙》의 저자이자 '파디야 사건'의 주인공인 에베르토 파디야는 1980년 쿠바를 떠났다. 쿠바를 떠나기 전까지 그는 수년간 감옥생활을 해야했다. '파디야 사건'이 났을 때 끝내 모른 척하며 지식인들의 항의에 참여하지 않은 유일한 인물이 가보였다. 그러나 10년이 지난 뒤 피델을 설득해 파디야가 쿠바를 떠날 수 있는 도와준 것 역시 가보였다.

레이날도 아레나스(1943~1990, 농부의 아들로 태어나 처음에는 혁명에 적극 동조했으나 피델 정권에 환멸을 느껴 이를 비판하는 소설을 썼다가 2년간 수감생활을 했다. 1980년 뉴욕에 정착했으나 가난과 에이즈에 시달리며 힘든 생활을 하다 1990년 자살로 생을 마감했다.-역주)도 1980년 쿠바를 떠나 미국으로 망명했는데 '동성애자이며 반혁명가'라는 이유로 정권의 박해를 받다가 '마리엘의 위기' 덕택에 떠날 수 있었다. 하지만 가보는 국제적인 여론을 고려해 그가 그런 식으로 망명하는 것이 좋은 방법은 아니라고 생각했다. 그래서 아레나스가 그런 시도를 하고 있다는 것을 알고는 더 나은 대안을 제시하고 도와주려고 했지만 이미 때가 늦어버렸다. 모든 것이 너무 빨리 진행되어서 쿠바 정부와 가보가 대응할 시간이 없었다. 아레나스의 연인이었던 코코 살라로부터 아레나스가 마리엘을 통해 섬을 떠나고 있다는 말을 들은 가보는 너무 놀라서 즉시 ICAIC(쿠바영화예술산업협회, 1959년 쿠바혁명 이후 혁명 정부가 지원하는 영화센터-역주)의 국장인 알프레도 게바라에게 전화를 걸었다. 이 국장은 지식인들의 세계와 관련된 문제에서 쿠바 정부에 강력한 영향력을 행사할 수 있는 인물이었다. 그들은 아레나스를 체포하려고 즉각적인 조처를 했으나 이미 배는 출발한 뒤였다. 몇 시간 후에 아레나스는 뉴욕에 발을 디뎠다. 몇 년이 흐른 뒤인, 1983년 4월 9일 아레나스는 특유의 아이러니와 과거에 대한 깊은 증오심을 담아 가보에게 편지를 보냈다. 이 편지에서 그는 가보가 예전에 자신의 글에서 암시한 적이 있는 '아레나스가 카스트로에게 보낸 편지'에 대해 언급했다. 다음은 아레나스가 보낸 편지의 내용이다.

(가브리엘 가르시아 마르케스 씨, C. de M.[297]) 대통령궁 보고타, 콜롬비아

존경하는 우화작가님

당신과 가까운 많은 작가들은 내가 당신 때문에 세상에 널리 알려졌다고 말합니다. 당신의 절친한 친구 피델 카스트로는 내가 지극히 개인적인 문제로 쿠바를 떠났다고 당신에게 말했다고 하더군요. 피델은 그 사실을 확인하기 위해 그의 넓은 가슴에서 내 사인이 들어가 있는 '연애편지'를 꺼내 당신에게 보여주었다지요. 나중에 당신도 언급하게 되는 그 편지가 존재한다는 것을 부인하고 싶은 마음은 추호도 없습니다. 오히려 정반대지요. 그 편지는 분명 존재하고 내가 조국을 떠나기 위한 허가증처럼 쿠바의 내무부 직원들에게 보낸 것이지요. 나는 당신이 쿠바 비밀경찰과 매우 긴밀한 관계를 맺고 있다는 것을 알고 있기에, 내가 지금 준비하고 있는 책에 그 편지를 넣을 수 있도록 당신에게 도움을 청하는 바입니다. 당신은 충분히 그럴 수 있으리라고 믿습니다. 그러면 그 편지의 내용이 세상에 공개될 테지요. 당신이 애써 주지 않는다면 그 편지 내용을 기억해서 다시 써야 할 텐데 그럼 원본의 강렬함과 열정은 사라지게 될 겁니다. 그러니 훌륭한 신문기자인 당신이 독자에게 그 자료가 꼭 전해질 수 있도록 도와주길 바랍니다.

그럼 안녕히 계십시오.

레이날도 아레나스[298]

아레나스가 이 편지를 공개했을 때 그다음 페이지에 큰 공간을 비워두고 마

지막 두 줄에 이렇게 썼다.

"가르시아 마르케스가 내가 요청한 편지를 아직 보내주지 않아 언젠가 그 편지를 출간할 수 있기를 기대하며 이렇게 자리를 비워둔다."[299]

쿠바의 유명한 정치범 가운데 아르만도 발라다레스(1982년 망명한 뒤 쿠바에서 겪은 고문과 고통의 실상을 폭로한 《자유의 조건》이라는 책을 펴내 큰 반향을 불러일으켰다.-역주)라는 인물이 있다. 1960년부터 22년간 감옥생활을 한 그는 가보 덕분에 프랑스로 망명해 자유를 얻을 수 있었다. 가보는 1982년 12월 8일 <엘 파이스>와의 인터뷰에서 자신이 발라다레스의 석방을 위해 피델과 미테랑 사이에서 중개 역할을 했다고 밝혔다. 그리고는 이렇게 주를 달았다.

"사실 나는 아무도 모르게 활동하는 걸 좋아한다. 나는 발라다레스의 석방이 많은 사람들과는 별 상관이 없는 문제이지만, 그것을 해결하는 게 맞다고 생각했다."

한번은 가보가 피델이 자기를 기쁘게 해주려고 발라다레스를 풀어주었다는 말을 했는데, 호르헤 셈프룬은 이 말은 "위대한 작가의 과도한 허영심을 보여주는 것"[300]이라고 했다. 멘도사는 한 인터뷰에서 가보가 파리에 망명한 쿠바의 위대한 작가이자 소설가인 세베로 사르두이의 부모가 아들을 만나러 가기 위해 쿠바를 떠날 수 있도록 도와주었다고 말했다. 엘리세오 디에고의 아들인 엘리세

,오 알베르토 역시 가보의 도움을 받아 직업적인 이유로 섬을 떠날 수 있었다.

가보가 쿠바를 탈출하는 것을 도와준 가장 유명한 일화는 노르베르토 푸엔테스에 대한 것이다. 우리는 이미 그가 가보를 쿠바의 '상류층'에 소개해준 사람 중 한 명이었다는 것을 살펴보았다. 우정을 매우 중요시하는 가보는 마지막에 배신을 당해서 가슴이 매우 쓰라렸을 것이다. 푸엔테스는 무기 거래인들의 암흑세계와 교류할 당시 데라 구아르디아 대령을 알게 되었다. 그와 친분이 있던 오초아와 데라 구아르디아가 1989년에 총살당했을 때, 그는 심문이나 감금을 전혀 당하지 않았다. 그런 예외가 가능했던 것은 그가 라울 카스트로와 맺고 있는 우정 때문이었을 것이다. 라울은 그가 그런 모욕을 당하는 것을 막아주었을 뿐 아니라, 그를 혁명적 사고와 지성이 가장 뛰어난 젊은이로서 후원하기까지 했다. 그렇다 해도 노르베르토로서는 억제하기 힘든 두려움을 느꼈을 것이고 굳이 그럴 필요가 없는데도 감금된 친구를 밀고해야겠다는 압박감을 느꼈다. 그래서 국가보위부에 전화를 걸어서 데라 구아르디아가 집에 달러가 가득한 가방을 숨겨놓았다고 밀고했던 것이다.

두 군인이 체포되고 총살을 당한 뒤 푸엔테스는 추적을 당한다는 느낌을 받기 시작했다. 나중에는 강박관념에 사로잡혀 편집증 증세까지 보였다. 그래서 결국 쿠바를 떠나려고 했지만 허가가 떨어지지 않자 아바나에 있는 자기 집에서 단식투쟁에 들어갔다. 가보는 노르베르토 푸엔테스의 '위대한' 보호자로서 그가 쿠바를 떠날 수 있게 중재했다. 마침내 푸엔테스는 가보와 함께 멕시코 대통령 전용기를 타고 멕시코로 떠났다. 거기서 푸엔테스는 미국 작가 윌리엄 스타이런(1925~1990, 영화로도 만들어져 화제를 모았던 《소피의 선택》을 비롯해, 자신의 우울중 극복 과정을 그린 《보이는 어둠》 등으로 유명한 작가—역주)의 도움을 받아 미국에 도착했고 미국 정보부의 보호를 받았다.

프랑스 통신사 기자인 알프레도 무뇨스가 우리에게 이런 얘기를 해주었다. 하루는 그가 푸엔테스에게 전화를 걸었다.

"자네 어떻게 지내나?"
그러자 푸엔테스가 대답했다.
"마이애미와 버지니아 사이에서."

즉, 쿠바 망명자 그룹과 미국 정보부 본부 사이를 왔다 갔다 한다는 말이었다. 알프레도는 또 푸엔테스가 쿠바를 떠나자마자 자신이 가보를 저버리는 어리석은 짓을 했으며, 이는 먹이를 주는 손을 물어버린 꼴이라고 후회했다는 이야기도 전해주었다.

가보는 될 수 있으면 은밀하게 일을 추진하고 싶어 했다. 하지만 '그가 이런 일의 중개자로 유명하다' 는 소문이 나자 많은 사람들이 새로운 성자라도 만난 듯 그에게 도움을 청해왔다. 예를 들어, 문학이나 정치계와는 아무 상관도 없는 한 평범한 가족이 가보에게 감옥에 있는 그들의 부친이 섬을 떠나도록 도와달라고 요청하기도 했다. 가보는 적절한 절차를 밟아서 그 사람이 외국에 있는 가족들과 재회하도록 했다. 가보에게는 별일 아닐지 모르지만 도움을 받은 그 가족들은 자자손손 가보에게 고마워할 것이다.

그렇게 해서 개인은 물론 각종 기관들까지도 가보에게 도움을 청하기 시작했다. 가보가 쓴 매우 흥미로운 기사가 하나 있다. 1982년 8월 11일에 실린 이 기사의 제목은 '인도주의에도 한계가 있다' 이다. 1980년 12월, 열두 명의 콜롬비아인을 태운 배가 쿠바 영해에서 나포되었고 승무원들은 영해 침범과 마약거래 혐의로 처벌을 받았다. 1981년 4월에는 아홉 명의 콜롬비아인을 태운 배가 같은 이유로 나포되었다. 배에는 대량의 마약밀수품이 있었고 배에 타고 있는 사람들은 영해 및 국가불법침범 혐의로 조사를 받았다. 가보가 1981년 11월 쿠바에 돌아가 보니 책상 위에 이 수감자 가족들의 편지가 산더미처럼 쌓여서 그를 기다리고 있었다. 어떤 편지는 콜롬비아 외교부 장관이 자기 나라 국민을 석방시키는 문제에 대해 완전히 손을 놓고 있다며 분통을 터뜨리고 있었다. 가보는 피델에게 청원서를 내고 피델은 그것을 국가평의회에 제출했다. 하지만 이듬해 3월 가보가 일이 어떻게 진행되는지 알아보니 수감자가 21명이 아니라 30명으로 늘어나 있었다. 그해 2월에 또 다른 배에서 나포된 이들이 포함되었기 때문이었다. 아무튼 이들은 얼마 후에 석방되었다. 그런데 그해 5월에 콜롬비아인 16명이 또 체포된 것을 알게 되었다. 이러한 과정을 겪은 그는 기사를 다음과 같이 끝맺었다.

"나는 이 16명의 수감자나 앞으로 체포될 콜롬비아인들을 위해 더 이상 중재 역할을 할 수가 없다. 그 이유는 매우 간단하다. 이러다가는 순수하게 인도주의에서 시작했던 이 일이 나쁠 아니라 쿠바 당국까지 마약거래자들의 하수인으로 전락시키고 말 것이기 때문이다. 이 수감자의 가족들은 새로 들어선 콜롬비아 정부에 호소해볼 수 있을 것이다. 이번 정부는 지난 정부보다 아량을 더 많이 베풀지도 모르니까 말이다."[301]

몬탈반은 가보의 중재가 많은 경우 중요한 역할을 한 것은 인정했지만, 그의 '협상력'이나 세월이 흐르면서 커지는 그의 '권력' 덕분에 2천여 명의 정치범이 풀려났다고 하는 것은 과장된 것이라고 했다. 사실 존 리 앤더슨이나 플리니오 멘도사 등이 우리에게 제공한 자료들은 분명히 부풀려진 것처럼 보였다. 그렇지만 가보가 정치범의 망명이나 마약을 운반하다 쿠바에서 체포된 콜롬비아인들의 석방을 위해 노력한 것만은 부인할 수 없다.

가보의 상처

한번 더 피델에 관련된 농담 하나를 소개해보겠다.

지옥을 둘러보던 피델은 나라마다 징벌하기 위한 방이 따로 운영되고 있다는 사실을 알게 되었다. 그래서 가장 먼저 독일 징벌방에 가서 물었다.
"여기서는 어떻게 징벌을 하나요?"
"우선 한 시간 동안 전기의자에 앉히고, 다음 한 시간은 못이 가득 박힌 침대에 누워 있게 하고, 마지막 한 시간은 독일 악마가 들어와 채찍으로 때립니다."
그곳이 마음에 들지 않았던 피델은 다른 나라의 징벌방을 보러 갔다. 미국 징벌방은 아예 묻지도 않고 지나친 그는 러시아, 스페인, 프랑스 징벌방을 차례차례 둘러보았다. 그런데 모든 나라가 징벌방을 똑같은 방식으로 운영한다는 것을 알고는 놀랐다. 마지막으로 쿠바의 징벌방을 멀리서 발견했을 때 많은 무리들이 줄을 선 채로 서로 먼저 들어가려고 밀치는 모습을 보았다. 그래서 다가가서 맨마지막에 서 있는 이에게 물었다.

"여기는 어떻게 징벌을 하나요?"

"여기서는 먼저 한 시간 동안 전기의자에 앉히고, 또 한 시간은 못 박힌 침대에 누워 있게 하고, 나머지 한 시간은 쿠바 악마가 와서 채찍질을 하지요."

"다른 나라 징벌방이란 똑같은데 왜 이렇게 많은 사람이 서로 먼저 들어가려고 합니까?"

"여기는 전기가 없기 때문에 전기의자가 작동하지 않고, 못은 지난주에 사람들이 다 훔쳐가버린 바람에 침대에는 못이 없고, 악마는 들어와서 서명만 하고 그냥 나가버리니까요."

쿠바 감옥에서 겪은 고문에 대한 개개인의 증언은 무궁무진하며, 그중 일부는 대중이 꼭 알아야 하고 그냥 넘겨버려서는 안 되는 내용들도 있었다. 파디야는 적어도 심리적 고문을 당한 게 확실한데, 바로 강제로 자아비판서를 낭독했기 때문이다. 발라다레스는 고문 후유증으로 평생 불구로 살았다. 마리아 엘레나 크루스 바렐라(1953~ , 쿠바 태생의 시인이자 소설가. 1991년 정치개혁을 요구하는 '쿠바 지식인 선언'을 발표했다가 2년간 수감되었다. 1994년 푸에르토리코를 거쳐 스페인으로 망명했다.-역주)는 일간지 <이성>의 편집국에서 우리를 만나 자신이 쿠바 당국으로부터 '호르몬 요법'을 받아서 몸이 완전히 망가졌다고 말했다. 일부 망명 작가들은 '회유와 협박'을 일삼는 쿠바의 형벌 제도에 대해 묘사하기도 했다. 물론 이들 증언 중에는 지나치게 과장됐거나 아니면 완전히 거짓일 가능성도 있다. 하지만 그 주제를 다룬 수많은 자료들이 하나같이 논리와 객관성이 부족하다고 볼 수는 없지 않을까. 무엇보다도 모든 독재 정권은 물론이고 민주주의 정권에서도 고문은 일반적으로 행해지고 있기 때문이다. 1992년, 마누엘 울라시아(1553~2001, 멕시코 태생의 시인으로 부모도 모두 시인이었고, 조부는 '스페인 27세대'의 주역 중 한 명이었다. 자신의 동성애 기질을 바탕에 깔면서 동성간의 사랑을 노래한 시 작품이 많았다.-역주)는 다음과 같이 단호하게 선언한 바 있다.

카스트로 정부에게 공개적으로 저항하면 큰 대가가 따르게 마련이다. 잘 알려진 대로, 체재에 불만을 품은 자들은 투옥되어 고문과 정신요법(전기 충격요법, 다량의 정신치료제 섭취)을 받았고, 심하면 사형까지 처해졌다. 예를 들어 여류 작가 마리아 엘레나 크루스 바렐라는 1989년 쿠바 정부가 수여하는 문학상의 시 부문 수상자였고, 1991년에는 '쿠바 지식인 선언'을 주도했다. 그 성명서에는 "쿠바에 평화적인 방법으로 민주주의가 정립하도록 정부와 야당이 대화를 하도록 촉구한다"는 내용이 담겨 있었다. 그 일이 있은 뒤 그녀는 집으로 난입한 경찰들에게 자녀들이 보는 앞에서 구타를 당하고 자신이 쓴 시의 원고를 삼키도록 하는 만행을 당했고, 2년의 징역형을 선고받았다.302)

하지만 이 주제에 대한 가장 흥미로운 증언은 바로 피델 자신이 직접 한 말이었다. 토마스 보르헤는 1992년 《한 톨의 옥수수》라는 책에 피델을 인터뷰한 내용을 실었다. 거기서 피델은 당당하면서도 빈정대는 투로 "쿠바는 인권을 가장 잘 준수하는 나라"[303]라고 말했다. 왜냐하면 거리를 배회하는 아이들이 하나도 없고 의료보험에 가입되지 않은 사람도 없고 글자를 모르는 사람이나 버려진 사람도 없고 아동매춘도 없으며 성차별이나 인종차별도 없고 빈부의 격차도 없으며 착취자나 착취당하는 사람도 없고 "생계를 위해서 매춘을 하는 여성이 하나도 없고"(본문 그대로다) "마약도 없기 때문"이라는 것이었다.[304] 그는 거짓과 진실이 절반쯤 섞인 일들을 나열한 뒤 이렇게 되물었다.

"인권에 관해 쿠바보다 더 많은 일을 한 나라가 있나요?"

그리고는 이렇게 스스로 답했다.

"혁명 후 30년이 지나도록 우리는 국민에게 무력을 행사한 적이 없고 아무리 정권을 비난하고 비방해도 고문이나 구타를 한 적이 없습니다. 우리가 성공했다고 자신 있게 말할 수 있는 것은 이처럼 공권력을 행사할 때 항상 윤리적인 선을 지키려고 하기 때문이지요."[305]

하지만 아리엘 이달고의 《탈퇴: 쿠바 제2의 혁명》이나 후안 클라크의 《쿠바: 신화와 현실》 같은 책들은 수감자들을 신체적 그리고 심리적으로 통제하기 위해서 그들이 어떤 방법을 썼는지 구체적인 항목들을 제시하고 있다.

스페인의 유명한 그룹 메카노(1982년부터 1991년까지 활동했던 스페인의 여성보컬 그룹-역주)가 부른 노래 가운데 이런 가사가 있다.

"마리오에게는 세 개의 상처가 있네. 하나는 이마에 서린 고통이고, 다른 하나는 칼이 꽂힌 그의 가슴이며, 다른 하나는 신문에 실린 거짓 기사라네."306)

스페인 최고의 팝송을 모르는 사람들을 위해서 설명하자면, 가사 속에 등장하는 마리오는 밤에 일하고 그의 부인은 낮에 일한다. 시간이 엇갈리므로 그들은 안정된 부부 관계를 맺지 못한다. 어느 날 밤, 마리오가 직장으로 나가다가 거리에서 한 쌍의 남녀가 키스하는 모습을 본다. 좀 더 가까이 다가갔을 때 그들이 자기 부인과 다른 남자라는 것을 알게 된다. 질투에 눈이 먼 마리오를 향해 사내가 갑자기 주머니칼을 꺼내더니 마리오를 죽인다. 배신당한 남편이 상처 입은 곳은 세 군데다. 하나는 이마로 마리오가 배신을 목격하고 통증을 느끼는 곳이고, 다른 하나는 가슴으로 칼이 심장을 관통함으로써 죽음의 직접적 원인이 된 곳이다. 마지막 상처는 다음 날 이 사건을 다룬 신문기사로부터 확인한다. 신문기사에는 "한 마약중독자가 환각 상태에서 부인이 보는 앞에서 그녀의 남편을 칼로 찔러 죽였다"307)고 실려 있었던 것이다.

가보 역시 마리오와 비슷한 고통을 겪어야 했다. 하나는 이마인데 친구의 정권이 행하는 무자비한 행위를 목도하면서도 그것을 방어해야 하는 고통이고, 다른 하나는 가슴인데 체제에 반대하다 입은 피해자들의 흉터와 상처를 지켜봐야 하는 고통이며, 마지막은 진실과 동떨어진 거짓말을 해야 하는 고통이다. 1977년의 인터뷰에서 가보는 쿠바의 감옥을 방문한 적이 있는지를 묻는 질문에 이렇게 답했다.

"나는 감옥뿐만 아니라 구금하거나 심문하는 곳도 방문했소. 당연히 그런 곳에 가면 고문 도구를 숨기고, 어린이들을 난도질하는 곳도 보여주지 않지요. 그런 것이 분명 존재하는 장소일 텐데도 말이지요. 나는 내가 직접 보지 못했기 때문에 고문이 있었다고 장담할 수 없지요."308)

하지만 그는 고문을 당한 적이 없다는 레이놀 곤살레스의 증언만 믿고 그의 말을 일반화해버렸다.

"나는 쿠바에서 고문이 자행되지 않는다고 확신한다. …… 나는 담당 검사에게 감금된 사람의 자백을 받아내기 위해서 어떤 방법을 쓰느냐고 물어보았다. 그는 혁명 반대자들의 사기가 아주 떨어져 있기 때문에 폭력을 쓸 필요가 전혀 없다고 대답했다. 쿠바에서 고문이 횡행하고 있다는 미국의 선전 때문에 너무 겁을 먹은 나머지 그들의 몸에 손도 대기 전에 술술 불어버렸다는 것이다."309)

순진무구함에 빠지지 않기 위해 선택한 방법이 더 나쁜 결과를 낳을 수도 있다. 자기가 하고 싶은 말을, 그 말을 믿지도 못하고 확신도 없는 다른 사람의 입을 빌려서 하고 있다. 게다가 그것은 대단히 유치한 주장이어서 듣는 사람들에게 수치심을 갖게 할 정도다. 혁명 반대자들의 사기가 떨어져 있고 적의 선전 때문에 겁을 먹은 나머지 순순히 자백을 한다고 한다. 이게 말이 되는 소리인가. 가보는 다른 인터뷰에서는 더 단호하게 대답한다.

"나는 혁명의 많은 적보다 쿠바에 대해 더 정확한 정보를 얻을 수 있는 충분한 이유가 있다. 만일 거기서 고문이 자행된다는 사실을 안다면 내가 이런 태도를 보이지 않을 뿐 아니라 쿠바에 접근하지도 않을 것이다. 쿠바에서는 고문이 존재하지 않는다."310)

가보는 피델을 필사적으로 옹호하면서 현실에 눈을 감거나 심지어 엄포까지 놓을 태세다. 1994년에 쓴 글에서 아르헨티나 작가인 에르네스토 사바토는 "이삼 년 전 라틴아메리카에서 고문에 반대하는 선언문을 만들 때 발기인 중 한 명이었던 마르케스가 공산주의 국가들을 제외하려고 해서 서명을 거부한 적이 있다"311)고 밝히기도 했다.

열정이나 이념은 이성과 증거를 외면하면 역사에 해를 끼치게 된다. 아무리 고상한 이념이나 거창한 열정이라도 인간의 가장 기본적인 존엄성과 생명 자체를 해치는 것이라면 거기에 맞서 싸워야 한다. 우정 때문에 혹은 체제에 대한 공감 때문에 잘못된 것을 눈감아준다면 공포와 두려움을 조장하는 행위에 협조하는 셈이 되고, 수치스러운 행동의 공범자가 되는 셈이다. 동양에는 이런 말이 있다.

"현자가 아름다운 달을 가리키기 위해 팔을 들면, 바보는 손가락 끝만 바라본다. 바보도 아니면서 바보인 척하는 것은 더 나쁘다."

꿈은 영화다
GABO & FIDEL | Chapter 013 |

"모든 것이 이 집 입구에 있는 두 개의 고압타워로 시작되었지요. 두 마리의 기린 같은 야만스럽게 생긴 콘크리트 타워인데, 한 관료가 합법적인 주인에게 알리지도 않고 앞마당에 설치하라고 명령했어요. 지금도 우리 머리 위에 버티고 있는 이 타워에는 고압 전류가 흐르고 있어요. 여기를 지나가는 전류는 1백만 대의 텔레비전 수상기를 켤 수 있고, 35mm의 영화 영사기 2만3천 개를 작동할 수 있는 용량이지요. 그 소식을 듣고 피델 카스트로가 여섯 달 전 이곳에 와서는 문제를 해결할 방법을 찾았고 우리는 이 저택이 새로운 라틴아메리카 영화를 꿈꾸기에 적합한 장소라는 것을 깨달았지요."[312]

가보는 1986년 10월 4일 라틴아메리카 신영화재단의 개원식 연설을 이렇게 시작했다. 이곳은 가보와 피델의 대저택이 있는 아바나 외곽의, 모두가 탐을

내는 킨타 산타 바바라에 있다. 이 저택은 토마스 구티에레스 알레아 감독의 영화 <생존자들>이 여기서 촬영되었다. <생존자들>은 혁명 이전처럼 계속 살기를 원하는 쿠바 상류 계층의 시대착오적인 삶과 저항을 담고 있다. 이 집은 여류 시인 플로르 로이나스가 1980년대 중반 세상을 뜨기 전까지 여러 마리의 개들과 함께 지내던 곳이다.

이 곳은 노란색으로 칠해진 식민양식의 아름다운 집으로 흰색 철책이 있으며 유리가 없는 나무 창문으로 돼 있다. 나무와 식물의 종류가 다양해서 정원은 식물원으로도 손색이 없다. 우리가 그곳을 방문한 날은 비가 왔는데 그 집의 매력은 날씨가 나빠도 사라지지 않았다. 수많은 야자수, 높은 지붕, 붉은 카펫이 깔린 계단 등이 신영화재단의 본부로 삼기에는 이상적인 장소로 보이게 했다.

라틴아메리카 신영화재단 설립을 위한 라틴아메리카 영화인위원회는 1985년 12월 4일 구성됐다. 이 아이디어는 그해 아바나 국제영화제 폐회식에서 훌리오 가르시아 에스피노사와 가보가 피델에게 제안한 것이 시작이었다. 쿠바 정부의 지원 덕택에 일 년 뒤 그 흥미로운 구상은 빛을 볼 수 있었다.

그러나 그 기원은 훨씬 더 이전으로 거슬러 올라간다. 싱어 송 라이터인 루이스 에두아르두 아우테의 노래 가사처럼 "모든 인생은 영화이고 꿈도 영화"라고 믿는 네 명의 공상가들이 서방의 역사적인 수도인 로마에서 꿨던 꿈이 서로 일치했던 것이다. 이에 관해 에피소드를 가보는 다음과 같이 소개했다.

"1952년과 1955년 사이에, 오늘 이 배를 타고 있는 사람 중 네 명이 로마에 있는 영화실험센터에서 공부하고 있었지요. 문화부 차관인 훌리오 가르시아 에스피노사, 라틴아메리카 신영화의 위대한 대부인 페르난도 비리, 가장 뛰어난 영화감독 중 한 명인 토마스 쿠티에레스 알레아, 그리고 저였지요. 저는 당시 영화감독이 되는 것 외에는 인생에서 바라는 것이 없었어요. 결국, 그 꿈을 이루지 못했지만 말입니다."[313]

리디체 발렌수엘라와 가진 인터뷰에서, 가보는 청년기에 자신은 영화가 꿈이었다고 설명했다.

"나는 영화감독이 되고 싶었지요. 하지만 곧 감독 일이라는 게 얼마나 거대한 작업인지를 깨달았어요. 그건 내가 할 수 있는 일이 아니라는 판단이 들었죠. 소설을 쓸 때 작가는 혼자서 작업합니다. 마음에 안 들면 원고를 찢어버리고 다시 시작할 수도 있지요. 하지만 영화는 달랐어요. 게다가 나는 내가 소설적인 취향이라는 것을 알았어요. 나는 소설을 쓸 때 시각적으로 접근하지 않아요. 내 소설은 시각적이지 않습니다. 그런데 영화에 어울리겠다 싶은 이미지나 이야기가 떠오를 때가 있지요. 그런 아이디어들은 영화로 만들어지도록 노력해 왔습니다."[314]

그에게 떠오른 아이디어 중 《엘리제를 위하여》가 쿠바의 엘리세오 알베르토 감독과 토마스 구티에레스 알레아 감독에 의해 영화로 만들어졌다. 가보는 어릴 때부터 할아버지의 영향으로 영화에 심취했었다. 할아버지는 남 빅스의

영화와 다른 영화들을 보러 그를 영화관에 자주 데려가곤 했다.[315]

"나는 카르타헤나와 바랑키야 시절 영화광이었고 영화를 보는 안목을 계속 키워왔어요. 바랑키야 그룹의 친구들, 특히 알바로 세페다 사무디오와 나는 영화가 문학처럼 경이로운 표현방법이라는 확신을 가졌죠."[316]

그렇게 해서 1954년 2월 27일, 가보는 잡지 <관객>에 일주일에 한 번씩 영화비평을 실었다. 제목은 '보고타의 영화, 한 주의 개봉작'이었다. 이 작업은 18개월 동안 이어졌다. 그는 회고록에서 그 시절 이야기를 상세히 털어놓았다.

나는 내가 영화평론가가 되리라는 생각을 해본 적이 없지만, 어떻게 하다 보니 평론을 매주 연재하게 되었다. 그러나 따지고 보면 아라카타카의 돈 안토니오 다콘테의 올림피아 극장이나, 알바로 세페타의 이동학교에서 영화에 대한 글을 쓰기 위한 소양을 쌓았다고 할 수 있다. 에르네스토 폴케닝흐는 제2차 세계대전 이후 보고타에 정착한 위대한 독일 작가이자 문학평론가인데, 그가 <라디오 나치오날>을 통해 개봉영화들에 대한 평을 하는 것을 듣고 많이 배웠다. 잡지 <관객>은 초보 글쟁이인 나에게 위험을 감수하고 주간 개봉작 비평을 맡겼다. 나는 주간비평에서 영화 애호가들에게 기본적인 정보를 주면서도 내 나름의 영화지식을 내보이면서 허세를 부렸다고 할 수 있다. 이렇게 약 2년이 못되는 기간 동안 75편의 비평을 실었다.[317]

그는 곧이어 로마의 영화실험센터에서 공부하기 위해 유럽으로 건너갔다. 이 시기에 대해서는 다음과 같이 회고한다.

"로마에서 지낼 당시 영화제작팀에 속해 일할 수 있는 기회가 왔지요. 알레산드로 블라세티 감독의 영화 <네가 망나니라 안타깝다>에서 연출부 막내로 일하게 된 겁니다. 나는 아주 기뻤지요. 영화 제작 현장을 직접 경험할 수 있다는 점도 좋았지만, 무엇보다 그 영화의 여주인공인 소피아 로렌을 가까이서 볼 수 있다는 점이 나를 흥분시켰던 겁니다. 그러나 안타깝게도 나는 그녀를 한 번도 볼 수가 없었어요. 내가 맡은 일은 촬영에 들어갈 때 지나가는 사람들이 접근하지 못하도록 막는 것이었거든요. 카메라 근처에는 갈 일이 없었던 겁니다. 그런 내가 이제는 소설가라는 내 직업이 주는 타이틀을 이용해 훌륭한 많은 영화인들을 대표해서 연설할 기회까지 잡은 겁니다."318)

가보는 영화감독의 꿈은 접었지만 영화에 대한 열정을 완전히 버린 적은 없었다. 불행하게도 성공을 거두지는 못했지만 그는 여러 편의 시나리오를 썼다. 이 시나리오들은 그가 소설가로서 세계적인 명성을 얻은 뒤 다른 작품들과 함께 출간되었다.

신영화재단의 주요 목표는 라틴아메리카 국가들의 영화를 통합하는 것이었다. 1970년대에 쿠바와 라틴아메리카에서는 영화산업이 전반적인 침체기를 겪었다. 이를 타개하기 위해 라틴아메리카 국가들이 서로 협력할 필요성을 느낀 것이다.

"내가 라틴아메리카 영화의 통합을 말할 때 라틴아메리카 영화는 하나이고 모든 영화들이 비슷해야 한다는 뜻으로 말하는 것은 아닙니다. 모든 나라는 자기 나라의 특성에 맞는 작품을 만들어야 합니다. 다만 제작과정에서의 협력을 지금보다 좀 더 강화해야 한다고 말하고 싶은 겁니다. 그것이 과연 하나의 해결책이 될 수 있는지 의구심이 든다면 작년에 쿠바와 콜롬비아가 두 편의 영화를 제작했는데 둘 다 매우 성과가 좋았다는 사실을 상기하시기 바랍니다. 외교관계가 없는 두 나라가 말입니다. 다시 말해 포용적인 영화는 그런 문제들을 뛰어넘는 법이지요. 각국이 개별적으로 노력하는 것보다 라틴아메리카 국가들이 공동으로 제작하는 게 훨씬 효율적입니다. 그것이 내가 라틴아메리카 영화의 새로운 통합이라고 부르는 것이지요."[319]

신영화재단은 여러 프로젝트에 참여했는데 '라틴아메리카와 카리브 영화의 추억' 보전, '라틴아메리카 영화사' 편집, 라틴아메리카와 영화에 대한 연구 지원, 가보의 지도로 시나리오 워크숍 개최 등이 포함되었다.

"시나리오 워크숍을 지도하는 것은 나에게는 일종의 휴식이었어요. 무언가를 발명하고 인생을 창작하고 세계를 꾸미면서 보내는 4시간은 가장 큰 섬을 얻는 시간이었지요. 일종의 카타르시스라고 할까요. 그 워크숍을 나설 때 피로를 느끼는 사람은 아무도 없었어요. 지치거나 기분이 나빠서 나가는 사람도 없고 불쾌한 사고가 일어난 적도 없었지요. 우리는 매우 즐겁게 일을 해서 다른 강의실 사람들이 도대체 우리가 뭘 했는데 그러느냐고 물어볼 정도였고 우리는 웃기만 했지요. 우리는 일을 한다기보다는 파티를 열고 있었어요. 나는 세계를 창작하는 것은 가장 멋진 일이라고 생각합니다. 나는 아바나 도시를 연구해온 역사학자인 에우세비오 레알에게 전화를 걸어서 1930년대 헤라르도 마차도 정권 동안 젊은 연인들의 연애 장소가 주로 어디였는지를 물어보기도 했지요. 또한 우리는 워크숍에 전문가들을 계속 초빙해서 영화와 관련된 주제에 대해 설명도 듣고 이야기도 나누곤 했습니다."[320]

이 재단은 또한 영화배우이자 감독인 로버트 레드포드가 이끄는 선댄스 재단과 교류했다. 하지만 이 기관의 가장 중요한 프로젝트는 국제영상영화학교를 설립하는 것이었다. 이 학교는 1986년 12월에 개원했다. 가보, 피델, 훌리오 가르시아 에스피노사와 페르난도 비리가 개회식을 주재했다.

"가르시아 마르케스는 그 학교의 창립 주체인 라틴아메리카 신영화재단의 의장 자격으로, 피델 카스트로는 쿠바 국가 수반의 자격으로 참석했다. 쿠바는 환대와 결속의 표시로 영화와 관련된 시설과 초기장비를 제공했고 행정기능을 담당하는 직원도 많이 투입했다."[321]

이 학교의 주된 목표는 "라틴아메리카와 카리브, 아시아와 아프리카에서 온 영화전문가들의 기술 및 예술 교육과 인력양성에 기여하는 것"[322]이었다. 발렌수엘라와 가진 인터뷰에서 가보는 그 계획의 초기 단계가 어떠했는지 설명했다.

국제영상학교를 설립하자는 구상은 처음에는 몇몇 사람들이 테이블에 앉아 이야기를 나누는 와중에 시작되었지요. 우리는 "관료주의적이지 않고 국제적이며 이론 위주가 아닌 실습 위주의 실제적인 영화, TV 학교를 만들어보자"고 얘기했지요. 그래서 즉시 종이를 꺼내 학교를 구상해보기 시작했어요. 하지만 막상 계획을 실천에 옮기려고 하자 말처럼 쉽지가 않았죠. 역시 우리네 삶은 테이블 위에서 결정될 수 있을 만큼 간단치 않다는 걸 새삼 깨달았지요. 어쨌든 우여곡절 끝에 1986년 12월에 개원을 했지요. 구상을 낸 지 딱 1년 만이었습니다. 학교가 건설되고 장비를 갖추었어요. 학생들을 모집하고 교수를 뽑고 교과과정과 교칙도 만들었지요. 학생들과 교수들이 몰려오고 학교가 계획된 날짜에 문을 열었어요. 우리는 너무 빠르게 일이 진행되는 바람에 무슨 문제가 발생하지 않을까 조마조마 했지요. 하지만 아무런 문제도 없었습니다. 이건 정말 기적이라고 할 수밖에 없었지요.

그러나 모든 일이 쉽고 유쾌하게 진행된 것만은 아니었다. 처음 시작하는 여느 기관들처럼 이곳에서도 역시 초창기의 문제점들을 극복해 나가야 했다.

학교가 당면한 주요한 어려움들은 무엇이었을까요? 예를 들면 우리는 기초과정을 위한 조건으로 학생들이 학사 출신이고 스무 살에서 서른 살 사이여야 한다는 규정을 두었지요. 실제로 요구사항을 충족하는 학생들이 왔지요. 하지만 개중에는 다른 영화학교에서 공부를 하다 온 학생들도 있었어요. 다른 곳에서 공부했다고 해서 이곳에 들어오는 것을 막을 수는 없었지요. 왜냐하면 학사출신에다 나이 조건에 맞았으니까요.

앞으로 그 경우에 어떻게 할지 조처를 해야 했어요. 지금은 그들을 내쫓을 수 없어요. 올해는 참아야 하지요. 다른 학생들이 그들을 따라가기를 바랄 뿐이지요. 우리가 지금 연구하고 있는 일 중 하나가 그런 일이 다시는 일어나지 않도록 입학 제도를 개선하는 것이지요. 그렇지 않으면 학생들 수준에서 불균형이 발생하니까요. 어떤 학생들은 단편 영화를 몇 편 만들어 본 경험이 있는데, 어떤 학생들은 영화를 좋아하지만 평생 만들어본 경험이 없는 식이 되면 가르치기에 곤란함 점이 생기지요. …… 학교가 이제 막 문을 열어서 허점이 있는데 그중 하나가 아직 기본과정이 제 기능을 하지 못한다는 점입니다. 또한 상급 학년이 아직 없다는 점도 문제입니다. 1988년에는 기본과정과 1학년이 있을 겁니다. 그다음 해에는 2학년과 1학년이 생기고요. 그렇게 되면 기본과정에서 실력이 특출하다고 인정받은 학생은 상급반으로 월반을 시켜줄 수 있습니다. 그러나 지금 그렇게 올려줄 상급반이 없다는 게 문제지만요.[323]

이 재단은 아바나에서 35km 떨어진 산 트란킬리노의 오래된 농장과 그 부지를 차지하고 있다. 우리 저자들은 그곳을 방문할 기회가 있었다. 재단의 총재인 알키미아 페냐는 우리를 성대하게 맞아 주었다. 우리는 그 전날 이 총재와 인터뷰를 했다. 우리는 콜론 공동묘지 정면 사파타와 10번지 사이에 있는 ICAIC 뒤편으로 매일 운행하는 통학버스를 탔다. 학생, 교수, 배우들을 위한 특별버스였다..

"당신들은 배우인가요?"

이것이 우리가 학교에 도착했을 때 가장 먼저 들은 질문이었다. 왜냐하면 그곳은 강의하거나 과정에 참여하는 영화계의 다양한 인물들이 계속해서 지나치는 곳이었기 때문이다. 우리는 학교 식당에서 점심을 대접받았다. 식사는 간단했는데 토스트 몇 조각, 약간의 버터, 케이크 한쪽과 커피나 따뜻한 우유가 전부였다. 학생, 교수, 배우와 초대받은 사람들이 모두 한 식당에서 함께 식사를 했다. 흥미진진한 풍경이었다. 백인, 흑인, 중국인, 금발, 피부색이 짙은 사람, 라틴아메리카인, 심지어 미국인까지 있었다. 그러나 우리의 관심을 가장 많이 끈 것은 한눈에 알아볼 수 있는 안데스의 인디오 그룹이었는데, 그들은 판초와 형형색색의 면으로 된 옷을 입고 있었다. 그 식당에 스티븐 스필버그가 자신의 영화 〈마이너리티 리포트〉를 홍보하러 조금 전에 다녀갔는데 그는 학교의 모든 직원과 긴 시간동안 모임을 가졌다고 했다. 우리는 스필버그를 보지는 못했다. 식당에는 지정석이 없고 다양한 계층 사람들에게 똑같은 음식이 제공되었고 중요한 초대 손님이 있어도 새치기를 할 수 없었다. 로버트 레드포드나 가보가 학교를 방문할 때 그 식당에 종종 들른다. 우리를 안내한 직원은 가보가 왔을 때도 평소처럼 소박한 프랑스식 오믈렛이 나왔고 식사 도중에 정전도 됐다며 웃었다. 아침 식사가 끝나자 프로젝트 책임자 중 한 명이 우리에게 학교를 구석구석 안내했고 그 기능에 대해 자세하게 설명해주었다. 우리가 받은 학교 소개 팸플릿에는 프랜시스 포드 코폴라 감독이 자신의 맛있는 이탈리아 소스 중 하나를 어떻게 만드는지 학생들에게 설명하는 사진이 실려 있었다.

가보가 재단 본부의 개회식 연설에서 밝혔듯이 이 학교의 창립은 상당 부분 쿠바 정부의 재정적인 지원 덕분에 가능했다.

"다음 주 라틴아메리카 신영화재단이 쿠바 정부로부터 지원금을 받게 됩니다. 전례 없는 관대함과 그 시의적절함 그리고 영화인으로서 피델 카스트로가 학교에 쏟은 개인적인 헌신까지, 이들에 대해 이루 말로 표현할 수 없는 고마움을 느낍니다. 저는 산 안토니오 데 로스 바뇨스에 있는 국제영상영화학교를 말하는 것이며, 이 학교는 라틴아메리카·아시아·아프리카의 전문가를 양성하기 위해 마련된 곳으로 현대 기술의 최고의 장비들을 갖추고 있지요. 학교 건축은 공사가 시작된 지 단 8개월 만에 준공되었습니다. 세계 각지의 선생들이 임명되었고 학생들도 선발되었으며 그들 중 대다수가 이미 여기에 우리와 함께 자리하고 있지요."324)

이런 지원에 힘입어 이곳은 세계 4대 영화학교 중 한 곳으로 성장했다. 교육 과정은 두 가지로 나뉘는데, 하나는 학생들을 위한 2년짜리 정규과정이고, 다른 하나는 전문영화인들을 위한 "국제적 수준의 워크숍"325)이다. 정규과정은 7개 학과로 나뉘어져 있는데, 시나리오·제작·연출·사진·사운드·편집·

다큐멘터리로 이루어져 있다. 정규과정 첫해에는 모든 분야를 포함하는 일반교육을 받고 2학년이 되면 전공을 선택한다. 첫 수업은 1987년에 시작되었다. 처음에는 수업료가 무료였는데 당시 가보는 이것이 문제를 일으킬 수 있다고 말했다.

"이런 교육기관의 문제는 모든 학교에 존재하고 앞으로도 존재할 텐데 바로 천직에 대한 문제지요. 이 학교는 매우 큰 위험부담을 안고 있음에도 특권을 가진 학교라는 명성을 얻고 있어요. 완전히 무료고요. 모든 게 공짜인 곳, 세상에 이런 학교는 없지요. 우리는 큰 위험이 도사리고 있다는 것을 모르는 게 아닙니다. 의학공부를 하다가 싫증을 느끼거나 공학에서 큰 기여를 못하면 이런 질문을 하지요. '이제 무엇을 하지?' 그리고 스스로 대답을 합니다. '영화를 공부해야지. 예쁜 여자애들도 많고 예술가들도 있고…….' 그들은 입학 요구사항을 충족하고 능력도 있는 똑똑한 사람들이지요. 한 1~2년 어떤지 보러 오는 거지요. 마음에 들지 않으면 떠나버립니다. 그런 상황에서 진정한 자신의 천직에 대해 어떻게 정의를 내릴 수 있을까요? 나는 학생들에게 고등학교를 졸업한 뒤 생각할 시간을 주어야 한다는 의견에 찬성하는 사람이지요. 진정으로 영화를 천직으로 생각하는지 확인을 하기 위해서요. 왜냐하면 사실 지금은 영화를 만드는 게 어렵지 않기 때문이지요. 어려운 시절은 우리가 35mm 카메라로 영화를 공부할 때였지요. 완전한 전문가들이지요. 그러나 지금은 아닙니다. 지금은 청년들이 모든 장비를 갖추고 있어요."[326]

학교가 개원한 지 10년이 지난 뒤 경제적인 사정 때문에 등록금을 받아야 했다. 안타깝게도 1996년부터 영화 장비를 교체해야 했고 공산권 블록의 붕괴와 프랑스와 스페인의 사회주의 정권이 교체되면서 외국에서의 지원이 급격하게 줄어들었다. 그래서 지금은 2년의 정규과정을 이수하려면 약 1만 2천 달러가 들어간다. 그러나 우수한 학생들에게는 2학년부터 장학금을 준다. 등록금이 비싼 듯하지만 이사진들이 설명한 대로 대신 학생들에게 많은 편의를 제공하고 있다.

"화장실이 딸린 독방, 식사, 아바나와 산 안토니오 데 로스 바뇨스 사이의 통학버스, 응급 및 비상의료 혜택, 교육자료 제공, 개봉 전 영화와 비디오 카세트에 대한 혜택 외에도 그들의 습작을 제작할 때 비용을 대주기도 한다."[327]

그 밖에도 학생들은 올림픽경기장 규격의 수영장을 사용할 수 있고 보름에 한 번씩 섬을 여행할 기회가 주어진다. 거기서 제작 코디네이터로 일하고 있던 가보의 친구인 리카르도 베가는 우리에게 그 학교는 쿠바와는 딴 세상이라고 말해주었다. 학생들은 학교 건물에서 살고 교수들은 옆 건물에 아파트를 가지고 있다. 거기서 가보는 한 달 동안 그의 소설 《미로 속의 장군》을 쓰기도 했다.

학생 선발은 무척 까다로웠다. 매년 40명만 입학이 되고 이 중에서 쿠바인은 단 세 명뿐이었다. 가보와 학생들 그리고 교수나 직원들과의 관계는 매우 다정하고 격식이 없었다. 한 예를 들어본다. 한번은 리카르도 베가와 학생 몇 명이 쿠바의 내무부 장관인 호세 아브란테스에 대해서 다분히 비판적인 다큐멘터리를 만들고 있었다. 카메라가 필요해서 가보에게 요청하자 어떤 다큐멘터리 영화를 만들 거냐고 물어보지도 않고 빌려주었다. 이 일과 또 다른 일로 리카르도가 쿠바 정부에게 반체제인사로 낙인이 찍히면서 문제가 생기기 시작하자 국가보위부에서 그를 학교에서 내쫓으려고 했다. 가보는 그를 감싸주고 계약기관이 끝날 때까지 학교에 남아 있도록 도와주었다. "리카르도는 학교를 위해서 필요한 사람이다"라고 주장하면서 말이다.

국제영상영화학교는 영화계에서 매우 유명하고 특히 교육의 질적인 면에서 그러했다. 학위를 받은 졸업생 중 85%는 직장을 쉽게 구한다. 이것은 현역 영화제작자들을 수업에 자주 초청하기 때문이기도 하다. 일반적으로 매년 40명의 학생을 위해서 약 160명의 교수가 참여한다. 이것은 과목의 지속적인 업데이트를 가능하게 해준다. 스티븐 스필버그는 이 학교에 강의를 하러 왔을 때 영화제작에 참여한 배우와 스태프들에게 성공의 공로를 돌리는 겸손함을 발휘해 많은 사람들에게 깊은 인상을 주었다고 한다. 우리 저자들은 그 학교에서 페르난도 레온과 마주쳤다. 그는 거기서 며칠 머물면서 쿠바에 대한 프로젝트를 진행하고 있었다. 그는 자신의 영화 〈햇빛 찬란한 월요일〉이 그해의 오스카상 후보에 올라 있었다. 그는 긴 부츠를 신고 초록색 바지와 검은 셔츠를 입고 머리는 뒤로 묶고 수염은 적당히 기르고 있었다. 우리는 그가 전화를 끊을 때까지 기다렸다. 그에게 오스카상 후보에 오른 것을 축하하고 〈햇빛 찬란한 월요일〉에서의 연기를 칭찬했다. 또한 그의 작품이 갈수록 소비주의로 흐르는 세상에 좋은 메시지를 던지고 있다는 점도 강조했다.

이렇게 많은 사람이 참여한 열성적인 활동들의 결과로 차츰 결실이 나타나기 시작했다. 1993년 개원 7년 만에 제18회 칸영화제에서 이 학교는 로베르토 로셀리니 상을 받았다. 교육기관이 이 상을 받은 것은 처음 있는 일이었다. 이 상은 그동안 마틴 스코세지, 에밀 쿠스타리차, 자바티니 같은 천재적인 영화감독들이 받았었다. 한 가지 더 언급할 것은 이 학교 학생들이 만든 많은 영화가 상을 받았다는 사실이다. 그 중에서도 전 세계적으로 상영된 작품은 이 학교 졸업생인 스페인의 베니토 삼브라노가 1999년에 만든 〈솔라스〉라는 영화다. 다른 흥미로운 사실은 이 학교의 교육에 참여한 뛰어난 영화인들 대부분이 자신들의 강의를 무료로 해주었다는 점이다. 그들은 이 학교의 운영에 연대의식을 갖고서 기꺼이 참여했던 것이다.

초기에는 라틴아메리카와 카리브, 아프리카와 아시아에 집중한 탓에 '세 세계의 학교'라고 불리기도 했지만, 1990년대 말부터는 스페인을 비롯해 유럽과 북아메리카 학생들에게도 문호를 확대했다. 그래서 지금은 '전 세계의 학교'로 불린다. 리카르도는 그 주요 원인이 재정적 필요 때문이라고 했다. 개원하고 2년 뒤, 가보는 학교의 재정과 경제적인 상황에 대한 질문에 이렇게 답했다.

"재단과 학교의 외화비용에 대해 앞으로 어떻게 충당할 건가요? 당신은 1986년 재단 본부가 출범할 때 외국에 대해 지원을 요청했는데, 답변을 받은 게 있나요?"

"우선 학교의 재정 상태는 매우 명백합니다. 학교는 쿠바가 설립해서 기부했고 쿠바의 연간 예산으로 운용되지요. 그러나 필름과 같은 촬영재료나 새로운 장비, 교수 급여와 비행기 삯 등은 외화로 지불되는데 그것을 재단이 충당해야 합니다. 그래서 내가 지원을 요청했지요."

"재단은 그런 비용에 대한 예산이 있나요?"

"재단은 앞으로 2년 정도 비용을 충당할 예산은 가지고 있지요."

"그런데 당신의 공개적인 요청에 대한 답변은 구체적으로 어떤 게 있었나요?"

"스페인 정부의 답변을 받았지요. 그들이 돈으로 도울 것인지 아니면 장비로 지원할 것인지에 대한 논의가 있었지요. 펠리페 곤살레스 총리가 쿠바를 방문했을 때 그에게 돈을 요구하지는 않았어요. 만일 우리가 1백만 달러 정도의 거액을 제시하고, 스페인 정부가 우리에게 그 돈을 주었다고 가정해 보세요. 앞으로 다시는 스페인에 어떠한 지원요청도 할 수 없었을 겁니다."

"그렇다면, 어떻게 합의를 했나요?"

"스페인은 우리에게 일정액의 장학금을 제공하고 그들이 급여를 주는 교수를 보내기로 했어요. 장비도 기부하기로 했고요.[328]"

분명히 펠리페 곤살레스와의 우정이 가보가 학교를 지원하는 일에 많은 도움을 주었고 다른 나라들도 유사한 이유로 학교에 도움을 제공했다. 우리가 본 대로 가보는 다양한 성격의 정치적인 갈등을 해결하고 높이 날기 위해서 그의 좋은 예술을 사용할 뿐만 아니라, 문학과 영화 세계를 장려하기 위해서 쿠바와 라틴아메리카 주변의 좌표 내에서 그의 '명성을 소진할' 의향이 매우 강하다. 개인적인 의지를 다시 강조하면서 인터뷰는 이어졌다.

"우리에게 돈이 떨어지지는 않을 것이라는 걸 믿으셔도 됩니다. 우리에게 돈이 떨어진다면, 정말 그런 일이 일어난다면 나는 개인적으로 비행기 삯만 있으면 각국을 돌아다니면서 도움을 청할 겁니다. 하지만 그럴 가능성은 별로 염두에 두지 않아요. 그러나 도움을 청해야 할 때가 오면 나는 실천에 옮길 겁니다. 나는 아는 사람이 많은데 그들은 우리를 기꺼이 도와줄 겁니다."329)

그러나 앞에서 지적했듯이 영화학교는 1996년부터 학생들에게 학비를 부담시켜야 했다. 우호적이었던 나라들에서 보수적인 정권이 들어서면서 지원이 줄었기 때문에 학생들이 상당한 액수의 등록금을 내야만 했다. 그래서 가보는 부수적인 노력을 계속했다. 그가 담당하는 워크숍에 대해서는 한 푼도 받지 않았는데 그것이 학교에는 큰 도움이 되었을 것이다. 그런데 그게 다가 아니었다.

"나는 내 워크숍 활동에 따른 상당액의 급여를 외화로 받지요. 그들이 나에게 봉투를 건네주면 나는 자동으로 재단에 그것을 기부합니다."330)

그는 교수들과 초빙교수들에 대해서도 이야기했다.

"하지만 거기서 일하는 교수들 대부분은 급여를 기부할 수 없는데 나처럼 여유가 많지는 않기 때문이지요. 내 인생은 해결되었지요. 그러나 그들은 그 일을 좋아서 한다는 것을 분명히 말씀드릴 수 있습니다. 게다가 최고의 전문가들입니다. 쿠바에 오기 위해서 당분간 자신들의 일을 기꺼이 제쳐 놓기도 합니다. 그러나 그것이 학교가 풀어야 할 또 다른 문제이기도 하지요. 가장 뛰어난 전문가들이 아바나에 일 년 내내 혹은 이삼 년을 머물 수는 없기 때문이지요. 너무 뛰어난 분들이라 급여로 그들을 붙잡아둘 수는 없지요. 급여라면 다른 곳에서 훨씬 더 많이 받을 수 있기 때문이지요. 그러나 그들은 여기서 잘 지낸답니다. 모험적인 시도를 하는 라틴아메리카 영화인들에 대해 연대감을 느끼기 때문이지요."[331]

이러한 관대함은 다른 교수에게도 자극을 주어서 시너지 효과를 낸다. 피델과 가보는 특히 인세와 관련해서 농담을 가끔 했다. 몬탈반에 따르면, 고르바초프가 쿠바를 방문했을 때 가보도 리셉션에 초대를 받았다. 서로 소개하는 시간에 피델이 고르바초프에게 말했다.

"가브리엘이 여기 온 것은 소련에서 그에게 지급하지 않은 인세를 달러로 언제 줄지 답변을 듣기 위해서지요."

그러자 가보가 끼어들어 이렇게 말했다.

"그러기 전에 먼저 쿠바인들이 나에게 줄 인세를 줘야 하는 것 아닌가요?"[332]

소련을 비롯한 동구권이 무너진 후 쿠바가 어려운 상황에 처하면서 영화학교에 대한 지원액은 점점 줄어갔다. 그러자 가보도 차츰 직접적인 운영에서 손을 떼기 시작했다. 얼마 후에는 아바나의 집에서 지내면서 일 년에 일주일씩 자신의 워크숍만을 하러 학교에 갔으며, 그 시기는 12월 초 아바나국제영화제 기간과 겹치기 일쑤였다. 그러나 기부에 대해서는 항상 마음의 준비가 되어 있었다. 학교를 위해서 필요하다는 생각이 들면 최대한 힘을 기울였다. 한번은 가보에게 인터뷰를 요청했던 언론사가 인터뷰 대가로 현금 대신 카메라로 지급하겠다고 제안을 했다. 그러자 가보는 그 제의를 수락하고 받은 카메라를 학교에 기부했다. 그 이후 가보는 텔레비전 인터뷰도 돈을 받고서 했다. 그 돈을 영화학교에 기부하기 위해서였다.

"나는 각국으로부터 텔레비전 인터뷰에 응해 달라하는 요청을 많이 받았지만 항상 거절해왔어요. 하지만 이제는 승낙을 합니다. 그 대가로 방송국측에서 영화학교에 기부한다는 조건으로요. 그러면 대개 그렇게 하겠다고 응낙을 하지요."[333]

그러나 1990년대 말 이후 가보는 영화학교에 거의 모습을 드러내지 않았다. 1999년과 2000년 사이에는 임파선암 치료 때문에 로스앤젤레스에서 지내야 했기에 전반적인 활동이 줄어들 수밖에 없었다. 게다가 초기에는 학교가 자리 잡는 데 도움이 되기 위해 적극적으로 참여했지만, 이제는 다소 불안하나마 정상적으로 운영되고 있기 때문에 가보의 존재가 그다지 필요하지 않은 것이다. 또한 가보는 그 무렵 저널리즘과 관련된 활동에 자신의 시간을 쏟기 시작했다.

예를 들어, 라틴아메리카에서 저널리즘을 발전시키기 위해 새로운 재단을 창설하는 데 주도적으로 참여했다. 그 본부는 카르타헤나 데 인 지아스에 있으며 이곳은 가보의 초창기 기자 시절과 관련이 깊은 곳이다. 이 재단은 국제적으로 유명한 언론계 인사들로 전문가들을 초빙해 워크숍을 조직하고 저널리즘 발전에 기여한 언론인을 선정해 시상하는 등 많은 활동을 벌여 주목을 받았다.

정의 아니면 복수, '오초아 사건'
GABO & FIDEL | Chapter 014 |

"7월 13일, 오늘 새벽녘, 1989년 제1 사건에 대한 특별군사재판이 아르날도 오초아 산체스, 호르헤 마르티네스 발데스, 안토니오 데라 구아르디아 폰트(토니 데라 구아르디아)와 파드론 트루히요에게 판결을 선고했다."

위의 글은 1989년 7월 13일, <그란마>에 실린 비평 중 일부이다. 특별군사법정은 이들 네 명의 장교에게 사형을 선고했는데, 사실 이들 중 일부는 무고했다. 사건은 파나마에 있는 CM[334]의 사무실에서 시작되었다. 이 부서는 미국의 봉쇄조치로 쿠바로 수출이 금지된 품목을 쿠바로 수입하려는 방법을 모색하는 일을 담당했다.

하루는 미겔 루이스 푸의 <인터컨설트>[335] 사무실에 한 쿠바 망명자가 조카의 비자를 얻기 위해서 찾아왔다. 알고 보니 루이스 푸와 그 사람은 친척 간이었고 그래서 절차가 쉬워졌고 둘은 다른 사업을 함께하기로 했다. 그들은 우선 컴퓨터 무역을 시작했다. 파나마를 통해 미국산 컴퓨터를 쿠바로 수입하는 것이었다. 이런 종류의 사업을 하는 데 둘은 전혀 문제가 없었고 수익을 나누었다. 그러자 더 큰 수익을 낼 수 있는 품목으로 눈을 돌렸다. 그것은 바로 쿠바를 통해 미국으로 코카인을 들여가는 것이었다.

루이스 푸는 좋은 구상이라고 여겼지만 그의 상관인 내무부의 파드론 트루히요 주임과 상의를 해야 했다. 안드레스 오펜하이머[336]는 이렇게 말했다.

"파드론은 주저했다. 그것은 너무 부담스러운 시도였기 때문이었다. 쿠바 권력층은 그동안 마약을 소지한 비행기가 쿠바 영공을 지나가도록 허용해왔다는 사실은 알고 있었다. 피델 자신도 콜롬비아의 코카인을 실은 비행기가 쿠바영공을 지나가는 것을 허용해주는 대신 마약밀매업자들이 콜롬비아로 돌아가는 길에 게릴라들에게 무기를 가져다주도록 한 적이 있었다. 그러나 비행기에 쿠바 영토에 착륙하는 것은 또 다른 문제였다. 파드론은 그러한 허락을 받을 수 있을지 확신이 서지 않았다. 쿠바의 고위권력층과 상의를 해야 했다."[337]

그 권력자 중 한 사람이 안토니오 데 라 구아르디아였다. 그는 2~3주 뒤에 아바나에서 그 문제를 다루기 위한 모임에 참석했다. 이 모임에 참석한 사람 중 한 명인 레이날도 루이스가 피델이 이 사업에 대해 알고 있느냐고 물었다. 구아르디아 대령은 분명한 목소리로 "물론이지요"[338]라고 대답했다. 오펜하이머는 이렇게 썼다.

"구아르디아가 코카인 거래에 대해 피델로부터 직접 승인을 받는지는 확실치 않다. 피델은 돈이 개입되는 그런 문제에는 직감적으로 거부반응을 보이기 때문에 개인적으로 직접 개입하는 경우가 흔치 않았다. 대개는 내무부 장관인 아브란테스에게 맡겼다. 구아르디아는 외화(달러)를 버는 일 — 여기에는 마약 거래도 포함된다 — 을 하기 위해서 아브란테스의 승인을 받고 있었다. 구라르디아가 루이스의 질문에 대해 '물론'이라고 답한 것은 피델과 직접 이야기했다는 뜻일 수도 있고, 아니면 내무부 장관이 피델의 허락 없이 자신에게 마약 거래와 같은 위험한 일을 승인했을 리가 없다는 가정하게 그렇게 답했을 수도 있다."339)

첫 번째 작전은 완전히 실패로 돌아갔지만 모두 무사했고 어떠한 문제도 발생하지 않았다. 하지만 그 시도는 미국의 시선을 끌었고, 그 결과 그들이 두 번째 작전을 시도할 때 미국은 CIA 요원을 잠입시켰다. 이들이 50여 시간 분량의 대화를 녹음했는데 여기에는 마약밀거래에 쿠바 고위관료들이 협조하고 있다는 내용도 들어 있었다. 1982년에도 쿠바 고위층이 연계된 마약밀매 사건이 발생했었지만 결정적인 증언을 확보하지 못해 미국이 손을 쓸 수 없었고, 피델이 공개적으로 그 사건을 쿠바에 대한 또 다른 제국주의적 소행이라고 비난하면서 잠잠해졌다. 그러나 이번에는 녹음된 증언도 있고 유력한 증거도 확보했다. 사건을 무마하는 건 불가능한 상황이었다. 피델이 택할 수 있는 유일한 방법은 미국에 선수를 치는 것뿐이었다. 이를 위해 총대를 멘 것이 동생인 라울 카스트로였다. 그는 이번 기회에 자신의 숙적을 제거할 음모를 꾸몄다.

쿠바의 내무부와 국방부는 얼마 전부터 라이벌 관계에 있었다. 라울은 국방부의 수장으로서 육해공군 30만 병력을 거느리고 있었다. 반면 내무부는 호세 아브란테스 장군이 장관을 맡고 있었고, 직원 수는 모두 8만 3천 명이었다. 내무부 산하에는 국립경찰, 국가보위부, 특별부대, 국경수비대 등이 소속돼 있다. 이론적으로 따지자면 국방부와 내무부는 기능이 확연히 나뉘었음에도 실질적으로는 두 장관의 업무가 자주 중첩되어 둘 사이에는 늘 갈등이 잠재해 있었다. 라울은 내무부가 국방부보다 더 많은 권한을 갖고 있고 정부 내에서의 비중이 지나치게 크다는 데에 불만을 품고 있어, 얼마 전부터 보복할 구실을 찾고 있었다. 마약밀매 사건은 그것을 실행하기 위한 절호의 찬스였다.

한편 라울에게는 정부 내에 성가신 사람이 하나 있었는데, 바로 아르날도 오초아였다. 오초아는 앙골라에서 활동한 쿠바의 위대한 장군 중 하나로 '혁명의 영웅'(카스트로 정권에서 받을 수 있는 최고의 계급)이라는 칭호를 받은 인물이었다. 그는 이미 여러 차례 공개적으로 몇몇 사안에서 피델의 결정에 불만을 표한 적이 있었다.

예를 들어, 앙골라에서의 임무를 마치고 귀국한 군인들에게 국가가 경제적인 지원을 해주지 않은 것에 대해 여러 차례 공개적으로 비난했고 이것이 라울의 귀에 들어갔다. 라울은 오초아의 행위를 "군대의 규율을 심각하게 위배"[340] 하는 것으로 간주하지 않을 수 없었다. 마침내 카스트로 형제는 두 사건을 하나로 합치기로 했다. 오초아, 데 라 구아르디아와 그들과 관련된 사람들을 마약밀매 및 부정부패 혐의로 재판에 회부한 것이다. 라울이 오초아에게 그 얘기를 해주자 오초아는 이렇게 대답했다.

"자네가 혁명의 미래와 관련해 중요한 이슈에 대한 관심을 다른 곳으로 돌리려고 부정부패사건을 꾸며내고 있군."[341]

오초아는 직선적이고 자기주장이 뚜렷한 사람이었다. 1989년 6월 12일, 반도덕적 범죄와 경제적인 재원을 부당하게 운용했다는 죄명으로 오초아를 먼저 체포했다. 16일에는 데라 구아르디아 쌍둥이 형제도 체포했다. 그날 처음 '마약거래'라는 용어가 등장했다. 이것은 쿠바가 남미의 커다란 사회문제인 마약밀매에 과감하게 맞서 싸운다는 이미지를 전 세계에 내보이는 효과를 거두었다. 재판이 있기 며칠 전 피고인들은 피델이 보낸 메시지를 받았는데, 그들에게 협조를 당부하는 내용이었다. 그렇게 하면 모두 무사하리라고 하면서 말이다.

"이것은 당신들이 완수해야 할 하나의 임무라고 생각하시오. 협조하면 당신들에게 분명 득이 될 것이오."[342]

피고인들의 증언은 에베르토 파디야의 자아비판을 상기시키기에 충분했다. 6월 25일, 오초아와 구아르디아에 대한 1차 공판이 군사법정에서 열렸고, 7월 13일에는 네 명의 피고인들이 아바나의 변두리 바라코아 해변에서 총살당했다. 계급이 낮은 두 장교를 먼저 죽인 다음 토니를 죽이고 마지막으로 오초아 장군을 총살했다. 그는 마지막 유언을 남겼다.

"오직 내가 바라는 것은 여러분이 내가 배신자가 아니라는 것을 믿어주는 것이오."[343]

위기에 맞선 네 기수

토니 데라 구아르디아는 쾌활한 성격 때문에 여자들이 많이 따랐고 유머감각도 뛰어났다. 그는 대령이었지만 올리브빛의 초록색 군복은 거의 입지 않았다. 대신 캘빈 클라인 청바지와 체크무늬 셔츠를 입고 롤렉스 시계를 차고 다녔다. 쿠바 정부의 중요한 비밀요원이어서 여러 가지 특권을 누릴 수 있었던 것이다. 오펜하이머가 지적하듯이 그는 쿠바에 주재하는 외교관들에 버금가는 생활을 했다. 시보네 17번가 20600번지에 아름다운 집을 갖고 있고 원하는 대로 여행을 할 수 있었다. 토니는 피델의 "총애를 받는 사람"[344]이어서 그와 격의 없이 지낼 수 있었다. 이와 관련해 아르헨티나의 한 기자는 에피소드 하나를 소개한 적이 있다.

한번은 카스트로가 평소 습관대로 베네스(마이애미의 은행가-역주)를 자기 사무실에서 자정이 훨씬 지난 시간에 맞이했다. 그 자리에 참석한 토니 데라 구아르디아는 회의가 이제 막 시작했기 때문에 새벽까지 계속될 거라는 징후에도 하품을 하기 시작했다. 새벽 1시 30분경 토니가 자리에서 일어나면서 사과를 했다. "나는 못 견디겠어요. 잠을 좀 자야겠어요."라고 말하고는 자리를 떴다. 쿠바에서 그런 자유를 누릴 수 있는 사람은 손가락으로 꼽을 정도다. 토니 데라 구아르디아가 그런 사람 중 하나였다.[345]

구아르디아는 쌍둥이였다. 동생인 파트리시오 데라 구아르디아 소장은 앙골라에 파견된 내무부 단장이었으며 오초아와 절친한 친구이기도 했다. 쌍둥이 형제의 외모는 구별하기 어려웠지만 성격은 판이했다. 토니는 외향적이고 관심을 끌기를 좋아했지만, 파트리시오는 차분한 성격에 형 뒤로 숨는 경향이 있었다. 그도 피고로 재판정에 출두해서 30년 형을 선고받았다.

한편 오초아는 토니와 정반대였다. 낮은 계급에서부터 군 생활을 시작한 그는 공적을 인정받아 짧은 시간에 매우 인정받는 장교가 되었다. 그는 홀긴 주의 카우토 크리스토의 한 농가에서 출생했는데, 학교를 마치자 시에라 마에스트라에서 혁명군에 합류했다. 대부분의 혁명전쟁에 참전했고, 1961년 피그스 만에서 벌어진 쿠바 망명자들과의 대결에서 새로운 혁명군대의 대령으로 두각을 나타냈다. 또 1970년대에는 에스캄브라이 산맥에 숨어 있던 반혁명주의자들과도 전투를 벌였다. 이어 베네수엘라, 에티오피아, 앙골라에 쿠바가 개입할 당시 쿠바군을 진두지휘했다. 그러한 공로를 인정받아 1984년 '혁명의 영웅'이라는 칭호를 받았다. 사실 그는 1976년 앙골라에서 쿠바 군대의 최고사령관으로서 활약했었다. 그런데도 가보가 쓴 '카를로타 작전'에 대한 르포에서 그의 이름이 등장하지 않는 것이 이상했다. 이 르포는 1977년 1월, 가보가 피델과 가까워지기 시작할 무렵 출간되었다. 피델과 쿠바 국민에게만 찬사를 보내고 앙골라 주둔 쿠바군의 총책임자에 대해서는 왜 한마디 언급도 없었을까? 아마 신중을 기했기 때문이 아닐까. 피델이 자기 부하가 자기보다 더 주목을 받으면 불쾌해할 수 있기 때문이었다.

오펜하이머는 "오초아는 카스트로의 친한 친구이고 그에게 '너'라고 부를 수 있는 몇 안 되는 사람 중 하나였다."[346]라고 했다. 오초아는 피델이 외국으로 여행을 자주 다닐 때 친구가 되었다. 피델은 격식을 차리지 않아도 되는 자리에서는 그를 '블랙 오초아'[347]라고 불렀다. 그러나 시간이 지나면서 두 사람 관계는 소원해졌다. 오초아가 저지른 가장 큰 실수는 자기 마음 내키는 대로 행동한 것이었다. 그것은 카스트로 정권에서 취해서는 안 될 태도였다. 앙골라 사건이 일어났을 때 오초아는 피델이 앙골라 상황은 제대로 알지도 못할 뿐 아니라 어떤 조치를 해야 할지도 모른다고 비판했던 것이다.

피델이 앙골라 사건은 정치적으로 해결하는 것이 가장 바람직하므로 더 이상 쿠바 군대를 주둔시키지 않겠다고 선언한 날, 그는 유엔에서 열리는 공식행사에 아홉 명의 장군을 초대했다. 그런데 그 초대에 유일하게 빠진 장군이 바로 오초아였다. 이것은 피델이 앙골라 전쟁에서 맡았던 오초아의 역할을 인정하지 않는다는 것을 뜻하는 것이었다.

오초아는 그의 타이틀과 빛나는 이력을 가졌음에도 권세에 대한 허황한 꿈은 꾸지 않았다. 누에보 베다도 24번지에서 그의 둘째 부인 마이다 곤살레스와 함께 살았는데, 이 집은 미라마르에 있는 토니의 집과는 비교도 안 될 정도로 평범한 집이었다. 그는 신중한 성격에다 남들의 시선을 끄는 것을 좋아하지 않았다. 대부분의 쿠바 고위관료들처럼 메르세데스 벤츠 승용차를 갖고 있었으나 이웃주민의 반응을 의식해 자주 이용하지 않다가 결국 산디니스타 장군에게 선물로 주기도 했다. 하지만 유엔 행사 초대와 관련된 사건은 그에게 대단한 모욕과 실망감을 안겨주었다.

오초아는 앞의 마약밀매사건과 아무런 관련이 없는 유일한 사람이었다. 부에노스아이레스의 신문기자는 이렇게 말했다.

"토니 데 라 구아르디아와는 다르게, 오초아는 코카인 밀매작전에 관여한 적이 없다. 그러나 그의 부관이었던 호르헤 마르티네스와 데 라 구아르디아 형제와의 긴밀한 관계, 즉 오초아가 자신의 부관이 메데인에 가는 것을 허락해준 것이 피델에게 빌미를 제공해 2~3주 뒤에 대단한 음모에 엮이는 결과를 빚게 되었다."348)

오초아에게 따라다닌 유일한 험담이라면 "불만을 품은 장군"349)이라는 것 정도였다. 사형을 당할 당시 그는 49살이었다. 토니와 오초아는 이생에서는 교류가 많지 않았지만, 콜론 공동묘지에는 함께 묻혀 있다.

내무부 장관 호르헤 아브란테스는 오초아-데 라 구아르디아 재판이 있고 얼마 후 경질되었고 라울이 총애하는 콜로메 이바라가 그 자리를 이어받았다. 사형집행 일주일 뒤 그도 재판을 받았다. 혐의는 부하들을 제대로 통솔하지 못한 "태만"350)과 "부패와 부패행위를 방관"351)한 죄였다. 그는 20년 형을 선고받았고 1991년에 심장마비로 세상을 떠났다. 하지만 그는 심장병을 앓은 적이 없었다. 아마 마약밀거래와 관련해 피델이 알고 있었는지 아닌지를 밝힐 수 있는 사건의 유일한 생존자였기 때문에, 그의 사인이 심장발작이라는 사실에 의문을 표하는 이들이 많다. 토니의 동생 파트리시오에 따르면 아브란테스가 감옥에 있을 때 피델이 그 거래를 분명히 알고 있음을 자신에게 고백했다고 한다.

그러면 가보의 선택은?

가보는 쿠바 관료들의 체포소식을 들었을 때 멕시코시티 자신의 집에 있었다. 그는 자신이 무엇을 할 수 있는지 알아보기 위해 아바나로 전화를 걸었다. 그러자 그날 밤 라울이 텔레비전에서 연설을 통해 모든 것을 밝힐 거라는 대답을 들었다. 가보는 즉시 여행사에 전화를 걸어 아바나행 항공권을 구매했다. 진실을 알고 싶었기 때문이다. 오펜하이머는 1989년 6월 14일 밤, 국방부의 중앙 홀에서 있었던 라울의 대국민 연설은 사실을 밝히는 대신 쿠바 국민에게 커다란 혼란만 가져왔다고 말했다.[352]

일레나 데 라 구아르디아와 호르헤 마세티는 가보가 아바나에 도착했다는 소식을 듣자마자 밤이 깊었지만 그의 집으로 달려갔다. 일레나는 아버지와 다른 사람들을 구할 수 있는 유일한 희망이 가보라고 보았다. 일레나는 토니 구아르디아의 딸이고, 토니는 가보의 친한 친구였다. 얼마 전 가보는 토니의 집을 방문했을 때 자신의 최근작인 《미로 속의 장군》을 토니에게 헌사했는데, "선의 씨앗을 뿌리는 토니에게"라고 썼다. 호르헤는 마세티는 아르헨티나 출신으로 가보가 혁명 초기에 일했던 프렐라를 창설한 호르헤 리카르도 마세티의 아들이었다. 가보는 호르헤의 이복누이 결혼식 대부였다.

1989년 7월 9일, 최종판결이 있기 전 피델이 가보를 찾아갔다. 오펜하이머는 이 방문에 대해 자세히 묘사했다. 피델은 가보와 만나는 것을 약간 두려워했는데 그가 사형에 반대한다는 것을 알고 있었기 때문이다. 더구나 네 명의 쿠바장교들이라면 더욱 그랬다.

"가보는 카스트로의 고위급 보좌관들과의 대화에서 네 사람의 생명을 구하기를 바란다는 메시지를 넌지시 전달했다. 카스트로는 마르케스가 토니 데 라 구아르디아와 절친하다는 사실을 잘 알고 있었다."[353]

그들은 두 시간 동안 대화를 나누었지만, 피델은 자기가 방문한 이유를 끝내 언급하지 않았다. 가보는 그가 불쾌해한다는 것을 감지했고, 현관에서 작별인사를 할 때 그 문제를 언급하면서 네 장교의 생명에 대해서 부탁하며 한마디 덧붙였다.

"나라면 자네 처지에 있고 싶지 않네. 만일 그들을 처형한다면 그 명령을 내린 사람이 자네가 아니라고 생각할 사람은 이 지구 상에 아무도 없을 테니까."[354]

그러자 피델이 대답했다.

"자네는 그렇게 생각하나? 자네는 사람들이 그렇게 생각할 거라고 믿고 있는 건가?"[355]

피델은 국민이 더 이상 혁명을 자기처럼 신뢰하지 않는다는 사실을 받아들일 수 없었다. 오펜하이머의 글을 계속 읽어보자.

가보의 집 현관 앞에 서서 피델은 자신의 말을 강조하기 위해 손을 흔들어가며 군사법원의 판결은 법적으로 적절하게 진행되었다고 설명하기 시작했다. 법정의 통일된 의견은 오초아와 토니 데라 구아르디아가 사형에 처해져야 한다는 것이었다. 피델은 "나는 국가의 모든 기관과 상담을 해보았지만, 대다수가 사형에 찬성하고 있다는 것을 알았네."라고 말했다. 가보가 물었다.

"그들이 자네가 그것을 원하기에 그렇게 말한다는 생각은 해보지 않았나?"

그러자 피델은 "아니, 나는 그렇게 생각하지 않아." 하고 대답했다. 가보는 피델이 작별을 고하고 눈앞에서 멀어져가자 슬픔에 잠겼다. 그는 국가평의회가 오초아, 토니 데라 구아르디아와 그의 보좌관들 생명을 살려주지 않을 것임을 확신했다. 이삼 개월 뒤, 사형집행과 그의 집 문지방에서 피델과 나눈 대화를 회상하면서 가보가 나에게 말했다.

"나는 국가 수반들을 많이 알고 있는데 그들에게는 모두 한 가지 공통점이 있지. 최고 통치자들은 부하들이 통치자의 입맛에 맞는 대답을 한다는 사실을 모른다는 것이지."[356]

피델이 떠나자마자 호르헤와 일레나가 도착했다. 입구 홀 벽면에는 토니가 그린 그림이 걸려 있었는데 순수하면서도 활력 있는 색채로 그린 풍경화였다. 그 그림은 토니의 성격을 잘 보여주고 있었다. 토니의 동생인 파트리시오도 그림을 그렸는데 스타일은 달랐다. 우리는 그가 그린 그림을 파리에 있는 살롱에서 볼 수 있었는데, 바닷가에서 옷을 벗고 있는 한 여인이 등장하는 그림이었다. 그는 이 그림을 감옥에서 그렸는데 쿠바인들에게 바다는 떼려야 뗄 수 없는 자연이었다. 그는 아마도 감옥에서 여인과 바다를 가장 그리워했을 것이다.

가보는 일레나와 호르헤에게 두 사람이 부탁하러 오지 않았더라도 토니와 다른 사람들의 생명을 구해주려고 노력하고 있다고 말했다.357) 자신이 토니의 친구이며, 무엇보다 자신은 사형에 결사적으로 반대했기 때문이라고 했다. 일레나와 호르헤는 훗날 우리에게 가보가 "이런 일은 있을 수가 없어. 만일 사형집행을 허락한다면 피델이 분명히 미쳤을 거야. 이건 혁명의 동지이건 적이건 아무도 바라지 않는 일이야."라고 했다고 전해주었다. 가보는 그들에게 마음을 가라앉히고 믿음을 가지라고 하면서 지인들이나 인권보호단체들과 당분간 접촉을 하지 말라고 했다. 일레나는 우리에게 깊은 슬픔에 잠겨 배신을 당했다는 기분으로 이렇게 이야기했다.

"나는 그를 믿었어요. 나는 정말로 그의 말을 믿었어요."

가보는 그들에게 희망을 주었지만, 피델이 이미 결심을 굳혔다는 것을 알고 있었다. 피델은 그것만이 혁명과 자신의 이미지를 회복하는 유일한 방법이라고 보았던 것이다. 뒷날 가보는 멘도사에게 "그들을 구하려고 온갖 노력을 했지만 너무 늦었어."라고 말했다.

내무부 장관 아브란테스의 재판이 있고 얼마 지나지 않아 피델은 가보를 찾아왔다. 가보는 '그의 홀에 걸려 있는 토니의 그림을 멕시코로 가져가야 하나'라는 생각을 했지만, 피델이 뭐라고 하든 사형당한 친구에 대한 경의의 표시로 그대로 두기로 했다.

우리가 호르헤와 일레나와 함께 나눈 대화도 데라 구아르디아에게 경의를 표하는 것이었다. 그 대화는 센 강에서 150미터 떨어진 파리의 라틴 구역에 있는 그들의 아파트에서 있었다. 거실의 벽에는 토니와 파트리시오의 그림이 걸려 있었다. 서재에는 일레나의 책(프랑스와 네델란드 판), 호르헤의 책도 있었다. 토니는 호르헤와 일레나의 아들 이름이기도 했다. 토니 마세티 데라 구아르디아. 대단한 성이었다. 이 어린아이의 아버지는 쿠바 군사의 엘리트 진지에서 훈련받은 아르헨티나-쿠바 게릴라 출신이고 그의 어머니는 혁명 초기 몇십 년 동안 유명하고 영향력 있는 가문의 쿠바 여성이었다. 그의 친할아버지는 혁명의 통신사를 이끈 뒤 1960년대 게릴라전에서 숨을 거둔 채 게바라의 친한 친구였다. 그의 외할아버지는 혁명군의 가장 유명한 장군 중 하나였다. 성인이 되기 전부터 대단한 이력을 가진 어린아이. 자신은 아직 깨닫지도 못한 채 용맹스러움과 전통의 굉장한 이력으로 구별되는 아이. 그 아이는 처음에는 우리를 불신의 눈으로 바라보고 자기 부모가 낯선 사람들에게 관심을 보이는 것을 싫어했다.

그들과 대화를 나누면서 우리는 책에서 얻지 못했던 많은 사실들을 알게 되었다. 우리는 1970년대 후반부터 데라 구아르디아 가족, 특히 토니와 가보 사이의 우정에 대해서 이해할 수 있었다. 또한 호르헤 마세티가 이른 나이부터 정치가, 군인, 혁명 엘리트와 관련된 고위층 작가들과 자유롭게 교제를 했고 가보와 프렐라 활동시절에 대해서 대화를 나눈 사실도 알았다. 리카르도 마세티가 죽자, 그의 자식이 진정한 "혁명의 아들"이 되었다. 그는 자기 아버지가 생명을 불어넣은 프로젝트의 이미지에 맞게 성장했으며 군대지휘부로부터 정의의 의무감 때문에 특별히 돌보아야 할 한 영웅의 자연적인 연장으로 간주하였다. 일레나는 그녀의 아버지가 죽고 난 뒤 가까운 소식통을 통해 가보가 카스트로 형제와 함께 재판에 참석했다는 얘기를 들었다고 전해주었다.

이 부부의 실망은 '냉소의 밤'에 가보의 '거짓 위로'로만 끝나지 않았다. 호르헤는 그다음 날 가보가 미테랑을 만나러 프랑스로 갔다고 전해주었다. 그는 거기서 이렇게 말했다.

"사형집행을 설명하고 정당화하기 위해 이미 잘 알려진 피델의 대사 역할을 하고 있었다. 사형집행이 — 가보에 따르면 — 군인들 간의 문제라서 피델이 달리 손을 쓸 수 없는 상황에 놓여 있었다."

그 이후에 일레나와 호르헤가 쿠바를 떠날 수 있었을 때 멕시코시티에 들르면서 가보의 집에 전화를 걸었다. 메르세데스가 전화를 받는데 가보가 그날 집에 없으니 이튿날 오라고 했다. 호르헤는 "위대한 작가의 부인들은 그들을 만나기 위한 필터다."라고 말했다. 그다음 날도 가보는 집에 없었다. 이상한 것은 가보가 약속을 철저하게 잘 지키는 매우 조직적인 사람이었기 때문이다. 메르세데스가 그들을 맞이했다. "국가보위부처럼 우리에게 심문했지요."라고 호르헤가 유감을 표했다. 그리고 그들은 다시는 가보를 찾아가지 않았다.

2~3년 전, 그들은 파리에 도착할 때까지 가보의 소식을 듣지 못했다. 멘도사가 그들에게 전화를 걸어서 가보가 파트리시오의 석방을 위해 중재하고 싶다며 "제발, 일레나가 가보에게 직접 그 사건에 대해 설명하고 그에게 도움을

청하는 편지를 써달라"고 했다. 그들은 그 일을 하지 않았다. 가보는 파트리시오를 위해서 개입하기 위한 정보를 모두 다 갖고 있었다. 호르헤가 다음과 같이 지적했다.

"가보는 항상 이야기를 꾸미기 위해 자신을 보호하지요. 앞으로 이렇게 말을 하려고요. '나는 중재를 했는데······.', '나는 많은 정치가가 나오도록 도와주었는데······.' 등등. 인도주의적인 도움이 아닙니다. 그는 피델 정부에 유리하기 때문에 도와주었지요. 사람들의 자유와 인권에 대해서 감성을 보여준 적이 한 번도 없었어요. 그의 책 《납치일기》를 제외하고요. 단지 수감자들이 그의 친구일 때만 도와주지, 아르헨티나나 칠레의 수감자들에게는 관심도 없지요. 쿠바 정권의 수감자들을 풀어주면서 자기 친구 피델의 호의를 얻지요."

'오초아-데라 구아르디아 사건' 과 관련해 이러한 말도 전해진다.

"콜롬비아, 파나마나 어디서든 과거를 상기시키는 증언을 피하고자 17명의 라틴아메리카 마약거래상을 은밀하게 추방하는 조치가 취해졌다. 이들은 대개 콜롬비아인이었는데 콤비나도 델 에스테라는 쿠바의 유명한 감옥에 갇혀 있었다. ······ 피델의 친구, 콜롬비아 작가 가르시아 마르케스가 이 일을 맡았는데 쿠바 감옥의 수감자들을 석방하기 위해 인도주의적인 임무를 많이 담당했기 때문이다."[358]

이것은 쿠바의 최근 역사의 또 하나의 암울한 면이다. 오초아와 데 라 구아르디아는 중요한 인물들이라서 많은 쿠바인들이 무관심하게 지나쳐버릴 수 있는 일이 아니었다. 여론도 마찬가지였다. 가보는 토니와 피델, 두 사람의 신의 사이에 놓여 있었다. 호르헤와 일레나는 그가 더 많은 일을 할 수 있다고 생각했다. 가보가 처한 상황은 매우 민감했지만, 그는 자신의 벌어진 상처를 보여주기 위해서 가슴을 절대 열지 않을 것이다. 그것은 사령관에게 도전하는 것이다. 대부분의 지식인이 쿠바인들의 생명과 인권을 위해서 단결했지만, 가보는 입을 다물었다. 단 한 줄의 항의의 글도 쓰지 않았다. 유난히도 엄격했던 것이다. 피델에 대한 충성이.

골고다에 선 어린아이
GABO & FIDEL | Chapter 015 |

1999년 11월 22일, 쿠바인 14명이 뗏목을 타고 미국으로 향했다. 그들 중에는 엘리자베스 브로톤스, 그녀의 아들 엘리안과 남편 라사로 라파엘 무네로도 함께 있었다. 불행하게도 도중에 뗏목이 가라앉아 11명이 목숨을 잃었다. 28세의 엘리자베스는 아들을 구명장비처럼 실려 있던 세 개의 타이어 중 하나에 올려놓고 자신은 익사했다. 이틀 후에 포트 로더데일 주변의 한 어부가 타이어에 묶여 있는 어린아이를 발견하고 즉시 병원으로 데려갔다. 그다음 날 엘리안은 퇴원을 한 뒤 미국에 살고 있던 삼촌 라사로 곤살레스의 집으로 갔다. 아이의 친아버지인 후안 미겔 곤살레스는 자기 아들이 즉각 쿠바로 돌아와야 한다고 주장했다. 뗏목을 탄 어린아이의 이야기가 쿠바 망명자들의 기치가 되면서 쿠바와 미국 사이의 외교 문제로 비화하였다. 사건은 당시의 미국 대통령선거에도 큰 영향을 미치게 되었다.

엘리안의 부모는 이혼 후에도 원만한 관계를 유지했지만, 후안 미겔 곤살레스는 전 부인에게서 아들을 데리고 마이애미로 망명을 갈 거라는 얘기를 사전에 듣지 못했다. 엘리안은 일주일의 일부를 엄마와 나머지 일부를 아버지와 지내곤 했다. 후안 미겔은 어느 날 학교로 아들을 찾으러 갔을 때 전 부인이 오전에 아이를 데려간 뒤 다시 오지 않았다는 얘기를 들었다. 며칠 뒤 그들이 카리브의 위험한 바다를 통해 마이애미로 망명을 떠났다는 소식을 들었고, 얼마 후 아들에게 무슨 일이 일어났는지를 알게 되었다. 그가 바라는 것은 오직 아들을 쿠바로 데려오는 것이었다. 그러나 문제는 그리 간단하지가 않았다. 12월 10일, 엘리안의 삼촌은 미국 정부에 아이의 정치망명을 신청했다. 그러나 이듬해 1월 5일 미국 이민귀화국은 아바나의 후안 미겔 곤살레스를 방문한 뒤, "후안 미겔 곤살레스가 엘리안 곤살레스를 대변해 발언할 수 있는 법적 권한을 가진 유일한 사람이다. 이 소년은 많은 고통을 겪었기에 아버지와 함께 있어야 한다"[359)]고 결정했다.

마이애미에 있던 삼촌 가족들은 그 결정을 거부하고 사건을 다시 심리해야 한다고 주장했다. 라사로 곤살레스는 임시양육권을 요청했으나 미국 법원은 양육권은 아버지에게 있으며 그에게 자기 아들을 다시 찾을 권리가 있다고 결정했다. 1월 말, 엘리안의 두 할머니가 아이와 이야기하기 위해 쿠바에서 마이애미로 건너왔다. 그들은 15분 동안만 손자를 만날 수 있었다. 하지만 그 시간은 어린아이에게 일어난 변화를 알기에 충분했다. 4월 초, 미국 외무부의 비자를 얻어 엘리안의 아버지와 그의 새 부인인 넬시 카르메타, 엘리안의 6개월짜리 이복동생, 그리고 엘리안의 학교 친구들이 워싱턴으로 갔다.

일주일 뒤, 미국 법원의 재닛 리노 판사가 마이애미로 가서 엘리안의 삼촌 가족들에게 그 아이를 인도하라고 설득했다. 그러나 이들은 그렇게 하지 않았고 모든 법적인 문제가 마무리될 때까지 엘리안이 미국에 남아 있어야 한다고 주장했다. 이 사건을 둘러싸고 당시 이런 농담이 돌았다. 엘리안이 쿠바에 있는 아버지에게 전보를 보냈다. 그 전보에는 "E.L.I.A.N"이라고만 적혀 있다. 아버지 후안 미겔은 감격해서 대통령궁으로 가서 피델에게 수수께끼 같은 메시지를 해석해달라고 했다. 피델은 주저하지 않고 대답했다.

"간단하군. 이 전보의 뜻은 '미국인들에 대항해서 격렬하게 싸우기를 바랍니다' 라는 뜻이네."

아버지는 아들에게 전화를 걸어, 너를 위해서 싸울 테니 실망하지 말라고 전하고는 그 불행한 사건의 행복한 결말이 얼마 남지 않았다고 말했다. 그러나 아들이 이상하다는 듯이, 자기가 보낸 전보 내용을 어떻게 해석했느냐고 아버지에게 물었다. 아버지가 그 내용을 말해주자 아들은 웃으면서 말했다.

"아빠, 전보 내용은 '나는 자유를 얻었다, 바보들아. 수영을 배워라' 라는 뜻이야."

다시 현실로 돌아와서, 마이애미의 가족들과 연방 당국 사이의 협상이 실패하자 4월 22일 새벽, 경찰이 엘리안을 데리고 나오기 위해 아이가 5개월 전부터 살고 있던 작은할아버지 집으로 들어갔다. 신문 1면에 실린 사진에는 기관총으로 무장한 경찰이 자신을 살려준 어부의 품에 안겨서 겁에 질린 채 바라보고 있는 엘리안을 겨누고 있었다. 텔레비전 화면에도 경찰이 아이를 한쪽으로 잡아끌고 아이의 '보호자'들이 반대쪽으로 잡아당기며 승강이를 벌이는 장면이 방영되었다. 엘리안은 아버지가 기다리는 워싱턴으로 이송되었다. 다섯 달

만에 상봉한 부자는 맬릴랜드의 앤드루 군사기지에서 며칠을 지낸 다음 수행원들과 함께 쿠바로 돌아갔다. 피델은 엘리안을 구출한 날을 두고 "오늘은 최근 40년의 역사에서 쿠바와 미국이 처음으로 화해를 한 날"이라고 호언장담했다. 현재 엘리안은 아버지와 학교 친구들이 있는 카르데나스 지역에서 다시 완벽하게 동화돼 지내고 있다. 하지만 이 아이는 평생 그 기억에서 벗어나지 못할 것이다.

미국 이민귀화국은 엘리안 사건을 무력으로 다뤘다는 비난을 무수히 많이 받았지만 재닛 리노 판사는 "우리는 라사로 곤살레스에게 어린아이를 아버지에게 순순히 돌려달라고 설득하려고 온 힘을 기울였다. …… 마이애미의 가족들이 우리의 노력을 거절했기에 무력을 사용하는 수밖에 없었다."[360]고 해명했다.

바빠진 펜과 가보의 전화

피델은 자신의 건강이 좋지 않음에도 또 한 번 이슈에 개입하고 말았다. 2000년 3월 15일 가보는 콜롬비아 잡지 〈변화〉에 '견고한 땅에서의 조난'이라는 제목으로 기사를 썼다. 이 글은 쿠바 신문 〈반항하는 청춘〉에도 여러 장의 사진과 함께 8페이지(쿠바 섬에 종이가 부족한 실정을 고려하면 과한 편이었다)짜리 특집으로 실렸다. 가보의 입장은 분명했다. 어린아이를 아버지에게 돌려보내는 것에 찬성한 쿠바 정부의 입장을 옹호했던 것이다. 소년과 아버지를 이어주는 혈연관계의 관점에서 볼 때 가장 객관적이고 올바른 해결책이라고 했다.

이 기사에서 가보는 엘리안의 친부모 이야기를 난파가 있기 2년 전부터 이혼에 이르기까지 아주 상세히 기술했다. 후안 미겔은 아들을 빼앗긴 좋은 아버지로 소개하지만 엘리안의 엄마는 사과를 먹은 죄를 지은 이브로 규정하면서 딴 남자와 눈이 맞아 남편을 버렸고, 마이애미로 도피하기 위해 엄청난 위험을 감수하는 바람에 온 가족을 비극으로 이끌었다고 썼다.

그가 아이의 아버지를 묘사한 대목은 충분히 극적이어서 독자들의 동정심을 자아낼 만했다. 후안 미겔이 "비극적인 소식"[361]을 접했을 때, 그가 했던 말("그날 내 인생은 끝나버렸다") 공포의 감정을 그대로 인용했다. 또한 통속극의 효과를 고조시키고 가족 간의 사랑과 연대감에서 피어나는 감정을 활용하기 위해 엘리안이 "나는 엄마가 바다에서 영원히 사라지는 것을 보았어."라고 했던 말도 인용했다. 또한 엘리안이 담임선생님과 전화로 나누었던 대화를 언급하면서 이 아이는 학교의 자기 자리로 다시 돌아가고 싶다는 뜻이 아주 강했다고 주장했다.

"학교에 대한 그의 애착은 선생들이나 친구들 사이에서 유명하다. 그가 교실로 돌아가고 싶어 하는 간절한 마음은 미국으로 간 지 며칠 뒤 담임선생과 전화할 때 분명히 드러났다. '내 책상을 잘 지켜주세요.'"

가보의 이 말은 엘리안의 미국 쪽 가족들이 보여주는 이미지와는 정반대다. 그들은 비디오테이프를 보여주었는데 엘리안은 아버지에게 쿠바로 돌아가고 싶지 않다고 말하고 있었다.

가보는 계속해서 《백 년 동안의 고독》이나 《콜레라 시대의 사랑》에서 시도했던 스타일로, 엘리안의 부모가 헤어진 이야기를 플래시백을 통해 설명했다. 그녀는 열네 살 때 남편과 사랑에 빠졌다. 그들은 4년 후에 결혼했고 카르데나스 시에서 함께 살았는데 그 집은 부인이 웨이트리스로 일하는 바라데로의 파라디조 호텔과 가까웠다.

"'우리는 형제 같았다'라고 후안 미겔이 말했다. 그는 차분하고 성격이 좋으며 바라데로의 오소네 공원에서 출납원으로 일했다. 그들은 이혼한 뒤에도 카르데나스 시에서 함께 살았는데 이러한 생활은 엘리자베스가 한 남자와 사랑에 빠질 때까지 이어졌다. 그의 이름은 라사로 라파엘 무네로였으며 동네에서 잘생기기로 소문이 나 있었고 바람기가 있는데다 일정한 직업도 없었다. 그는 유도를 신체를 단련하기 위해서가 아니라 싸움을 하기 위해서 배웠고 강도 혐의로 2년간 징역형을 선고받기도 했다. 그녀가 재혼한 후 후안 미겔 역시 넬시 카르메타와 재혼해서 6개월짜리 사내아이를 두었으며 엘리안은 이 동생을 극진히 사랑했다."

능숙한 서술의 대가인 가보는 후안 미겔이라는 인물을 극찬하기 위해 자신의 최고의 기교를 구사했다. 하지만 반대로 라사로 무네로를 묘사할 때는 부정적인 이미지를 끌어들였다.

"모든 사람이 뗏목을 타고 항해하는 모험을 계획하고 추진한 인물이 라사로 무네로라는 사실을 알고 있다. 그는 그 이전에도 비밀리에 미국을 두 차례나 다녀왔다. 그는 엘리자베스와 그녀의 아들인 엘리안뿐만 아니라, 자기 남동생, 일흔이 넘은 아버지, 심장마비에서 회복 중인 어머니까지 데려가는 데 필요한 사람들을 만나고 사전에 충분한 준비를 했다."

충격적인 일이다. 이 무분별하고 체제에 반대하는 쿠바인에게 질병이 있고 나이도 많은 부모까지 데리고 그 열악한 조건을 무릅쓰고 고국을 떠나겠다는 생각이 떠올랐다는 것이 말이다. 그런데 가보가 기사에서 이야기하지 않은 것이 있다. 왜 수십만의 쿠바인들이 40년 전부터 격한 파도와 상어의 습격, 난파의 위험, 남아 있는 가족들에 대한 보복의 위험을 감수하면서까지 이런 도피를 꾀하느냐는 것이다.

기사에는 또 무네로가 "네가 그 아이의 입을 다물게 하지 못하면 내가 입을 다물게 하겠다"며 계부가 어린 엘리안이 울지 못하게 하려고 엄마를 몰아대는 장면도 묘사되어 있다.

가보는 엘리안의 친모인 엘리사베스 브로톤스에게도 비난의 화살을 돌린다. 비난의 첫째 이유는 그녀가 전 남편 후안 미겔에게 망명계획을 숨겼다는 점이다. 아들을 데려가려고 했다면 사전에 전 남편에게도 이 계획을 알려야 했다는 것이다. 둘째로는 엘리안이 무척 사랑했던 6개월짜리 남동생과 헤어지게 한 것이고, 마지막으로는 뗏목을 타겠다는 결정 자체가 무책임했다는 것이다. 그 뗏목은 항해를 하기에 적합하지도 않았고 안전하지도 않았기 때문이다.

"그들이 만든 것은 자동차보다도 짧은 소형 카누 같은 것으로 덮개나 의자가 없어서 사람들이 바닥에 앉아 햇볕을 받으면서 항해를 해야 했다. …… 자동차 세 대에서 빼낸 바퀴는 열네 명을 위한 구명장비로 실려 있었다. 한 개도 더 실을 자리가 없었다."

그리고 마이애미의 가족들에 대한 비난도 서슴지 않았다. 그들은 어린아이가 겪을 심리적인 불안에 대해서는 전혀 신경을 쓰지 않았다. 엘리안은 엄마의 죽음을 목격하고서 이미 심한 트라우마를 앓고 있었다.

"마이애미에서는 그 누구도 정신적 충격을 입은 엘리안의 심리적인 안정에 대해 관심을 두지 않았다. 마이애미에 억류되어 있던 12월 6일, 그의 여섯 번째 생일잔치에서 그들은 엘리안에게 헬멧을 씌우고 장난감 무기를 들게 하고 성조기를 몸에 두르도록 한 뒤 사진을 찍었다. 며칠 뒤, 미시간 주에서는 엘리안과 같은 나이의 어린아이가 같은 학교 여학생을 총으로 쏘는 사건이 발생했다."

가보는 마이애미의 가족들이 엘리안에게 선물한 장난감에 대해서도 이렇게 덧붙였다.

"그것은 당연히 애정이 담긴 선물이 아니었다. 수백만의 쿠바인들이 쿠바-북미재단의 소행으로 간주하는 정치적 음모의 분명한 징후였다. 이

재단은 호르헤 마스 카노사가 창설하고 그의 상속인들이 지원하는데, 엘리안이 아버지에게 돌아가지 못하도록 하는 것에만 수백만 달러를 지원했다. 그래서 우리는 이렇게 말할 수 있다. '엘리안의 진정한 조난은 대양에서가 아니라 미국이라는 견고한 땅에 발을 디뎠을 때 일어났다' 라고."

이어서 후안 미겔이 미국으로 건너가 아들과 이야기를 나눌 때 겪은 문제를 언급했다.

"그가 나에게 말했다. 그들은 처음부터 내가 엘리안과 대화를 하지 못하도록 온갖 짓을 다 했습니다. 우리가 대화하는 동안 텔레비전의 볼륨을 최고로 크게 틀거나 엘리안이 말하는 것을 잘 알아듣지 못하도록 아이의 입에 캐러멜을 집어넣기도 했지요."

그러나 후안 미겔만이 그런 대접을 받은 것은 아니었다. 엘리안의 친할머니와 외할머니인 라켈 로드리게스와 마르셀라 킨타나 역시 이러한 책략의 피해자들이었다. 그들은 마이애미를 방문했을 때 쿠바의 가족들에게 엘리안의 소식을 전하지 못하도록 휴대전화를 빼앗았다. 그 방문은 이틀로 예정되어 있었지만 온갖 방해를 받은 탓에 결국 90분으로 줄어들었고 엘리안과 단독으로 만난 시간은 단 15분이었다. 결국 두 노인은 충격을 받고 쿠바로 돌아가야 했다.
이처럼 가보는 자신이 평소 혐오하던 스타일로 그 기사를 구성했다. 즉 선한 사람과 악당, 경찰과 도둑 식의 절대적인 이분법을 택했던 것이다. 중간이 없는 이러한 접근법은 독자들로 하여금 후안 미겔 같은 좋은 사람은 쿠바에 남고 엘리사베스 브로톤스, 라사로 무녜로 같은 악인들은 쿠바를 떠나 마이애미로 망명을 간다는 식으로 받아들이게 했다. 누구도 함부로 말할 수 없는 인간 드라마의 복잡한 속사정이 노벨상 수상 작가인 마르케스에 의해 이처럼 간단히 재단돼 버린 것이다.

그러나 가보는 개의치 않고 이 사건이 갖는 의미로 초점을 옮겨간다. 그는 엘리안을 둘러싼 사태에서 가장 긍정적인 점은 쿠바인들이 마이애미의 망명자들과 미국이라는 적을 앞에 두고서 자신들의 지도자를 중심으로 일치단결했다는 점이라고 썼다.

"빼앗긴 아이의 송환을 요구하기 위해 쿠바에서 일어난 대중의 시위와 폭주하는 아이디어들은 자발적이었으며 주목할 만했다."

대중들의 외침이 주요 도시의 거리에서 들린 것은 사실이지만 그들 중 대부분이 쿠바 정부에 의해 사전 조직된 것 또한 사실이다. 그런 사례는 교황이 방문했을 때도 찾아볼 수 있었다. 피델은 무신론자이고 마르크스주의자임에도 여러 차례에 걸쳐서 1천만 명의 국민에게 교황의 방문 기간 중 열리는 각종 행사에 적극적으로 참여하라고 거의 협박하다시피 했다. 물론 가보는 가톨릭 신자이기 때문에 당연히 그 행사에 참석했다.

우리는 엘리안이 쿠바로 송환되기 직전에 쿠바에 갔는데, 그때 나이와 사회적 신분, 피부색이나 출신지를 불문하고 수많은 사람이 거리에서 엘리안의 얼굴과 "엘리안을 구합시다!"라는 문구가 새겨진 셔츠를 입고 행진하는 것을 보았다.

아직도 진행 중인 디아스포라

작은 배가 아바나의 방파제를 한쪽에서 다른 쪽으로 통과한다. 이는 일상적인 노선이다. 갑자기 무장한 사람들이 조타수에게 방향을 북쪽으로 돌리라고 한다. 곧이어 쿠바 해안 경비정들이 배를 추적하면서 인정사정없이 총을 발사한다. 승객들은 왜 이런 상황이 발생했는지 사정을 몰라 어리둥절해 하고 있다. 공포의 몇 분이 지난 뒤 배는 경찰의 포위망을 벗어나게 된다. 그리고 얼마 후 플로리다의 해안을 보게 될 것이다. 그들 중 많은 사람이 기뻐하고 서로 축하를 한다. 치과의사 스탈린 마르티네스는 직장에 가기 위해 그 노선을 매일 왔다 갔다 했는데 즉시 마이애미에 있는 동생과 연락을 취했다. 동생은 그의 '무모함'을 축하해 주었고 그에게 미국에서의 새로운 삶을 시작하는 데 필요한 것을 도와주었다. 그러나 쿠바에 있는 가족을 잊지 못한 그는 부인과 자식들을 만나기 위해 돌아가기로 한다. 아바나에 도착한 그는 영웅대접을 받는데, 왜냐하면 신기루 같은 미국의 안락함보다 쿠바 섬의 힘겨운 삶을 택했기 때문이다. 언론과의 인터뷰에서 그는 자신은 항상 신실한 혁명가였고 생명의 위험을 무릅쓰면서 배에서 납치를 막으려고 노력했다고 강조했다. 하지만 플로리다에서 지낸 얼마간이 그의 가정에 불행의 씨앗을 뿌렸다. 그동안 부인에게 다른 남자가 생겼고 자녀는 여기저기 흩어졌다. 불행을 견디지 못한 그는 다시 플로리다행 배를 타기로 하는데 이번에는 자발적이었다.

쿠바 출신 작가인 헤수스 지아스의 네 번째 소설은 이렇게 시작한다. 그는 1992년부터 2002년 세상을 떠날 때까지 스페인에서 거주했으며 쿠바인들에게 무슨 일이 일어나고 있는지를 우리에게 진솔하게 증언해주었다. 그는 엘리안 사건에 대해서 이야기하면서 그 사건에서 가장 득을 본 것은 피델 이라고 말했다. 왜냐하면 인간 드라마를 정치적으로 가장 먼저, 그리고 가장 적극적으로 이용해서 성공한 것이 피델이었기 때문이다.[362] 쿠바와 라틴아메리카의 다른 지식인들도 비슷한 생각을 했다. 그들 중 많은 사람이 가보의 기사를 못마땅해 했는데, 친구를 옹호하려고 한 행동이 결국은 리더에 대한 복종이라는 비이성적인 행동으로 변했다고 보았기 때문이었다.

마누엘 모레노 프라히날스는 아마도 전세기에 걸쳐 최고의 쿠바 출신 역사학자일 것이다. 그는 '한 노벨상 수상자의 조난'이라는 글에서 누가 진짜 조난자인지 묻는다. 이미 가보가 초기 단편소설 중 하나에서 그 주제를 다루었는데 제목은 《어느 조난자의 이야기》이며 1955년 2월에 실제로 일어난 사건을 바탕으로 했다. 여덟 명의 선원들이 카리브 해를 지나다 풍랑을 만나 바다에 빠졌다. 루이스 알레한드로 벨라스코는 나흘이 지난 뒤 카르타헤나 데 인디아스의 해안에 빈사 상태로 발견됐다. 그의 실화는 가보에 의해 뛰어난 소설로 탈바꿈했는데 신문기사 같은 어조로 사건의 가장 감동적인 부분들이 되살아나게 했다. 만일 가보가 특종을 찾아다니는 풋내기 신문기자였다면 50년 후에 발생한 이 새로운 조난사건도 그에게는 단순한 자료 이상의 의미가 있었을 것이다. 하지만 그는 사건과 자신의 의도를 구별한다.

"엘리안에 대한 그 글은 적어도 두 가지 목적이 있다. 엘리안의 아버지 후안 미겔 곤살레스의 정직하고 곧은 이미지와 엘리자베스 브로톤스의 부정하고 비도덕적이고 무책임한 이미지를 보여주려는 것이다. 그녀는 쿠바의 정신적 그리고 물질적인 빈곤에서 아들을 구하려다 목숨을 잃었다. 그녀는 지나가는 투로 우리에게 엘리안의 계부를 정직하지 못하고 폭력적인 사람으로 소개한다."[363]

프라히날스는 엘리안의 어머니와 계부에 대한 비난은 지나치게 혹독하고 주관적이라고 결론지었다. 라사로 무네로가 여러 차례 동일한 여행을 경험했기 때문에 무책임한 사람이 아니었으며, 그래서 엘리사베스가 사전에 위험을 알았다 해도 가능한 계획으로 간주했으리라는 것이다. 게다가 계부가 일을 은밀하게 추진하다 발각되면 "그는 총살을 당하든지 30년의 징역형을 받을 수 있었다"[364]는 사실을 기억해야 한다. 그것은 엘리안의 계부가 설사 다른 목적이 있었다 할지라도 다른 사람들을 위해 위험을 무릅썼다는 것을 의미한다.

또한 엘리안의 친부모들에 대해서는 다른 관점도 있다. 가보는 이혼 이후에 그들이 함께 살고 있었기 때문에 아직도 그들이 서로 사랑하고 있었으며 이혼은 했지만 완전히 갈라설 용기는 없었다고 말한다. 가보의 글을 읽은 사람들은 완전한 고립상태에 혼자 남아 있는 후안 미겔 곤살레스에 대해 동정을 느끼게 된다. 그러나 모레나 프라히날스는 "오늘날 쿠바에서 부부들은 이혼할 수는 있어도 항상 떨어져서 사는 것은 아닌데 혁명 이후 주택부족이 만성적인 문제가 되었기 때문이다."[365]라고 했다. 프라히날스가 가보의 글에서 가장 주목하는 점은 엘리안의 아버지가 무엇을 알고 있었느냐는 것이다. 가보에 따르면 후안 미겔은 아무것도 알지 못했다. 따라서 그가 그 사실을 발견했을 때 얼마나 놀랐겠느냐고 동정하듯이 말한다. 그러나 프라히날스 외에도 기예르모 카브레라 인판테가 증명했듯이 아이의 아버지는 그 사실을 이미 알고 있었다.

"어린아이가 마이애미의 가족 품에 안겼을 때 아이 아버지는 화를 내거나 놀라는 기색이 없었다. 후안 미겔 곤살레스가 두 번에 걸쳐 미국 국무부의 추첨에 참여했다는 사실이 알려졌는데 이것은 미국 입국비자를 주기 위해서 매년 실시하는 것이다. …… 게다가 곤살레스는 마이애미의 친척들에게 전화를 걸어서 어린아이를 잘 돌봐주라고 요청했는데 아이가 떠난다는 것을 이미 알고 있었기 때문이다."[366]

가보는 뛰어난 신문기자이자 능숙한 리포터였다. 1940년대 말부터 수많은 기사를 썼고 수백 개의 인터뷰와 르포를 맡았으며 명성 있는 정기간행물을 운영하고 발간했다. 그렇기 때문에 그가 일부 구체적인 내용을 빠뜨린 것을 정보가 부족했기 때문이라고 보기는 어렵다. 의도적이라고 해석할 수밖에 없다. 게다가 그의 기사에는 자신이 어린아이의 아버지에게 전화를 걸려고 노력을 했고 그와 긴 대화를 나누었다는 내용이 있다. 누가 가보에게 아이 아버지의 전화번호를 가르쳐 주었는가? 절친한 친구들에게만 전화를 걸고 친한 친구와 잠깐만이라도 같이 지내려고 지구 반대편으로 날아갈 수 있고 사랑을 받기 위해서 글을 쓰는 이 작가가 자기 삶에 별 의미도 없고 잘 알지도 못하는 사람에게 왜 그토록 많은 관심을 갖는가? 세사르 레안테는 뗏목을 탄 어린아이의 이야기가 피델에 의해서 정치적인 주제로 떠올랐다고 본다.

3부 하늘까지 이어지는 우정   325

"사법적으로 해결되어야 할 사건이 정치적인 불화가 되었다. 마이애미에 있는 쿠바망명자들의 입장이 정치적 성격을 갖는 것은 분명하다. 그러나 그들은 카스트로가 처음부터 이 불행을 정치적인 논쟁거리로 삼았기 때문에 그에 대한 대응으로 정치적인 성격을 띨 수밖에 없었다."[367]

또한 피델이 후안 미겔 곤살레스를 지지하는 것은 정당한 행위라고 말하는 것을 비난한다.

"겉으로 보기에는 인도주의적이고 도덕적이며 애국적인 동기가 있는 것처럼 비친다. 하지만 과연 그런가? 어린아이의 모친이 죽자 그 아이의 양육권을 주장하는 아버지(그리고 할머니들)에 대한 조건 없는 지지인가? 비록 어린아이가 이제 겨우 여섯 살밖에 되지 않았지만 자기 나라의 한 시민이 '납치당했다'고 생각하는 한 국가의 존엄성에 대한 것인가? 아니면 단순히 자식(왜냐하면 국가 역시 부성이 강한 기관이기 때문이다)과 윤리적인 의무감 때문에 도와주어야 할 무고한 어린아이를 보호하는 것인가? 그렇다면 아름다운 일이다. 그러나 그게 아닐까 봐 몹시 걱정스럽다."[368]

그 증거로 예인선 '3월 13일' 사건을 제시한다. 1993년, 일단의 쿠바인들이 예인선을 타고 섬을 떠나려고 시도한 것을 알고 피델은 그 배를 침몰시키라고 명령했던 것이다. 그들 중에는 열두 명의 어린아이들도 끼어 있었는데 그들 나이는 6개월에서 열다섯 살 사이였다.

"그가 이 사건의 책임자가 아니라고 주장할 수 없다. 왜냐하면 그의 동의가 없이는 그 배를 침몰시킬 수 없기 때문이다."[369]

무방비상태의 어린아이들을 살상하는 것보다 더 추악한 짓이 어디 있겠는가. 카브레라 인판테는 이렇게 말한다.

"'예인선 사건'의 비극에 대해서 정부에서 비통해하는 것을 단 한 번도 들어본 적이 없다. 그런데 왜 지금에 와서 바다에서 구한 한 어린아이를 돌려달라고 소란을 피우고 위협을 하는가? 유일한 답은 피할 수 없는 것을 앞두고 몸부림치는 한 인간의 불안감이다. 즉 자신이 사라지는 것과 자신의 압제와 삶의 종말 말이다."[370]

한 가정의 행복을 되찾기 위해 많은 사람이 노력하는 것을 깎아내리려는 것이 아니다. 사실 관계가 잘못된 것을 바로잡으려는 것이다. 헤수스 지아스가 지적하듯이 "카스트로가 이 비극을 이용하고 있는 것"[371]이다. 이 사건은 망명자들의 대다수가 잊지 않으려고 노력하는 일련의 상처들을 다시 떠올리게 했다. 세사르 레안테는 이렇게 말했다.

"만일 카스트로가 쿠바를 지금과 같은 지옥으로 만들지 않았다면, 아무도 이 나라를 탈출하려고 하지 않을 것이다. 더군다나 죽음의 위협을 무릅쓰면서 말이다. 행복하거나 적어도 괴롭다고 느끼지 않는 곳을 떠나고 싶어

하는 사람은 아무도 없다."³⁷²⁾

특이한 것은 가보가 한 번도 망명자들의 상황에 대해서 신경을 쓰지 않고, 세상을 떠난 어린아이의 모친에 대해 언급조차 하지 않았다는 점이다. 레안테의 기사는 이렇게 끝난다.

"가보는 쿠바 주민들이 그녀를 생각하지 않거나 잊어버리기를 원하는 듯하다."

만일 어린아이가 쿠바의 새로운 기치가 된다면, 엘리자베스 브로톤스는 아마도 쿠바 망명객들의 또 다른 상징이 될 것이다.

마리오 바르가스 요사

마리오 바르가스 요사는 2000년에 그의 걸작 중 하나를 출간했다. 제목은 《독재자의 향연》이며, 1930년부터 1961년까지 도미니카를 다스린 트루히요의 독재를 다루고 있다. 이 작품의 세계적인 반응은 그의 이전 소설들에 대한 기록을 경신했다. 수많은 나라에서 인터뷰 요청이 쇄도했다. 인터뷰에서는 "독재는 악에 대한 최고의 표현이다"³⁷³⁾라는 내용이 반복된다. 그는 이렇게 덧붙였다.

"문학의 역사에서는 악에 대해 병적으로 끌리는 현상이 늘 있어 왔는데, 그 까닭은 불법적인 모든 행동은 사악한 매력을 갖고 있고 많은 호응을 받으면서도 동시에 우리가 그러한 열정의 피해자이기 때문일 것이다."[374]

그래서 바르가스 요사는 기회가 있을 때마다 억압적인 현상에 대해서 혹독하게 비난을 한다. 엘리안의 사건에 대해서도 일관된 어조로 쿠바혁명이 남긴 상처라고 주장해왔다. 그는 또한 피델의 역할에 대해서 주목했다. 피델을 "라틴아메리카의 독선적인 행동을 일삼는 동물군이 낳은 가장 잔인하고 불쾌한 독재자 중 하나"[375]이며 "가장 장수하는 폭군"[376]이라고 했다. 바르가스 요사는 최고지도자의 행동을 비난하기 위한 기회를 놓치지 않는다. 가보와는 반대로 요사는 어린아이의 편을 들면서 이 사건에서 가장 먼저 이익을 본 것은 피델이라고 말한다.

"처음에는 피델 카스트로가 먼저, 다음에는 마이애미의 망명자들이 상대를 이기기 위한 정치적 투쟁의 도구로 어린아이를 이용했다. 망명자들의 치명적인 실수는 순진하게도 독재자가 던진 책략에 걸려든 것이다. 철저하게 사법적으로 접근해야 할 문제에 대해 정치적인 싸움으로 받아들인 것이다."[377]

어린 엘리안이 "독재에 대항하는 투쟁의 기치"[378]가 되었기에 요사는 어린아이를 아버지에게 돌려보내려는 미국의 결정에 전적으로 반대한다. 왜냐하면 그것은 섬의 주민에게 가하고 있는 독재자의 통제방법을 지속하는 데 기여하기 때문이다.

"나는 이러한 해결책이 불공정하고 비도덕적이라고 생각하는데 이 사건의 특별한 상황을 놓고 볼 때 미국 법정이 엘리안을 인도해주는 사람은 그의 아버지가 아니라 피델 카스트로이다."[379]

요사는 피델이 의지할 데 없는 어린아이를 그의 아버지에게 돌려보내기 위해서 보호하고 있다는 생각 자체를 부인했다. 세사르 레안테와 카브레라 인판테가 밝혔듯이, 그는 예인선 '3월 13일'에 타고 있던 사람들의 생명을 구하기 위해서는 아무것도 하지 않았다. 그리고 이렇게 결론을 맺는다.

"그래서 몇 달 전 엘리안 곤살레스를 '방어' 하기 위해 피델 카스트로가 벌인 놀라운 운동이 부성에서 우러나온 그의 이타주의적 감정에서 나온 것인지 의심스럽다. 사실은 정권 내부의 관심을 다른 데로 돌리기 위한 심리적인 작전인 동시에, 마이애미의 망명자들을 교활하게 선동해서 그들의 이미지에 손상을 입히기 위한 것이었다. 이 두 가지 목표에서 독재자가 모두 승리를 거두었다."[380]

요사는 또한 옛 친구인 가보를 겨냥해 이렇게 말했다.

"만일 유명한 시인이나 노벨상 수상자까지도 그들의 펜을 속임수를 위해 사용한다면, 정권의 선전이 전해주는 것 외에 다른 정보를 접할 수 없는 일반 쿠바 국민에게서 무엇을 기대할 수 있겠는가?"[381]

페루 출신인 요사는 파디야 사건을 계기로 쿠바혁명을 더 이상 지원하지 않기로 했는데, 그 이후 요사와 가보는 쿠바문제에 관해선 늘 대립해왔다. 사실 가보에게는 다른 선택의 여지가 없었다.

1990년대에 피델은 자신의 동원능력이 현저하게 줄어드는 것을 목격해야 했다. 주민을 동원하는 것은 정권에 대한 합법성을 주장하고 대규모 정치프로젝트에 대한 열의를 불러일으키고 주민을 통제하기 위한 주요한 수단이었다. 그러나 1990년대 중반에 권력이 힘을 잃게 되면서 쿠바 국민들은 도덕적으로 분열증상을 보였고, 자신들의 궁핍에 대해서도 시니컬한 농담으로 대응했다. 자신의 불행을 조롱하는 것은 비참한 상황에 처한 인간이 살아남기 위해서 취할 수 있는 유일한 조치였다. 그런데 이 위기의 순간에 엘리안 사건은 주민들을 결집시키는 촉매제로 작용했다. 라틴아메리카국가의 통치자 중 가장 똑똑한 피델은 교묘하게 게임을 시작했고, 그것은 적어도 쿠바 안에서는 멋지게 성공했다.

에필로그

권력의 첫 줄에 앉아

이쯤 되면 이제 우리는 가보가 왜 위험을 무릅쓰면서 정상에 머물려고 하는지를 알 수 있다. 그가 가진 정치적·문학적 수완은 가보에게 날개를 달아주었다.《예고된 죽음의 연대기》첫 페이지에 나오는 힐 비센테의 시에서 멋진 한 구절이 등장한다.

사랑을 잡으려면 높이 날아야 한다

그는 피델이라는 사랑과 우정을 잡기 위해 높이 날고 있는 것이다. 가보가 최근 몇 년 동안 정상에 오른 중요한 사건 중의 하나는 교황의 쿠바 방문을 둘러싸고 일어난 일이다. 그 무렵 몬탈반이 인터뷰에서 이 주제에 대해서 질문하자 가보는 이렇게 대답했다.

"지금 나는 교황의 방문에 대해 생각을 많이 하고 있습니다. 아마도 글을 하나 쓰게 될 것 같습니다. 피델은 요즘 좀 울적해 하고 있지요. 피델이 우리 집에 오면 대화를 가장 많이 나누고 싶어 하는 사람은 아내 메르세데스이지요. 물론 그녀는 이야기를 아주 잘 들어줍니다. 여자들은 우리 남자들이라면 절대 들어주지 않을 얘기도 경청하고, 우리에게는 털어놓으리라고 생각할 수도 없는 말들을 술술 하게 만들지요. 피델과 교황의 만남은 아마도 좌절감을 느끼는 두 사람의 만남이 될 것입니다. 피델에게는 혁명이 진가를 인정받지 못하거나 기대한 대로 흘러가지 않는 것에 대한 좌절감일 것이고, 교황에게는 문제가 여전히 해결되지 않는 데서 오는 좌절이겠지요. 공산권 국가들이 무너졌는데도 가톨릭이 종교적 영성의 주도권을 잡지 못하는 데서 오는 실망감 말입니다. 그래서 이번 만남은 민감한 순간에 이루어지는 역사적인 회합이라고 보지요."382)

가보는 쿠바의 정치인은 아니지만 교황과 피델이 만나는 자리에 참석하고 싶어 했다. 피델도 정권의 제2인자인 동생 라울이나 알라르콘 같은 정부당국자들 대신 자신의 대리인을 자기 바로 옆자리에 두고 싶어 했다. 결국 그것은 성사되었다. 몬탈반은 이렇게 전한다.

"아바나에서 거행된 미사에서 마르케스가 현 권력 진용의 맨 앞줄에서 피델 옆에 앉아 있는 모습을 보았을 때, 나는 토리호스가 그레이엄 그린과 가보를 파나마운하 반환조약 조인식의 증인으로 데려간 그 역사적인 사건을 기억했다. 피델이 마르케스에게 교황이 참석한 마지막 대중행사에 동행해 달라고 요청한 것은 가보를 정치권력의 첫 줄에 앉히고 싶어 하는 피델의 심정이 드러난 것이라고 해석할 수 있다. 카스트로 옆자리, 요한 바오로 2세 앞에 서 있는 마르케스는 세 번째 교황 혹은 하나의 상징으로 보였다."[383]

가보가 피델의 울적함을 발견한 것이 처음은 아니었다. 그런 상황이 벌어질 때마다 그는 늘 피델이 침체된 기분에서 벗어나도록 아이디어나 치유책을 제공하려고 애썼다. 한번은 가보가 피델에게 지금 당장 무엇을 하고 싶으냐고 묻자 피델이 이렇게 대답했다고 한다.

"그냥 퍼즐이나 하면서 빈둥거리고 싶어."[384]

사실 가보는 교황이 방문한 기간 동안 여러 차례 공식 행사에 초청을 받았지만, 자신의 '독립'을 유지하기 위해 미사 외에는 참석하지 않았다.[385] 그는 모든 행사를 텔레비전으로 지켜보았는데, 그 과정에서 직감적으로 피델과 교황이 겉으로는 화기애애한 것 같지만 실제로는 둘 사이에 어떤 갈등 같은 것이 존재한다는 걸 느꼈다. 그는 피델에게 무슨 일이 있는지 물었다. 사실대로 말해도 기사로 쓰지 않겠다고 하면서. 가보의 설명을 들어보면 이렇다.

내가 피델에게 "교황과 무슨 일이 있었나?"라고 물었다. 그러자 그는 내 질문을 피하며 이렇게 말했다.

"아! 나중에 얘기해 주지. 어쨌든 자네가 생각하는 그런 일은 없었네."[386]

피델은 비밀의 단단한 껍질로 둘러싸인 인물이다. 그의 내면의 많은 영역은 하나의 심연처럼 장막에 가려져 있는데, 그곳엔 가장 절친한 친구조차도 접근하지 못한다. 어쩌면 그것이 가보가 그 지도자를 존중하는 많은 이유 중 하나일 지도 모른다. '노래도 안 부르고 춤도 안 추는 얼마 안 되는 쿠바인들 중 하나'[387])가 피델이다. 그럼에도 불구하고 가보는 그를 진정으로 좋아했다. 피델에 대한 그의 신실함은 아마 죽을 때까지 갈지도 모른다. 그는 예전에 한번 자신은 "피델과 함께 땅속에 묻힐 사람 중의 하나"[388])라고 장담한 적도 있다. 실제로 그는 다른 사람들의 비난에 맞서 피델을 보호하는 데 앞장섰다.

가브리엘 몰리나는 '가보를 음미하기 위해' 라는 제목의 기사에서 아우히에르의 집에 갈 때 가보와 동행한 이야기를 전해주었다. 가는 길에 두 사람은 여러 주제로 대화를 나누었다. 센트로 아바나의 여러 지역의 비참한 상황이나 도시를 동부의 해안들과 연결하는 터널 공사의 재개 등에 대한 얘기였다. 터널 공사가 진행되는 일 년 동안 그곳으로는 외교차량, 등록된 관광용 차량, 버스만이 통행할 수 있었다. 그것은 터널의 반대편 지역을 완전히 고립시켰는데 그 지하 통로 외에는 그 도시를 연결할 다른 방법이 없었기 때문이다. 그곳으로 가려면 아주 먼 길을 돌아가야만 했다.

드디어 그들이 시인의 집에 도착했을 때 인터넷상에서 돌아다니는 가짜 편지가 화제에 올랐다. 그 가짜편지는 림프선 암에 걸린 가보가 로스앤젤레스의 병원에 입원하면서 세상과 작별을 고하는 내용이었다. 그것은 가보의 목소리를 완벽하게 흉내 낸 복화술사가 아르헨티나 라디오에서 가보의 편지라며 방송을 하는 바람에 전 세계에 순식간에 퍼져 나갔다. 결국 가보가 직접 나서 해명함으로써 파문이 가라앉은 해프닝이었다. 그 일이 있고 나서 얼마 후 피델이 장시간의 연설을 하는 도중에 실신하는 사고가 발생했다. 가보는 당시 로스앤젤레스에 있었고 마이애미의 텔레비전이 찍은 화면을 보았다. 피델이 넘어지는 장면은 느린 화면으로 여러 차례 반복되었고 아나운서는 얼마 전부터 그의 동작에서 '굼뜬' 기색이 보였다고 전했다. 가보는 한시바삐 친구의 상태를 눈으로 확인하고 싶어 비행기를 타고 급히 아바나로 향했다. 도착하자마자 국가평의회 회의를 끝낸 피델과 면담을 했다. 피델은 건강에 문제가 없었던 것이다. 그래서 둘은 새벽 4시까지 실신사건으로 인해 사람들이 가졌을 기대에 대해 농담을 하며 즐거운 시간을 보냈다. 가브리엘 몰리나는 기사에서 이렇게 덧붙였다.

> 가보는 자신의 두 눈으로 피델이 건강하다는 것을 확인했다. 그는 다음 날 나에게 이렇게 말했다.
> "피델은 끄떡없어요."
> 그래서 내가 덧붙였다.
> "당신도 끄떡없겠군요."[389]

이것이 가보와 피델, 두 사람의 우정의 풍경이다. 죽음이 그들을 갈라놓을 때까지 지속되는 그런 우정 말이다.

언제까지 갈까

책을 준비하는 동안 몇 건의 새로운 사건들이 발생해 이미 취약한 쿠바의 정치상황을 더욱 불안정하게 만들었다. 2003년 3월 18일과 3월 21일 사이에 79명의 체제반대자들이 체포되었다. 이들은 쿠바의 민주화를 주창하는 지식인들이었다. 어떤 사람은 "소니 녹음기"[390)]를 소유했다고 체포되었다. 그들은 최고 28년까지의 징역형을 선고받았다. 또 얼마 뒤엔 문학, 정치, 영화와 예술 전반에서 활동하는 3백여 명의 인사들이 쿠바 정부에 항의하는 공개적인 편지를 발표했다. 이들은 "쿠바 정부는 이들 지식인들을 전원 석방하고, 평화적인 정치적 행위에 대한 억압을 즉각 중단하라"[391)]고 요구했다. 이 편지에 서명한 인물들 중에는 바르가스 요사, 독일 출신의 노벨문학상 수상 작가 귄터 그라스, 스페인 영화감독 페드로 알모도바르, 스페인의 영화배우 겸 가수 아나 벨렌, 페루 출신 작가 알프레도 브라이스 에체니케, 베네수엘라 인류학자 엘리자베스 부르고스, 칠레 작가 호르헤 에드워즈, 스페인 작가 후안 고이티솔로, 멕시코 역사학자 엔리케 크라우제, 이탈리아 작가 클라우디오 마그리스, 스페인 작가 하비에르 마리아스, 스페인 작가 안토니오 무뇨스 몰리나, 스페인의 시인 겸 가수 호아킨 사비나 등이 있었다.

전쟁은 끝나가고 동맹국들의 승리감은 아직도 국민을 억압하는 지도자 중 일부에게 제의하기에 이르렀고 한국 같은 나라에 개입하는 것도 배제하지 않았다. 쿠바는 여론에 많이 오르내리는 대상으로 떠올랐으나 모든 것이 교묘하게 암시를 통해 이루어졌다. 그 며칠 뒤에 카스트로 정부에게 불편한 사건이 일어났는데 비행기 몇 대와 배 한 척이 쿠바를 떠나 좀 더 자유로운 땅으로 가려는 주민에 의해서 납치되었던 것이다. 그중 배 한 척이 연료가 떨어지는 바람에 쿠바 안보당국에 붙잡혔다. 배에 타고 있던 사람들은 사형선고를 받았고 일주일도 안 돼 사형이 집행되었다. 세 명의 사형수는 모두 서른 살 미만이었고 흑인이었다. 가장 젊은 사람은 아직 스무 살도 되지 않았고 배를 나포하면서 폭력을 쓰지도 않았다. 며칠 뒤 그들 중 한 명의 모친이 스페인 텔레비전에 나와, 며칠 전 아침 10시에 쿠바 당국자가 전화를 걸어서 아들이 이미 어느 장소에 묻혔다고 전해주었다는 얘기를 했다. 그녀가 묘지로 달려갔지만 당국자들은 시신을 확인하지 못하게 했다. 그녀는 "그 관 속에 있는 것이 내 아들인지 아니면 개가 들어 있는 건지 전혀 확인할 수 없었다"라며 오열했다.

바르가스 요사가 이끄는 '자유를 위한 국제재단'은 즉각 "쿠바 정부의 만행에 대한 성명서"를 발표했다.

"쿠바 독재 정권은 왜 그토록 잔인하고 도발적인 방법으로 국제사회를 당황하게 만드는가? 카스트로 정부는 쿠바인들에게 자유와 민주적 자치를 조금도 허용하지 않으려는 전체주의 정권이며, 카스트로는 국민들이 자신의 통제를 벗어나 시민사회로 나아가려는 것을 두려워하고 있다. 카스트로는 그저 그들을 징벌하고 싶어 한다. 반대자들을 억압함으로써 국민들에게 겁을 주려고 하는 것이다. 이것은 여태까지 그가 늘 해오던 방식이다."[392]

그리고 전 세계의 민주주의 국가들에게 말로만 비난할 게 아니라 행동으로 옮기라고 호소했다. 민주주의 국가에서 쿠바 외교관들의 수를 줄이고 쿠바 정부를 국제기구에서 축출하고 남아프리카공화국의 인종차별 정책에 대해 국제사회가 대응했던 것처럼 쿠바 정권을 궁지에 몰아넣으라고 촉구했다.

항상 피델의 편을 들던 좌파 작가 중 일부는 이번에는 더 이상 피델에게 공조할 수 없다는 사실을 깨닫게 되었다. 인권유린을 자행하는 정권에 호의를 보일 수는 없었던 것이다. 그중 한 명이 《눈먼 자들의 도시》를 썼던 1998년 노벨문학상 수상 작가 호세 사라마고였다. 그는 <엘 파이스>에 짧은 기사를 실으면서 다음과 같이 끝을 맺었다.

"이제부터 쿠바는 쿠바의 길을 가고 나는 내 길을 갈 것이다. 국민들이 다른 의견을 갖는 것은 엄연한 권리이며 과거와 현재의 모든 인권선언에 분명하게 명시되어 있다. 그건 미래에도 마찬가지다. 의견을 달리하는 것은 양심에 따른 행동이며, 그 어떤 것도 이를 누를 수 없다.

배나 비행기를 납치하는 것은 세계 어디서나 벌을 받아야 할 심각한 범죄이다. 그러나 어떤 나라도 납치범들을 사형에 처하지는 않는다. 더군다나 납치로 인한 피해자가 없을 때는 더군다나 그렇다. 하지만 쿠바는 그 세 사람을 총살했다. 쿠바는 결국 전투에서 패했다. 쿠바는 나의 신임을 잃었고 내 희망에 상처를 주었고 내 꿈을 저버렸다. 나는 여기까지다."[393]

실망한 또 다른 사람은 우루과이 작가 에두아르도 갈레아노였다. 그는 '쿠바는 슬프다'라는 제목의 기사에서 사라마고와 마찬가지로 쿠바 정권을 신랄하게 비판했다. 그는 "쿠바는 혁명 초기의 자발성과 신선함을 잃어버렸으며 권력자들이 지시한 명령에 복종하는 것만이 혁명의 장점인 것처럼 변해버렸다"394)고 개탄했다. 이어 "나는 단일 정당의 민주주의는 절대 믿지 않으며 국가가 전권을 휘두르는 것이 시장이 전권을 휘두르는 데 대한 적절한 대응이라고도 생각하지 않는다"고 하면서 "경찰국가로 탈바꿈하는 것은 사회주의의 배신"이라고 규정했다. 다른 한편 그는 "쿠바가 민주주의로 전환하는 것은 필수적이지만 그 주체는 어디까지나 쿠바인들 자신이 되어야 하며 쿠바를 정복하려는 불온한 생각을 품은 외부 세력이 개입해서는 안 된다"395)고 강조했다.

사태가 이렇게 돌아가자 쿠바 정부는 <엘 파이스>지에 쿠바 고위층과 정치가의 선언을 실어 권력남용을 비난하는 국제적인 성토에 대해 자신들을 방어하려 했다. 쿠바 외교부 장관 펠리페 페레스 로케는 대량 체포와 처형은 고통스러운 조치였지만 연기할 수가 없었다고 말했다. 그는 "예외적이었다"라면서 사형을 정당화했는데, "비행기 및 배를 납치하는 사건이 몇 개월 사이에 7건이나 발생했고 이러한 납치는 미국과의 이주문제에 위기를 초래할 수 있었다"396)고 말했다. 쿠바의 지식인 27명도 정부를 옹호하는 성명서를 발표했다. 이들 중에는 미겔 바르넷, 로베르토 페르난데스 레타마르, 훌리오 가르시아 에스피노사, 에우세비오 레알, 세넬 파스, 실비오 로드리게스, 신티오 비티에르 등이 포함돼 있었다. '아바나에서, 멀리 있는 친구들에게 보내는 메시지'라는 제목의 이 편지에서 지식인들은 쿠바에 대한 국제사회의 반응은 쿠바를 중상모략하는 것이라고 반박했다. 특히 '혁명의 친구들'인 일부 작가들이 비난에 앞장선 것과 관련해 "그들은 정보를 잘 모르고 있으며, 의도하지 않았지만 그들의 행동은 미국이 쿠바에 개입할 수 있는 명분을 제공한다"고 우려했다.

"우리 작은 나라는 오늘날 그 어느 때보다 강대국으로부터 위협을 받고 있다. 나라를 지키기 위해 원치 않지만 강력한 조처를 취할 수밖에 없었다. 이번 조치를 그러한 맥락을 벗어나 판단해서는 안 된다."[397]

그렇다면 이런 사태의 와중에 가보는 어디에 있었는가? 왜 그는 친구를 옹호하기 위해서 나서지 않는가? 또는 항상 사형 제도를 반대해 온 그가 이번에는 왜 사형집행에 침묵을 지키고 있는가? 27명의 지식인 편지에 왜 서명을 하지 않았나?

미국 작가 수잔 손탁은 그 무렵 보고타에서 열린 국제도서전에 참석해 '위기의 시대, 우리의 지식인'이라는 주제로 연설을 해 열렬한 환호를 받았다. 그녀는 지식인들은 표현의 자유가 억압을 당할 때 침묵을 해서는 안 된다고 강조했다. 그녀는 가보의 조국인 콜롬비아에서 연설하면서 그가 최근의 사태에 대해 침묵하는 것이 놀랍다고 말했다.

"나는 이곳 콜롬비아에서 가브리엘 가르시아 마르케스가 많은 존경을 받고 있고 그의 책이 엄청나게 읽히는 것을 잘 알고 있습니다. 그는 이 나라의 위대한 작가이고 나도 그를 무척 존경합니다. 하지만 최근 쿠바 정권의 조치에 대해 그가 아무런 언급도 하지 않은 것은 용서할 수가 없습니다."

그녀는 가보를 사라마고와 비교했다.

"아직도 공산주의자임을 자처하는 호세 사라마고는 최근 쿠바가 자행한 잔인한 행위에 대해 명백한 반대 의사를 밝혔습니다. 그런데 가브리엘 가르시아 마르케스는 아무런 말이 없습니다. 그는 과연 무슨 말을 할까요? 나는 그가 아무런 말도 하지 않을까, 그게 두렵습니다. 위대한 작가인 그에게 주어진 의무는 싸움터로 나가는 것입니다. 그래서 그가 침묵을 지키는 것을 용서할 수 없는 것입니다."398)

결국 가보는 계속 침묵할 수가 없었다. 실제로 수잔 손탁이 연설한 다음 날 그는 보고타의 〈엘 티엠포〉에 다음과 같은 글을 실었다.

"내가 20년이라는 기간 동안 쿠바를 몰래 빠져나가도록 도와준 수감자나 정치범들의 수는 헤아릴 수 없을 정도다. 그들 중 많은 사람들이 그 사실을 모르고 있다. 하지만 그렇더라도 내 양심이 편한 것으로 충분하다."

그는 이어서 세 명의 쿠바인들이 처형을 당한 사건을 언급하면서 원칙론적인 답변만 했다.

"사형제도와 관련해서는 그동안 내가 사적으로나 공개적으로 말해 온 것에 덧붙여서 할 말은 없다. 나는 어디에서든, 어떤 동기나 이유에서든 사형에 반대한다. 수잔 손탁은 분명 뛰어나고 존경할 만한 작가다. 하지만 나는 불필요하고 선동적인 질문에는 대답하지 않는다는 원칙을 가지고 있기 때문에 더 이상 언급은 하지 않겠다."[399]

가보의 답변은 쿠바에서 벌어진 사건들에 대해 이미 발표된 것 이외의 많은 궁금증을 풀어주지 못했다. 엔리케 크라우제는 <엘 파이스>에 '심연에 있는 가보'라는 글을 발표했는데, 그 글에서 그는 1970년대 이후 피델과 가보 사이의 우정의 역사를 되돌아보면서 그가 왜 그토록 피델에게 변함없이 충실한지에 대한 이유를 찾아보려고 애썼다.

1996년 콜롬비아에서 열린 언론인 대상 세미나에서 가보는 "피델은 내가 세상에서 가장 사랑하는 사람 중 하나다"라고 말했다. 그러자 참석자 중 한 명이 "그는 독재자가 아닌가?"라고 물었다. 이에 대해 그는 선거가 유일한 민주주의 형태는 아니라고 대답했다. 곧이어 베네수엘라의 한 기자가 왜 카스트로의 명예보좌관으로 활동하느냐고 물었다. 그는 "내 친구이기 때문이지요"라고 말하면서 "사람들은 친구를 위해서라면 뭐든지 해야 합니다"라고 했다.[400]

그는 가보가 과거에 "언론의 기사는 마지막 콤마까지도 진실되어야 한다"고 말한 것을 상기하면서 이렇게 자문했다.

'마르케스는 언론의 진실성에 대해 자신이 했던 말과, 쿠바에 대해 자신이 진실을 은폐하고 있는 현실을 어떻게 절충할 수 있었을까?'

결론적으로 나는 마르케스에게 이렇게 권유하고 싶다. 인생의 황혼에 접어들고 영광의 정점에 서 있는 당신은 이제 피델 카스트로와 거리감을 두고 자신의 명성을 쿠바에서의 자유, 민주주의와 인권을 위해서 사용하는 것이 곧 정의로운 행동이 될 것이라고.[401]

바르가스 요사는 가보가 수잔 손탁을 향해서 쓴 글의 내용을 전해듣자마자 이렇게 단언했다.

"가르시아 마르케스는 피델 카스트로의 궁정작가이다. 그는 여태껏 쿠바의 독재자가 저지르는 인권유린과 인권남용에 잘 적응해 왔다. 자신은 일부 정치범들에게 비밀리에 자유를 누리게 해주었다고 말하면서 말이다. 누구나 다 아는 사실은 피델 카스트로는 신하들과 친구들을 위해 때때로 정치범들에게 자유를 선물로 준다는 사실이다. 그는 그것으로 자기 양심을 씻는다. 그렇지만 나에게는 구역질 나는 후안무치의 극치로 보인다. 작가들은 각자 자기 나름의 특성이 있고, 자신의 행동에 대해 고도의 책임감을 갖는다. 나는 가르시아 마르케스가 피델 카스트로를 치밀하게 지원해 온 자신의 행동에 대해서 공공의 언어로 책임감 있게 설명하는 기사나 에세이를 본 적이 없다. 그는 지식인답게 자신의 행위를 설명해야 했지만 아직 그렇게 하지 않았고, 앞으로 그럴지에 대해서 확신이 서지 않는다."[402]

바르가스 요사의 신랄한 비판은 이제 절정에 이른다.

"나는 그가 쿠바에 가는 이유가 피델 카스트로와 함께 있는 화려한 모습을 사람들에게 보여주려는 것 외에 어떤 다른 목적이 있는지 잘 모르겠다. 아마도 쿠바 정권에도 자랑할 만한 중요한 작가가 있다는 것을 전 세계에 보여주기 위한 것이 유일한 목적이 아닐까."[403]

주석

1) 피델 카스트로, "그의 기억의 소설", <Cambio.com>, 7-X-2002, 1.
2) 다소 살디바르, 《가르시아 마르케스, 씨앗으로의 여행》, 알파구아라, 마드리드, 1997, 98.
3) 다소 살디바르, 《가르시아 마르케스, 씨앗으로의 여행》, 알파구아라, 마드리드, 1997, 119-120.
4) Ibid., 121.
5) 《피델. 쿠바지도자의 결정적 전기》, 마르티네스 로카, 바르셀로나, 2002, 46.
6) Ibid., 47-48.
7) 다소 살디바르, op. cit., 195.
8) 다소 살디바르, op. cit., 191.
9) Ibid.
10) 가브리엘 가르시아 마르케스, 《이야기하기 위해 살다》, 몬다도리, 바르셀로나, 2002, 342.
11) 아르투로 알라페, 《피델 카스트로의 기억 중에서: 보고타소와 헤밍웨이》, 에디토라 폴리티카, 아바나, 1984, 32-40.
12) 피델 카스트로, "그의 기억의 소설", 인용된 기사, 1-2. 가보의 최종 답변은 순전히 판타지일 것이 분명하고, 그의 유머 감각을 보여주는 또 다른 예이다. 이 자료는 콜롬비아인의 회상에는 등장하지 않고 작가로서의 진로와 일치하지도 않는다.
13) 플리니오 아풀레요 멘도사, 《구아야바의 향기》, 몬다도리, 바르셀로나, 1994, 123.
14) Ibid., 124.
15) <플레이보이>, 1983.
16) <자유>에서 플리니오 아풀레요 멘도사와 가진 인터뷰, 1971, 14.
17) 후안 루이스 세브리안의 《가브리엘 가르시아 마르케스의 초상》에서 가브리엘 가르시아 마르케스의 독백, 갈락시아 구텐베르그, 바르셀로나, 1997, 51.
18) 플리니오 아풀레요 멘도사, 《구아야바의 향기》, 몬다도리, 바르셀로나, 1994, 125.
19) 다소 살디바르, 《가르시아 마르케스, 씨앗으로의 여행》, op. cit., 359.
20) 실비오 로드리게스, "들장미", 《로드리게스》, 아바나, 1994, 첫 번째 노래.
21) 플리니오 아풀레요 멘도사와 가진 인터뷰, op. cit., 14.
22) 플리니오 아풀레요 멘도사, 《잃어버린 사건, 불길과 얼음》, 플라네타/ 세이스 바랄, 보고타, 1984, 59.
23) 가브리엘 가르시아 마르케스, "페드로 인판테가 가고 바티스타가 남다", 《언론 작품 3: 유럽과 아메리카에 대해서(1955-1960)》, 몬다도리, 마드리드, 1992, 395-296.
24) 가브리엘 가르시아 마르케스, "나의 형제 피델", 《언론 작품 3: 유럽과 아메리카에 대해서

(1955-1960)》, op. cit., 455.
25) Ibid., 458.
26) 아나 벨렌, "바나나 리퍼블릭",《가득찬 손으로》, CBS Sony, 마드리드, 1981, 세 번째 노래.
27) 오를란도 카스테야노스, "두 부분에서의 가르시아 마르케스",《자오선의 프리즘》80(34): 15(1976).
28) 루르데스 카살,《파디야 사건. 쿠바에서의 문학과 혁명. 자료들》. 누에바 아틀란티다, 뉴욕, 1971.
29) 플리네오 아풀레요 멘도사,《잃어버린 사건, 불길과 얼음》, op. cit., 127.
30) 라울 크레마데스와 앙헬 에스테반, op. cit., 262.
31) 후안 고이티솔로, "우리 사무실을 지나간 검은 고양이",《키메라》29: 15 (1963).
32) 마누엘 디아스 마르티네스, "파디야 사건, 범죄와 징계(처형당한 자의 회상)",《쿠바 문화의 만남》4-5: 90 (1997).
33) 마누엘 바스케스 몬탈반,《신은 아바나에 들어왔네》, 엘 파이스/ 아길라르, 마드리드, 1998, 338.
34) 루르데스 카살, Ibid., 62.
35) Ibid., 63.
36) 마누엘 바스케스 몬탈반, op. cit., 344.
37) 《호세 마르티, 사도, 혁명가적 시인: 그의 수락의 역사》, 멕시코, 1995, 233.
38) 후안 고이티솔로, 인용된 기사, 17.
39) Ibid.
40) 후안 고이티솔로, 인용된 기사, 18.
41) VV.AA. "파디야 사건. 자료들", <자유> 95 (IX/XI-1971).
42) 2001년 10월에 있었던 인터뷰의 내용을 그대로 발췌한 것. 인터뷰를 한 사람은 자신의 이름에 책에 나오지 않기를 바랐다.
43) 플리니오 아풀레요 멘도사,《잃어버린 사건, 불길과 얼음》, op, cit., 136.
44) Ibid.
45) 후안 고이티솔로, op. cit., 18.
46) 마누엘 디아스 마르티네스, op. cit., 95.
47) 카를로스 베르데시아와 에베르토 파디야,《나쁜 기억, 에베르토 파디야와의 대화》, 코스모스, 코스타리카, 1992, 78.
48) 마누엘 디아스 마르티네스, op. cit.,, 96.
49) 펠릭스 그란데, "상상"에서 인용.
50) VV.AA. "파디야 사건. 자료들", op. cit., 97-98.
51) Ibid., 102.

52) VV.AA. "파디야 사건, 자료들", 인용된 기사, 98.
53) 세사르 레안테, 《가브리엘 가르시아 마르케스, 마법사》, 플리에고스, 마드리드, 1996, 9.
54) VV.AA. "파디야 사건. 자료들", 인용된 기사, 123.
55) Ibid.
56) 플리니오 아풀레요 멘도사, 《잃어버린 사건, 불길과 얼음》, op. cit., 139.
57) 플리니오 아풀레요 멘도사, 《잃어버린 사건, 불길과 얼음》, op. cit., 139.
58) 훌리오 코르타사르, op. cit., 49-50.
59) 훌리오 코르타사르, op. cit., 21-22.
60) 플리니오 아풀레요 멘도사, 《잃어버린 사건, 불길과 얼음》, op. cit., 141.
61) 플리니오 아풀레요 멘도사, 《잃어버린 사건, 불길과 얼음》, op. cit., 8.
62) 장 피에르 클레르, 《피델 카스트로의 사계절》, 파리, 1996, 257.
63) 존 리 앤더슨, "가보의 힘", 〈세마나〉, 4-X-1999, 60.
64) Ibid.
65) 호세 도소노, 《붐의 개인적인 이력서》, 알파구아라, 마드리드, 1999, 59-60.
66) 후안 고이티솔로, 인용된 기사, 15.
67) 호세 도노소, op. cit., 143.
68) 다소 살디바르, op. cit., 464.
69) 카를로스 베르데시아와 에베르토 파디야, 《나쁜 기억, 에베르토 파디야와의 대화》, 코스모스, 코스타리카, 1992, 219-220.
70) 다소 살디바르, op. cit., 462.
71) 존 리 앤더슨, 인용된 기사, 61.
72) 플리니오 아풀레요 멘도사, 《구아야바의 향기》, op. cit., 144.
73) 플리니오 아풀레요 멘도사, 《구아야바의 향기》, op. cit., 144.
74) Ibid., 142-143.
75) 플리니오 아풀레요 멘도사, 《잃어버린 사건, 불길과 얼음》, op. cit., 144.
76) VV.AA. 바랑키야의 기자 훌리오 로카에게 한 인터뷰, "파디야 사건. 자료들", 인용된 기사, 135.
77) Ibid.
78) Ibid.
79) 세사르 레안테, 《가브리엘 가르시아 마르케스, 마법사》. op. cit., 9.
80) 플리니오 아풀에요 멘도사, 《잃어버린 사건, 불길과 얼음》, op. cit., 137.
81) Ibid.
82) J. 로카의 인터뷰, 인용된 기사, 135.
83) VV.AA. "파디야 사건. 자료들", 인용된 기사, 93.

84) Ibid.
85) 마누엘 디아스 마르티네스, op. cit., 92.
86) 가브리엘 가르시아 마르케스, "쿠바 처음부터 끝까지", op. cit., 86.
87) Ibid.
88) Ibid.
89) Ibid., 86.
90) Ibid., 87-88.
91) J. 로카의 인터뷰, 인용된 기사, 136.
92) Ibid.
93) Ibid.
94) Ibid.
95) Ibid.
96) Ibid.
97) Ibid.
98) 마누엘 바스케스 몬탈반, 《신이 아바나에 들어왔네》, op. cit., 328.
99) 호아킨 나바로 발스와의 인터뷰, 2001.
100) 존 리 앤더슨, op. cit., 52.
101) 1972년 "두 동지"라는 제목하에 잡지 <자유>를 위해 플리니오 아풀레요 멘도사와 가진 인터뷰. 이후에 <승리>에서 출간됨.
102) Ibid., 455.
103) 페드로 소렐라가 인용, 《다른 가르시아 마르케스. 어려운 시절》, 오베하 네그라, 보고타, 1988, 244.
104) 플리니오 아풀레요 멘도사, 《잃어버린 사건, 불길과 얼음》, op. cit., 81-82.
105) Ibid., 82.
106) 세사르 레안테, 《가브리엘 가르시아 마르케스, 마법사》, op. cit., 16-17.
107) 후안 루이스 세브리안, op. cit., 80.
108) 존 리 앤더슨, 인용된 기사, 65.
109) 세사르 레안테, 《가브리엘 가르시아 마르케스, 마법사》, op. cit., 34.
110) 후안 루이스 세브리안, op. cit., 49.
111) 알폰소 렌테리아, 《가르시아 마르케스, 가르시아 마르케스에 대해 말하다》, 렌테리아 에디토레스, 보고타, 1979, 157.
112) 세사르 레안테, 《가브리엘 가르시아 마르케스, 마법사》, op. cit., 33.
113) 세사르 레안테, 《피델 카스트로: 신화의 종말》, 플리에고스, 마드리드, 1991, 46.
114) 세사르 레안테, 《피델 카스트로: 신화의 종말》, 플리에고스, 마드리드, 1991, 45.

115) 오를란도 카스테야노스, "두 부분에서의 가르시아 마르케스", 《자오선의 프리즘》 80(35): 31(1976).
116) 후안 루이스 세브리안, op. cit., 81.
117) 가브리엘 가르시아 마르케스, 지아니 미나 작품의 서론, 《피델이 말하다》, 에디비시온 콤파니아, 멕시코, 1988, 14.
118) Ibid., 12.
119) Ibid., 16.
120) Ibid., 18.
121) Ibid., 26.
122) Ibid., 23.
123) Ibid., 26-27.
124) 가르시아 마르케스, "쿠바, 끝에서 끝까지", 《언론 작품 4: 자유를 위하여(1974-1995)》, op. cit., 85.
125) 마누엘 바스케스 몬탈반, op. cit., 560-561.
126) 마누엘 바스케스 몬탈반, op. cit., 299.
127) 알폰소 렌테리아, 《가르시아 마르케스, 가르시아 마르케스에 대해 말하다》, op. cit., 63.
128) 페드로 소렐라, op. cit., 233.
129) 페드로 소렐라, op. cit., 240.
130) 가브리엘 가르시아 마르케스, 《칠레, 쿠데타와 그링고스》, 에디토리알 라티나, 보고타, 1974, 20-21.
131) 페드로 소렐라, op. cit., 145-146.
132) 〈플레이보이〉에서, 1983, 26.
133) 가브리엘 가르시아 마르케스, 《언론 일지(1980-1984)》, 몬다도리, 마드리드, 1991, 162-163.
134) 존 리 앤더슨, 인용된 기사, 58.
135) 존 리 앤더슨, 인용된 기사, 58.
136) Ibid., 163.
137) 가브리엘 가르시아 마르케스, "문학과 현실에 대해서", 《언론일지(1980-1984)》, op. cit., 121.
138) 잡지 〈세상의 인간〉에 실린 인터뷰, 알폰소 렌테리아, op. cit., 152.
139) 알폰소 렌테리아, op. cit., 172.
140) Ibid., 152.
141) 호세 마누엘 카마초 델가도, op. cit., 172-173.
142) 플리니오 아풀레요 멘도사, 《잃어버린 사건, 불길과 얼음》, op. cit., 82.
143) 세사르 레안테, 《가브리엘 가르시아 마르케스, 마법사》, op. cit., 29.
144) 세사르 레안테, 《가브리엘 가르시아 마르케스, 마법사》, op. cit., 23.

145) Ibid., 28.
146) Ibid.
147) 존 리 앤더슨, op. cit., 64.
148) 존 리 앤더슨, op. cit., 64.
149) 마누엘 바스케스 몬탈반이 인용, 《신이 아바나에 들어왔네》, op. cit., 303.
150) 알프레도 브라이스 에체니케, 《살아가기 위한 허락》, 페이사, 리마, 1994, 408.
151) 가브리엘 가르시아 마르케스, 《미로 속의 장군》, 라 오베하 네그라, 보고타, 1999, 53-54.
152) 피델 카스트로, 《My early years》, 멜버른/ 뉴욕, 1998, 가르시아 마르케스의 서론, 18.
153) 마누엘 바스케스 몬탈반이 인용, op. cit., 14.
154) Ibid.
155) 가브리엘 가르시아 마르케스, "쿠바, 끝에서 끝까지", 《언론작품 4, 자유를 위하여(1974-1995)》, op. cit., 61.
156) 알폰소 렌테리아, op. cit., 99.
157) Ibid.
158) Ibid.
159) 로베르토 페르난데스 레타마르, "《백 년 동안의 고독》을 처음 읽은 것과 —다른 독서에 대하여", 〈카사 데 라스 아메리카스〉 209: 89-90 (1997).
160) 페드로 소렐라가 인용, op. cit., 242-243.
161) Ibid., 243.
162) Ibid., 242-243.
163) 〈관객〉, 12-VIII-2979, 1.
164) 페드로 소렐라가 인용, op. cit., 243.
165) 〈플레이보이〉, 1983, 20.
166) 〈플레이보이〉, 1983, 18-20.
167) 가브리엘 가르시아 마르케스, "카를로타 작전", 《언론작품 4, 자유를 위하여(1974-1995)》, op. cit., 129. 142.
168) Ibid., 148.
169) Ibid., 128/ 133.
170) Ibid., 136/ 137.
171) Ibid., 142.
172) Ibid., 132.
173) Ibid., 130.
174) Ibid., 137.
175) 가브리엘 가르시아 마르케스, "카를로타 작전", 《언론작품 4, 자유를 위하여(1974-1995)》,

op. cit., 133.
176) Ibid., 140.
177) Ibid.
178) Ibid.
179) 가브리엘 가르시아 마르케스, "카를로타 작전",《언론작품 4, 자유를 위하여(1974-1995)》, op. cit., 155-156.
180) Ibid., 150-151.
181) 안드레스 오펜하이머,《카스트로의 마지막 시간》, 하비에르 베르가라, 부에노스아이레스, 1992.
182) Ibid., 137.
183) Ibid., 137.
184) 피델 카스트로,《Angola, Giron Africano》, 아바나, 1976, 21-22.
185) Ibid., 22.
186) 도밍고 델 피노, op. cit., 28.
187) Ibid., 30-31.
188) 가브리엘 가르시아 마르케스, "카를로타 작전",《언론작품 4, 자유를 위하여(1974-1995)》, op. cit., 156.
189) Ibid.
190) 세사르 레안테,《피델 카스트로: 신화의 종말》, op. cit., 145.
191) 가브리엘 가르시아 마르케스, "카를로타 작전",《언론작품 4, 자유를 위하여(1974-1995)》, op. cit., 129.
192) 세사르 레안테,《피델 카스트로: 신화의 종말》, op. cit., 145.
193) 도밍고 델 피노, 인용된 기사, 29.
194) Ibid., 29.
195) 가브리엘 가르시아 마르케스, "카를로타 작전",《언론작품 4, 자유를 위하여(1974-1995)》, op. cit., 134.
196) Ibid., 135.
197) 도밍고 델 피노, op. cit., 28.
198) 도밍고 델 피노, op. cit., 29.
199) Ibid., 490.
200) Ibid.
201) 가브리엘 가르시아 마르케스, "노벨상의 환영",《언론일지》, op. cit., 9.
202) Ibid., 7.
203) Ibid., 8.

204) 알폰소 렌테리아, 《가르시아 마르케스, 가르시아 마르케스에 대해 말하다》, op. cit., 70.
205) 페드로 소렐라, op. cit., 249.
206) 존 리 앤더슨, art. cit., 64.
207) 알폰소 렌테리아, op. cit., 99-100.
208) 가브리엘 가르시아 마르케스, "펠리페", 《언론일지》, op. cit., 357.
209) Ibid., 357.
210) Ibid.
211) Ibid.
212) Ibid.
213) 가브리엘 가르시아 마르케스, "펠리페", 《언론일지》, op. cit., 357-358.
214) 마누엘 바스케스 몬탈반, op. cit., 181.
215) 가브리엘 가르시아 마르케스, "토리호스", 《언론일지》, op. cit., 140.
216) "토리호스, 노새와 호랑이의 교차로", 《언론작품 4, 자유를 위하여(1974-1995)》, op. cit., 184.
217) 가브리엘 가르시아 마르케스, "레이건의 키신저", 《언론일지》, op. cit., 61-62.
218) 가브리엘 가르시아 마르케스, "레이건의 키신저", 《언론일지》, op. cit., 63.
219) 페드로 소렐라, op. cit., 249.
220) 세르히오 라미레스, "아무것도 잃어버리지 않는다", <Cambio.com>, 16-X-2002, 2.
221) 테오도로 페코프, "좌파의 시대", <Cambio.com>, 7-X-2002, 3.
222) Ibid., 3-4.
223) "현실은 포퓰리스트가 되었다", <대안> 188:4 (XI-1978),
224) "현실은 포퓰리스트가 되었다", <대안> 188:4 (XI-1978), 5.
225) Ibid.
226) "가브리엘 가르시아 마르케스가 파블로 네루다를 회상한다", 보고타, 1973, 알폰소 렌테리아, op. cit., 95.
227) Ibid., 89.
228) 가브리엘 가르시아 마르케스, "미테랑, 다른 사람: 대통령", 《언론일지》, op. cit., 108.
229) Ibid.
230) <플레이보이>, 인용된 기사, 18.
231) 헤라르도 몰리나, "쿠바에서 가르시아 마르케스와 함께", <관객>, 13-II-1980.
232) 베르나르도 마르케스, 인용된 기사, 7.
233) "가르시아 마르케스: 명예의 고독", <El tiempo. com>, 2002, 1.
234) Ibid., 2.
235) 가브리엘 가르시아 마르케스, "노벨상의 환영", 《언론일지》, op, cit., 7.
236) 가브리엘 가르시아 마르케스, "평화로운 만찬", op. cit., 350.

237) Ibid., 351-352.
238) 가브리엘 가르시아 마르케스, "평화로운 만찬", op. cit., 352.
239) 가브리엘 가르시아 마르케스, "펠리페", op. cit., 156.
240) 헤라르도 몰리나, 인용된 기사.
241) 알프레도 브라이스 에체니케,《살기 위한 허락》, 페이사, 리마, 1994, 410.
242) Ibid., 407-408.
243) 《언론작품 5》, 몬다도리, 마드리드, 1999, 302-305.
244) 비센테 로메로, "가브리엘 가르시아 마르케스가 쿠바에 대해서 말하다", <푸에블로>, 마드리드, 1977, 알폰소 렌테리아, op. cit., 149.
245) Ibid., 149.
246) 알폰소 렌테리아, op. cit., 99.
247) 마누엘 바스케스 몬탈반, op. cit., 560.
248) 가브리엘 가르시아 마르케스, "물고기는 붉다",《언론일지》, op. cit., 253.
249) 가브리엘 가르시아 마르케스, "물고기는 붉다",《언론일지》, op. cit., 254-255.
250) 가브리엘 가르시아 마르케스, "권력의 아픔",《언론일지》, op, cit., 186-187.
251) <플레이보이>, 인용된 기사, 18.
252) Ibid.
253) Ibid., 18.
254) 플리니오 아풀레요 멘도사,《구아야바의 향기》, op. cit., 156-157.
255) Ibid., 18.
256) 존 리 앤더슨, 인용된 기사, 62.
257) Ibid.
258) 존 리 앤더슨, 인용된 기사, 62.
259) <플레이보이>, 인용된 기사, 20.
260) Ibid., 20.
261) 플리니오 아풀에요 멘도사,《구아야바의 향기》, op. cit., 156-157.
262) 마누엘 바스케스 몬탈반, op. cit., 301.
263) 피델 카스트로, "그의 기억의 소설",《Cambio.com》, 7-X-2002, 2.
264) 피델 카스트로, "그의 기억의 소설",《Cambio.com》, 7-X-2002, 2.
265) Ibid., 3.
266) 마누엘 바스케스 몬탈반, op. cit., 251.
267) <플레이보이>, 인용된 기사, 20.
268) 마누엘 바스케스 몬탈반, op. cit., 216-217.
269) "가르시아 마르케스: 명예의 고독", op. cit., 1.

270) Ibid.
271) 플리니오 아풀레요 멘도사와 가진 인터뷰, 15-VII-2002.
272) 마누엘 바스케스 몬탈반, op. cit., 303.
273) 존 리 앤더슨, 인용된 기사, 62.
274) 마누엘 바스케스 몬탈반, op. cit., 301-302.
275) 리카르도 베가와 가진 인터뷰, 9-X-2002.
276) 페드로 소렐라, op. cit., 238.
277) 가브리엘 가르시아 마르케스, "알려진 나쁜 점에서 알려고 하는 최악의 일까지", 《언론일지》, op. cit., 21.
278) 〈플레이보이〉, 인용된 기사, 16.
279) Ibid.
280) 〈플레이보이〉, 인용된 기사, 16.
281) Ibid.
282) Ibid.
283) Ibid.
284) Ibid.
285) 존 리 앤더슨, 인용된 기사, 51.
286) Ibid.
287) Ibid., 64.
288) 마누엘 바스케스 몬탈반, op. cit., 506.
289) 마누엘 바스케스 몬탈반, op. cit., 506.
290) Ibid., 511-512.
291) 마누엘 바스케스 몬탈반, op. cit., 526-527.
292) 존 리 앤더슨, 인용된 기사, 51.
293) 로베르토 페르난데스 레타마르와의 인터뷰, 13-XI-2002.
294) 존 리 앤더슨, 인용된 기사, 62.
295) "현실은 포퓰리스트가 되었다", op. cit., 5-6.
296) Ibid., 6.
297) "마콘도의 백작부인", 그는 앞으로 콜롬비아의 작가를 이렇게 부르며 특히 그의 사후 작품인 《여름빛깔》에서 그렇게 부른다.
298) 레이날도 아레나스, 《자유의 필요》, 우니베르살, 마이애미, 2001, 294.
299) Ibid., 295.
300) 페드로 소렐라, op. cit., 244-245.
301) 가브리엘 가르시아 마르케스, "인도주의에도 한계가 있다", 《언론일지》, op. cit., 301.

302) 마누엘 울라시아, "멕시코에서의 카스트로주의"에서 인용.
303) Ibid.
304) 마누엘 바스케스 몬탈반, op. cit., 266.
305) Ibid., 267.
306) 메카노,《하늘과 땅 사이에》, 아리올라, 바르셀로나, 1986.
307) Ibid.
308) 비센테 로메로, "가브리엘 가르시아 마르케스가 쿠바에 대해서 말하다", <푸에블로>, 마드리드, 1977, 알폰소 렌테리아, op. cit., 149.
309) Ibid.
310) 후안 루이스 세브리안, op. cit., 81.
311) ABC에 선언, 1994, 57.
312) 《라틴아메리카 신영화재단》, 아바나, 2002, 1.
313) 《라틴아메리카 신영화재단》, op. cit., 1.
314) 리디체 발렌수엘라,《가르시아 마르케스의 현실과 향수》, 아바나, 1989, 105−106.
315) 다소 살디바르, op. cit., 307.
316) Ibid.
317) 가브리엘 가르시아 마르케스,《이야기하기 위해 살다》, op. cit., 522−525.
318) 《라틴아메리카 신영화재단》, op. cit., 2.
319) 리디체 발렌수엘라, op. cit., 91−92.
320) Ibid., 102.
321) 《EICTV, 라틴아메리카 신영화재단》, 라 아바나, 2002, 7.
322) 《라틴아메리카 신영화재단》, op. cit., 7.
323) 리디체 발렌수엘라, op. cit., 95−96.
324) 《라틴아메리카 신영화재단》, op. cit., 1.
325) 《EICTV》, op. cit., 8.
326) 리디체 발렌수엘라, op. cit., 96.
327) 《EICTV》, op. cit., 21.
328) 리디체 발렌수엘라, op. cit., 96.
329) 리디체 발렌수엘라, op. cit., 99.
330) Ibid.
331) Ibid.
332) 마누엘 바스케스 몬탈반, op. cit., 305.
333) 리디체 발렌수엘라, op. cit., 98.
334) CM은 쿠바내무부 부서인 Convertible Money의 약자.

335) 쿠바국영기업으로 가장 복잡한 이주의 경우 비자를 얻기 위해 해결책을 찾는 일을 담당했다.
336) 안드레스 오펜하이머는 아르헨티나 기자다. 1992년 《카스트로의 최후의 시간》을 출간해 풀리처상을 공동수상했다. 책의 첫 부분은 '오초아 데라 구아르디아' 사건에 대해 다루어서 우리가 역사적인 자료를 찾는 데 중요한 정보를 제공해주었다.
337) 안드레스 오펜하이머, 《카스트로의 최후의 시간》, 하비에르 베르가라, 부에노스아이레스, 1992, 29.
338) Ibid., 31.
339) 안드레스 오펜하이머, op. cit., 29.
340) 안드레스 오펜하이머, op. cit., 67.
341) Ibid., 91.
342) Ibid., 107.
343) 안드레스 오펜하이머, op. cit., 21.
344) Ibid., 35.
345) Ibid., 41.
346) 안드레스 오펜하이머, op. cit., 77.
347) Ibid.
348) 안드레스 오펜하이머, op. cit., 83.
349) Ibid., 71.
350) Ibid., 121.
351) Ibid.
352) 안드레스 오펜하이머, op. cit., 102.
353) Ibid., 116.
354) Ibid., 117.
355) Ibid.
356) 안드레스 오펜하이머, op. cit., 117.
357) Ibid., 118.
358) 《아바나에 있는 세기의 끝》, 파리, 1993, 90.
359) 〈르 몽드〉, 7-1-2000, 3.
360) 번역은 우리가 한 것이다.
361) 가브리엘 가르시아 마르케스, "견고한 땅에서의 조난", 〈Cambio.com〉, 15-III-2000, 1.
362) 〈엘 파이스〉, 31-I-2000.
363) 마누엘 모레노 프라히날스, "한 노벨상 수상자의 조난", 〈엘 파이스〉, 29-III-2000.
364) Ibid.
365) Ibid.

366) 기예르모 카브레라 인판테, "돌아온 아이", <엘 파이스>, 22-II-2000.
367) 세사르 레안테, "피델 카스트로와 어린아이들", <엘 파이스>, 22-III-2000.
368) Ibid.
369) Ibid.
370) 기예르모 카브레라 인판테, "돌아온 아이", 인용된 기사.
371) 헤수스 디아스, 인용된 기사.
372) 세사르 레안테, "피델 카스트로와 어린이들", 인용된 기사.
373) 라울 크레마데스와 앙헬 에스테반, 《뮤즈가 돌아올 때》, op. cit., 381.
374) Ibid.
375) Ibid.
376) Ibid.
377) Ibid.
378) Ibid.
379) Ibid.
380) 마리오 바르가스 요사, 인용된 기사.
381) 마리오 바르가스 요사, 인용된 기사.
382) 마누엘 바스케스 몬탈반, op. cit., 561.
383) 마누엘 바스케스 몬탈반, op. cit., 567.
384) 피델 카스트로, 《My early years》, op. cit., 25.
385) 존 리 앤더슨, 인용된 기사, 64.
386) 존 리 앤더슨, 인용된 기사, 64.
387) 가브리엘 가르시아 마르케스, 피델 카스트로의 《My Early Years》 서론, op. cit., 15.
388) Ibid., 2.
389) 가브리엘 몰리나, "음미하기 위한 가보", 인용된 기사, 2.
390) 엔리케 크라우제, "심연에서의 가보", <엘 파이스>, 9-V-2003, 14.
391) "쿠바에서의 억압", <Cubaencuentro.com>, 2-V-2003, 1.
392) <www.fundacionfil.org/declaracion/cuba.html>, 2-V-2003.
393) <http://www.lainsignia.org/2003/abril/ibe_036.htm>.
394) <템포 21>, 2-V-2003, 사설, 1.
395) Ibid.
396) <http:cubaliberal.org/04_04_21-a.htm>, 1.
397) Ibid.
398) <엘 파이스>, 30-IV-2003, 36.
399) 엔리케 크라우제, 인용된 기사, 14.

400) Ibid.
401) Ibid.
402) "바르가스 요사가 가보를 비난하다", <템포 21>, 2-V-2004, 문화 섹션, 1.
403) Ibid.

카스트로와 마르케스

초판1쇄 인쇄일 2011년 5월 9일 | 초판1쇄 발행일 2011년 5월 13일
지은이_앙헬 에스테반 · 스테파니 파니첼리 | 옮긴이_변선희 | 펴낸곳_(주)도서출판 예문 | 펴낸이_이주현
주간_이영기 | 편집_김유진 · 윤서진 | 디자인_배윤희 | 마케팅_채영진 | 관리_윤영조 · 문혜경
등록번호_제307-2009-48호 | 등록일_1995년 3월 22일 | 전화_02 765 2306 | 팩스_02 765 9306
주소_서울시 성북구 성북동 115-24 보문빌딩 2층 | 홈페이지 http://www.yemun.co.kr | isbn 978-89-5659-173-5 (03900)